木造住宅設計監理のステップアップ講座

著 NPO法人 家づくりの会

X-Knowledge

はじめに

　この本は主に住宅の設計監理に従事している設計者を対象に著した実務書である。まだ全体の流れが把握できていないような、設計を始めたばかりの初心者にも分かるように内容が構成されている。

　もちろん設計初心者ばかりでなく、ベテラン設計者が読んでも参考になる部分もたくさんある。実際、設計事務所勤務が長く、仕事の流れが分かっていたつもりでも、いざ独立して自分が所長として仕事を進めていくと、分かっていたつもりのことがまったく分かっていなかったと思うことがある。やはりスタッフと所長とでは当然ながら見えてくる景色も責任も違うということだ。そんな独立して間もない設計者が聞きたくても聞けない内容がこの本には網羅されている。

　この本には設計初心者からベテラン設計者まで、さまざまな疑問点が解消できるように段階ごとに各業務のポイントが掲載されている。建て主とのコミュニケーションの取り方、設計監理契約書の内容、基本設計や実施設計での注意点、見積り調整でのポイント、工事が始まってからの設計監理の方法そしてアフターメンテナンスまで、住宅設計の依頼から完成までが懇切丁寧に実務に役立つ内容として解説されている。

　この本は今年で創立32周年になるNPO法人家づくりの会に所属する、自分の設計事務所を主宰する、住宅設計に精通した9名の建築家たちによって執筆された。設計・工事監理の実務的な内容を超えて、住宅設計に精通した建築家だけが知り得る業務のノウハウ、設計のヒント、職人とのやり取り、住宅に絡む雑学などが満載されている。初めから通して読んでもよし、気になるページを開いて拾い読みしてもよし。どのページも役立つ内容ばかりである。座右の書として幅広く活用してほしい。

1 設計編

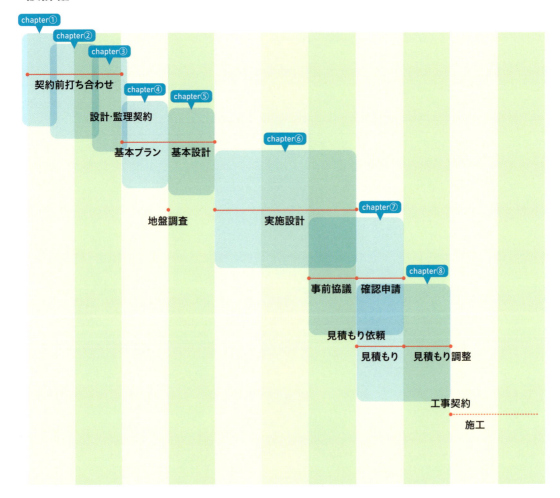

改訂版発行にあたり

　この本が発行されて10年が経ち、環境への関心も増し、また建築界の状況も大きく変わった。そこで本書を見直し、建築基準法の改正に準拠した構造や省エネに関する項目などを新たに書き加え、改訂版として出版する運びになった。本書が皆様のお役に立てることを願います。

　　　　　　　　2025年3月
　　　　　　　　執筆者を代表して　落合雄二

この本の使い方

　この本の内容は、大きく2つに分けて構成されている。初めての相談から設計依頼を受け、設計・監理委託契約を経て、そして基本プラン・基本設計・実施設計そして確認申請までを「設計編」とし、工務店への見積り依頼から見積り調整、その後工務店の決定と工事請負契約、そして着工から完成引き渡し、メンテナンスまでを「工事監理編」とした。

　それぞれの進行状況に合わせて全体を108のステップに分け、各ステップは原則見開き2ページで詳細な解説を行っている。また設計監理の実務雑学ともいえるコラムも広い範囲の内容を集めて充実している。

　どのステップも、どのコラムもどこから読んでも業務に直結しており、また楽しめる内容である。是非辞書代わりに実際の実務と絡めながら活用してほしい。

2 工事監理編

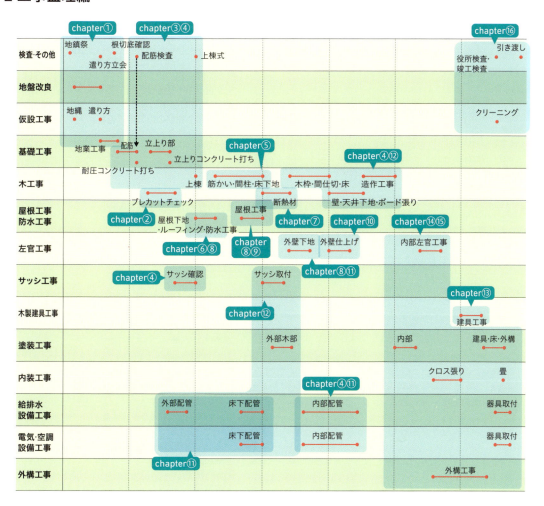

CONTENTS
木造住宅　設計監理のステップアップ講座

はじめに ─── 002
この本の使い方 ─── 003
設計と監理の流れ ─── 006

装丁デザイン　米倉英弘（米倉デザイン室）
装丁イラスト　白井匠
本文デザイン　池田万紀
DTP　ユーホーワークス
トレース　加藤陽平、堀野千恵子
印刷・製本　シナノ書籍印刷
本書は、2014年発行の「最新版［住宅］設計監理を極める100のステップ」を大幅に加筆修正のうえ再編集したものです

1｜設計編

chapter① 初回打ち合わせ ─── 本間 至　009
1　建て主から入手すべき情報、出やすい質問 ─── 010
2　契約から竣工引き渡しまでの流れを共有する ─── 012

chapter② 契約直前の打ち合わせ ─── 本間 至　015
3　住宅要望調査書と重要事項説明 ─── 016
4　現地調査と行政調査のポイント ─── 018

chapter③ 設計・監理契約を結ぶ ─── 本間 至　021
5　依頼案件調査書の主な記入内容を確認 ─── 022
6　独自の契約書のつくり方をマスター ─── 024

chapter④ 基本プランの提案 ─── 長浜 信幸　027
7　基本プラン提案のポイント ─── 028
8　法規制とプランの関係を理解する ─── 030
9　住宅の性能を理解する ─── 032

chapter⑤ 基本設計の提案 ─── 長浜 信幸＋萱沼 宏記　035
10　基本設計図の役割 ─── 036
11　仕様の決定 ─── 038
12　設備計画の決定 ─── 040
13　予算計画書 ─── 042

chapter⑥ 抜けのない実施設計図面の作成 ─── 諸角 敬　045
14　実施設計の進め方 ─── 046
15　計画概要書・特記仕様書・仕上げ表のポイント ─── 048
16　平面図で描き込むポイント ─── 050
17　立面図で描き込むポイント ─── 052
18　断面図・矩計図で描き込むポイント ─── 054
19　展開図で描き込むポイント ─── 056
20　詳細図で描き込むポイント ─── 058
21　各伏図・軸組図で描き込むポイント ─── 060
22　電気設備設計のポイント ─── 062
23　給排水衛生ガス設備設計図、空調・換気設備設計図のポイント ─── 064

chapter⑦ 確認申請に着手する ─── 白﨑 泰弘＋萱沼 宏記　067
24　2025年建築基準法改正の主な要点 ─── 白﨑　068
25　構造に関わる改正の主な要点1 ─── 白﨑　070
26　構造に関わる改正の主な要点2 ─── 白﨑　072
27　法改正に伴う申請図書 耐力壁・準耐力壁の明示 ─── 白﨑　074
28　従来通りの風圧に対する壁量計算・四分割法による壁配置 ─── 白﨑　076
29　柱頭柱脚金物の選定方法 ─── 白﨑　078
30　法改正に伴う申請図書 仕様書の活用 ─── 白﨑　080
31　2025年からの省エネ基準適合義務 ─── 白﨑　082
32　確認申請手続きの流れを把握しよう ─── 萱沼＋白﨑　084
33　確認申請時の添付図書を確認しよう ─── 萱沼＋白﨑　086
34　軽微な変更の内容を押さえる ─── 白﨑　088

chapter⑧ 見積り書の依頼 ─── 諸角 敬　091
35　見積りの流れを押さえ、施工業者を探す ─── 092
36　見積りを一覧表で比較する ─── 094
37　見積り書のチェックポイント、VE減額案作成のポイント ─── 096
38　監理要綱書を作成する ─── 098

2｜工事監理編

chapter① 着工・地業工事 ─── 落合 雄二　099
39　地盤調査・地盤改良 ─── 100
40　水盛り・遣り方 ─── 102
41　土工事・地業工事 ─── 104
42　地下室の留意点 ─── 106
43　地鎮祭（起工式） ─── 108

chapter② プレカット図のチェック ─── 落合 雄二　109
44　プレカット図のチェック① ─── 110
45　プレカット図のチェック② ─── 112
46　プレカット図のチェック③ ─── 114

chapter③ 配筋検査とコンクリート打設 ─── 落合 雄二　117
47　基礎配筋の全体を把握する ─── 118
48　アンカーボルト、コンクリートかぶり厚さを確認する ─── 120
49　コンクリートの品質を確保する ─── 122

chapter④ 上棟前調整・上棟 ─── 落合 雄二　125
50　上棟前調整① ─── 126
51　上棟前調整② ─── 128
52　上棟準備 ─── 130
53　上棟 ─── 132

004

chapter⑤ 軸組工事 ——————————— 古川 泰司 135

- 54 アンカーボルト・ホールダウン金物の芯ずれに注意 ——————————— 136
- 55 柱頭柱脚金物のチェックと一覧表 ——————————— 138
- 56 柱頭柱脚金物の接合取合い一覧 ——————————— 140
- 57 梁の接合金物のチェック ——————————— 142
- 58 構造用面材による耐力壁と床剛性 ——————————— 144
- 59 上棟後の金物チェックシート ——————————— 146

chapter⑥ 防水工事 ——————————— 石黒 隆康 149

- 60 外壁・屋根の防水工事 ——————————— 150
- 61 開口部・ベランダの防水工事 ——————————— 152

chapter⑦ 断熱材の施工 ———————————
古川 泰司＋石黒 隆康＋白﨑 泰弘 155

- 62 断熱部位を再確認する ——————————— 古川＋石黒 156
- 63 充填断熱工法のポイント ——————————— 古川 158
- 64 外張り断熱工法のポイント ——————————— 石黒 160
- 65 ブローイング工法 ——————————— 石黒 162
- 66 床・基礎断熱について ——————————— 石黒 164
- 67 断熱材の特性から見た適切な使い方 ——————————— 白﨑 166

chapter⑧ 外壁通気・小屋裏換気工事 ——————————— 古川 泰司 169

- 68 壁内結露の原理と防湿層・透湿防水層 ——————————— 170
- 69 外壁通気（入口と出口） ——————————— 172
- 70 外壁通気（開口部廻り） ——————————— 174
- 71 小屋裏換気・屋根通気 ——————————— 176
- 72 外壁通気・小屋裏換気・屋根通気チェックシート —— 178

chapter⑨ 屋根仕上げ工事 ——————————— 宮野 人至 181

- 73 ガルバリウム鋼板 ——————————— 182
- 74 シングル葺き ——————————— 184
- 75 瓦屋根 ——————————— 186
- 76 陸屋根 ——————————— 188
- 77 雨樋・水切板金など ——————————— 190

chapter⑩ 外壁仕上げ工事 ——————————— 山本 成一郎＋宮野 人至 193

- 78 左官 ——————————— 194
- 79 サイディング ——————————— 196
- 80 板金 ——————————— 198
- 81 タイル・石張り ——————————— 200
- 82 板張り ——————————— 202

chapter⑪ 設備の配線・配管 ———————————
古川 泰司＋白﨑 泰弘＋石黒 隆康 205

- 83 電気工事のチェック① ——————————— 古川 206
- 84 電気工事のチェック② ——————————— 古川 208
- 85 設備配管工事のチェック ——————————— 古川 210
- 86 暖房機器としての床下エアコン ——————————— 白﨑 212
- 87 エアコンの配管経路について ——————————— 石黒 214
- 88 高効率給湯器について ——————————— 白﨑 216
- 89 太陽光発電を導入するときの注意点 ——————————— 白﨑 218

chapter⑫ 内部造作工事 ——————————— 森 博 223

- 90 アルミサッシ枠・内部建具枠の確認 ——————————— 224
- 91 幅木・廻り縁・見切の納まりのチェック ——————————— 226
- 92 床下地について ——————————— 228
- 93 家具工事 ——————————— 230
- 94 階段 ——————————— 232

- 95 内部工事の監理チェックシート ——————————— 234

chapter⑬ 建具工事 ——————————— 森 博 237

- 96 建具 ——————————— 238
- 97 建具金物 ——————————— 240

chapter⑭ 仕上げ工事前チェック ——————————— 宮野 人至 243

- 98 工程表で段取りの最終確認 ——————————— 244
- 99 現場を中断させないよう的確に指示を出す ——————————— 246
- 100 施工状況を確認する（金物の下地，コンセント位置の確認） ——————————— 248
- 101 仕上げ工事前チェックシート ——————————— 250

chapter⑮ 仕上げ工事チェック ——————————— 森 博 253

- 102 家具の取り付け ——————————— 254
- 103 仕上がりの不具合をチェック ——————————— 256
- 104 引き渡し前の仕上げチェックシート ——————————— 258

chapter⑯ 引き渡しの準備 ——————————— 長浜 信幸 261

- 105 行政機関完了検査 ——————————— 262
- 106 事務所検査，施主検査 ——————————— 264
- 107 工事監理報告書の作成 ——————————— 266
- 108 アフターメンテナンス ——————————— 268

Column

- 事前説明のポイント ——————————— 本間 至 014
- 地盤調査は建て主への事前説明が重要 ——————————— 本間 至 020
- 地下室設計4つのリスク ——————————— 本間 至 026
- 模型を使った打ち合わせ ——————————— 長浜 信幸 034
- いろいろな手続き ——————————— 長浜 信幸 044
- 現場に伝えやすい図面の描き方テクニック ——————————— 諸角 敬 066
- 設計・監理業務の盲点に注意 ——————————— 諸角 敬 090
- シロアリ ——————————— 落合 雄二 116
- コンクリート杉板型枠塀のポイント ——————————— 萱沼 宏記 124
- 上棟式 ——————————— 落合 雄二 134
- 軸組躯体の精度と根太レス工法と直張り工法 —— 古川 泰司 148
- バルコニー笠木の下地処理と壁内結露対策 —— 萱沼 宏記 154
- 高断熱の最終形？付加断熱について ——————————— 白﨑 泰弘 168
- 気密補助材と気流止め ——————————— 古川 泰司 180
- 屋上緑化を楽しむために ——————————— 宮野 人至 192
- 伝統的な壁土塗り ——————————— 山本 成一郎 204
- 太陽光発電の適正規模を考える ——————————— 白﨑 泰弘 220
- 階高と設備機器の関係 ——————————— 石黒 隆康 222
- 図面の縮尺について ——————————— 森 博 236
- 金物の取り付け高さのあいまいさ ——————————— 森 博 242
- 竣工検査に必要な監理写真を撮る ——————————— 宮野 人至 252
- 不具合の程度 ——————————— 森 博 260
- 木造住宅の完了検査 ——————————— 長浜 信幸 270

執筆者プロフィール／参考・引用文献 ——————————— 271

設計と監理の流れ

　初めての相談から設計依頼を受け、設計・監理契約に至るまでを1つの流れとし、基本プラン・基本設計・実施設計そして確認申請等の申請業務までの設計業務をもう1つの流れとし、この2つで1つのグループとして考えることができる。また、次のグループとして、工務店への見積り依頼から見積り調整、そして工務店の決定と工事請負契約までが1つの流れとなり、その後、着工から完成引き渡しまでをもう1つの流れとし、この2つでもう1つのグループとして考えることができる。設計者の仕事は大きく分けてこの2つのグループの中で行われることになり、特に住宅を作る場合、この2つのグループの関係は不即不離の関係になっている。この2つのグループの流れを細かく把握し、建て主と工務店との間のパイプ役として、家づくりをまとめあげることが設計者の責務として求められている。

　一般的には、基本設計、実施設計、現場監理の3つのグループに分けているようだが、住宅設計の場合は特に、建て主は初めて家づくりを行うことになるので、この3つのグループをもう少し細かく分け、設計と監理の流れを理解しやすくすることにしている。たとえば、筆者の事務所では、基本設計の前に基本プランを置き、実施設計の後に見積り調整を入れ込み、現場監理も上棟前と後に分ける。また、実施設計には確認申請図面の作成と確認申請業務も含まれており、この申請にかかわる業務の時期を明確に提示しておくことも必要である。

　設計と監理を2つの大きなグループと考えたとき、見積り調整業務がどちらのグループに入るのかが問題になる。工事費の見積り作成作業は建設会社が行うので、設計者の作業ではなくなる。そのように考えると見積り調整業務は監理業務のグループに入るといえる。そのとき、並行して行う確認申請業務は設計業務のなかに含まれるので、設計業務と監理業務が並行して行われることになる。このように、別々の業務が重複される期間も出てくるので、設計・工事予定表といった表のかたちで、設計と監理の流れを示すことが、建て主にとっても理解しやすくなると考えている。

設計・工事予定表例

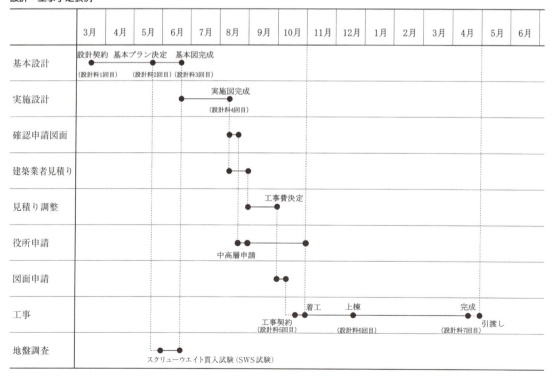

設計の流れ

基本プラン

　設計契約後に提案する基本プランは、建て主が住まい方を具体的に考えるためのたたき台になるため、暮らし方が想像できる基本的な情報だけが押さえてあればよく、必要以上に情報量を多くしないほうがよい。あくまでも、この段階では、建て主の意識をプランに集中させることが大切なこととなる。住まい方を丁寧に検討できないまま設計が進むと、設計作業がかなり進んだ状態で暮らしの根本的な問題にあたり、設計の手戻りが起こるおそれが高まるので注意が必要だ。もちろん設計者は、提案するプランについて、法規・構造・形態などのさまざまな側面で、大きな問題がないことを事前に確認しておかなければならないのは、いうまでもないことだが。

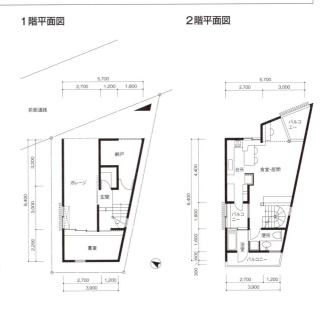

基本設計

　基本設計は、建て主からプランニングの大枠の了解を得た後に行う業務になる。基本プランの提案は1／100の縮尺で行うが、基本設計は1／50の縮尺で行い、住まい方の細部に対して、基本プラン時よりも一歩踏み込むことができるようにする。また、断面図で室内の天井の高さについても理解してもらうことが必要になり、それに合わせて、立面図や模型で建物の概略の外形を知ってもらうこととする。しかし、模型での提案は必須ではない（筆者の事務所では模型提案はしていなかった）。

模型／基本設計時に作る模型は、建物全体の形を理解してもらうために作るため、縮尺は1／100程度がよい。屋根などが取り外せて、内部の空間構成が見えるのも建て主にとっては楽しいかと思う。

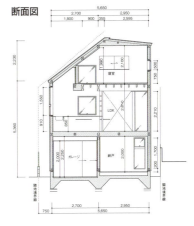

実施設計

　実施設計は、工務店が見積りを行える図面を作成する業務となるが、建て主とは、暮らしのより現実的な話に及んでいくことになる。ここで建て主に確認を取らなければならない項目として、衛生設備機器、空調換気設備機器、照明機器などの設備機器関係と、外部仕上げ、内部仕上げなど、さまざまな部分の仕上げについてもあり、それらを決定してもらうことになる。さらに、住宅の性能部分についても説明する必要があり、断熱や防湿・防犯に絡むガラスのスペック、そして構造に関する耐震性能なども確認事項に入る。

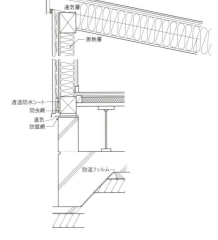

解説：本間至

監理の流れ

見積り調整

工務店への見積りの方法は大きく分け、1社特名で行うか、または複数の工務店に相見積りで行うか2通りに分かれる。どちらにしても、提出された見積りの内容が、設計内容と照らし合わせ大きな間違いがないかを確認することになる。その後、見積り額が予定金額よりも高く出てきている場合、各項目の金額を見ながら設計仕様変更の項目を出し、その部分に対して建て主に説明しながら、工務店とともに金額の調整を行っていく。

着工から上棟まで

地鎮祭から始まり、地縄による建物の位置確認と設計GLとFLの決定。その後、根切り底確認を行い配筋検査へ。上棟までは構造にかかわる現場検査が続くことになり、それと並行して、木造であればプレカットの承認に向けて、軸組の最終チェックを行うことになる。また、この時期は、設備配管のスリーブ位置など、設備配管と躯体にかかわる取合いについても検討する必要がある。

このように現場とのやり取りが続く中、枠廻り詳細や金属工事の詳細など、上棟後に行う工事に必要な詳細図も、この時期に描くことになる。

見積りの比較例

		A社	B社	C社
	建築工事	28,917,564	27,600,263	35,462,679
	設備工事	9,555,834	7,914,875	12,522,344
	外構工事	2,804,400	2,137,049	3,092,000
	諸経費	4,127,780	3,765,219	6,640,013
	値引	-404,608	-5,812	―
	小計	45,000,970	41,411,594	57,717,036
	消費税	4,500,097	4,141,159	5,771,704
	税込合計	49,501,067	45,552,753	63,488,740
建築	仮設工事	1,920,630	2,773,341	2,060,079
	基礎工事	2,610,420	2,446,560	3,798,000
	木・断熱工事	10,345,680	10,232,340	13,659,900
	屋根・板金工事	1,295,400	1,602,000	1,319,100
	金属工事	814,800	684,054	958,800
	防水工事	223,900	120,000	267,600
	タイル工事	889,920	1,090,415	794,700
	左官工事	2,261,400	1,707,432	2,131,800
	木製建具工事	2,224,800	1,497,120	2,548,200
	鋼製建具・ガラス工事	2,513,460	2,238,000	2,455,200
	内装工事	604,224	570,339	1,586,700
	塗装工事	923,400	787,770	661,500
	家具工事	2,129,000	1,185,000	2,166,000
	雑工事	160,530	665,892	1,055,100
設備	電気工事	1,778,730	1,294,182	2,164,800
	給排水衛生工事	2,595,240	2,062,733	3,782,154
	エコキュート工事	591,840	527,120	653,000
	空調換気工事	1,920,024	1,180,840	2,945,390
	太陽光・蓄電池工事	2,670,000	2,850,000	2,977,000

提供：白崎泰弘（シーズ・アーキスタディオ）

上棟から完成まで

上棟後に行われる中間検査など、構造にかかわるさまざまな検査が終わると、上棟後の性能にかかわるチェック項目として、屋根やベランダなどの防水工事の仕上がりと、断熱材の施工、さらに外壁下地材とサッシの取合い箇所の防水など、外廻りの断熱や防水などの施工具合を確認することになる。それと並行して、図面は造作家具図廻りと内部の枠廻り詳細図を描き、さらに照明位置、コンセントやスイッチの位置などを入れ込んだ平面詳細図も同時に描き進めることになり、早い時期に現場に渡すことになる。

上棟時／上棟が済み構造上の検査が終わると、設計監理は内部工事に対して行うことになり、詳細図、特に窓枠廻りの詳細図はこの時点で現場に渡す必要がある。

竣工時／工務店の社内検査、設計者の検査、そして建て主の検査から始まり、行政の完了検査を済ませ、引き渡しとなるので、その期間も予定の中に入れておく。

解説：本間至

1 設計編 chapter1

初回打ち合わせ

001
建て主から入手すべき情報、
出やすい質問

002
契約から竣工引き渡しまでの
流れを共有する

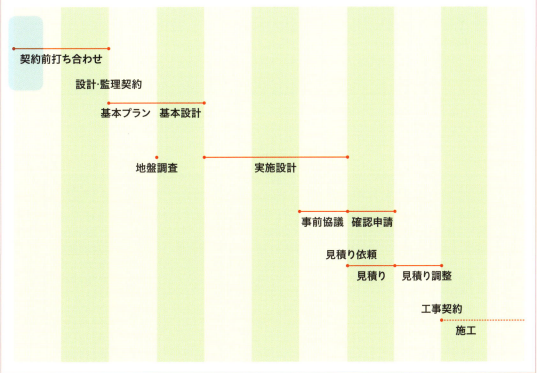

契約前打ち合わせ
設計・監理契約
基本プラン　基本設計
地盤調査　　実施設計
事前協議　確認申請
見積り依頼
見積り　見積り調整
工事契約
施工

step001
建て主から入手すべき情報、出やすい質問

　初めて設計者と建て主が会う初回打ち合わせは、双方にとって幸せな家づくりが進められるかどうか、判断することが大きな目的だ。

　研究熱心な建て主も多く、初回の打ち合わせ段階で、構造や断熱、太陽光発電、さらには長期優良住宅など、専門的な質問をされることも少なくない。こうした専門知識を必要とする質問に対し、的確に答えることが、建て主から信頼を得て仕事を受注するには不可欠となる。建て主がまず最初に設計者に求めることは、プロとしての見識と技術力なのだ。

　設計者からは、住宅の性能面のスペックに対する考え方、設計・監理の流れなどを建て主に説明をすると同時に、建て主から現状の予算や希望するプランの内容、土地取得の状況などを聞く。希望するプランが実現可能な内容かどうかを冷静に判断し、建て主の要望や質問に的確に対応できるようにしておくことが求められる。

■最初に建て主から入手すべき情報の確認

項目	内容		備考
土地の情報 ❶	□ 建替え	□ 現在居住している場所 □ 親の住んでいる場所	状況により異なるが、敷地についての考え方、思い、意見などを聞き取り調査する
	□ 購入	□ 購入済み（新規） □ 土地を探している	
	□ 土地資料の確認		―
家づくりの きっかけ	□ 所有する住宅の老朽化　□ 家族構成の変化 □ 親、子どもとの同居 □ 建て主自身、あるいは家族の年齢的な問題から □ その他（　　　　　　　　　　　　　　　）		家族構成や、家づくりを考えるきっかけを聞くことで、日々の生活が見えてくることがある
家づくりの 関心事 ❷	□ 性能　□ 設備関連　□ 材料　□ デザイン □ その他（　　　　　　　　　　　　　　　）		
希望完成時期	（　　　　　　）年（　　　　　　）月		―
現状の予算 ❸	（　　　　　　　　　　　　　　　）万円		本体工事費以外の既存建物の解体費用、そのほか諸経費、消費税などを含めた予算かを確認する

Point ❶
土地の情報

敷地の形状、大きさ、方位、道路付けなど外的な条件に加え、建築基準法やその他条例などの制限によって、計画する住宅の大きさの上限値が決まり、また、電気、上下水道、ガスなどのインフラ整備の状況が、工事費にも関係してくるので、土地に関する情報は、初回面談時に持参してもらうことに越したことはない。また、土地の購入を検討中の場合は、検討中の情報（不動産情報）を持ってきてもらうとよい。

Point ❷
建て主にとって、
家づくりでの関心事

ひとくちで家づくりといっても、多岐にわたることを検討し決めていかなければならない。設計者は全体にわたりまんべんなく知識を持ち、さまざまなことを取捨選択し決定していかなければならない。しかし、建て主は、自分にとっての興味や関心事を、自分の家づくりで実現させようとするので、実現可能、不可能は別として、建て主が納得できるように説明することが大切なこととなる。

Point ❸
現状で考えている予算

家づくりに関する予算をどのように見ているか、ある程度項目に分けて説明する必要がある。大きく分け全体工事費以外に設計費や消費税、さらに既存建物の解体費や設備関係の引き込み工事費など、その計画で特別に必要とする費用を概略で説明することも必要になる。また、希望する建物の大きさや内容と工事費との関係についても、各々の事務所でいつも行っている計画に照らし合わせて、今回の計画と予算組みとの相関関係を知ってもらうとよい。

■初期段階の打ち合わせで建て主から出やすい質問

項目	内　容		解　説	
よく聞かれる項目	□ 住宅設計の考え方 ❶		この点で建て主の共感が得られないと、その後の打ち合わせがスムーズに進まない。きちんと伝えられるようにしておく	
	□ 作品集（ポートフォリオなど）が見たい		1棟ごとに竣工写真をアルバムにして常備しておくことで、今までの仕事に対して建て主の理解が深まる助けになる （データ・画像で見ていただくことも可能だが、紙媒体のアルバムの方がいろいろと比較検討がしやすい）　　筆者の事務所の作品アルバム	
	□ 技術的な事項 ❷		構造、断熱、換気、材料、省エネにかかわることなど、技術的な話を概論的に説明できるようにしておく	
	□ 設計・施工期間 ❸		設計と工事にかかる期間を客観的に検討しておく	
	□ 費用		建設費用は設計料も含む合計なのか、土地購入費用も含むものなのかなど、総予算に含まれるものを確認する。各種経費や消費税も含め、大枠で伝えられるようにしておく	
依頼が具体化した場合の確認項目	□ 設計契約の時期 ❹	契約前プラン提案	契約に至らなかった場合の報酬について書面で約束事を決め、取り交わしておく	契約のタイミング・プロセスの概略を説明する。ある時点からは契約が発生することを説明する
		契約後のプラン提案	自分の設計プロセスに契約前のプラン提案がなじまないことを説明する	
	□ 住宅要望調査書の記入を依頼		設計を始める前に住宅要望調査書にいろいろな希望を記入してもらう。建て主の家づくりのビジョンづくりにも役立つ	

Point ❶
住宅設計の考え方

各々の設計事務所で、デザインから技術的な考え方まで、家づくりに対する考え方は大きく違ってくる。建て主がこの違いを理解せずに、単純に自分の希望を叶えて設計してくれる相手として設計依頼してしまうと、設計を進める過程で、建て主と設計者との間に溝が生まれてしまうことになる。設計者は家づくりに対する自分の考え方やスタンスをきちんと述べ、そこを理解してもらうことが大切になる。また、建て主が行いたいこと、または好きなデザインが、設計者として経験がなかったり、知識が乏しいときは、そのこともこの段階で話しておく必要がある。

Point ❷
技術的な事項

家づくりの依頼先の選択肢がたくさんあるなかで、それでも設計事務所を依頼先と考える人は、家づくりのどこかの部分でこだわりを持っている。そのこだわりの1つに技術的なことがあり、その技術的なことも、構造、断熱、換気、材料と多岐にわたる。技術的なことなので、ある部分では客観的な判断基準をもとに話すことになるが、必ずしも、客観的な基準で白黒はっきりするものばかりではない。たとえば、断熱性能を語る場合にも暑さ寒さは個人差が大きく関係するので、そのへんも考慮に入れて、総合的かつ概論的に話をするほうが建て主としては分かりやすい場合がある。

Point ❸
設計と施工の期間

設計事務所に設計を依頼することを考え、設計事務所に依頼したときの完成までの期間を事前に調べている人は、完成まで1年程度はかかることを認識しているが、そこまで意識がないと、かなり短く考えている場合がある。また、融資の関係で完成時期が決まっていたり、お子さんの進学の時期に合わせていたり、また、今住んでいる賃貸住宅の契約更新時期との関係があるなど、さまざまな要因のなかで完成時期に対する希望が出てくる。話をする中で融通がきく場合も多いが、もし、完成の期日が絶対的なものである場合は、設計者は安請け合いせずに現実的な設計施工期間を提示しなければならない。

Point ❹
設計契約の時期

設計契約の前にプランを提案し、その案をもとに設計契約をする設計者と、設計契約をしてから打ち合わせを繰り返し、プランを徐々に煮詰めていく方法をとっている設計者と、大きく分けてこの2通りがある。前者の方法で進める場合でも、設計契約に至らなかった際のプラン提案料について、その金額と支払いの時期を説明しておく必要がある。ビジネスライクに考えれば、依頼書と請け書のような書類を交わしておく方法もある。どちらの方法で進めるにしても、設計者の仕事の進め方、そして考え方をきちんと説明することで、建て主に対して、設計者の仕事に対する考え方を契約前に知ってもらうことができる。

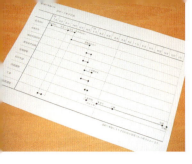

step002

契約から竣工引き渡しまでの流れを共有する

提案内容を時系列で説明する

　基本プラン作成から竣工まで全体のスケジュールを時系列でまとめた予定表を作成し、建て主に説明する。建て主側がいつまでに何を検討し、設計者にどこまでフィードバックが必要かを説明する。打ち合わせで決まったことを、どのような図面にまとめるか、過去の見積り図面を参考に見てもらうことも必要だ。予定表は工事着工までの設計打ち合わせで常に用いる。進行状況を確認するためにも使うとよい。下図は筆者の例である。

　設計者によって各々、設計の進め方は違い、その違いによって建て主との打ち合わせ回数や打ち合わせのタイミングが違ってくる。設計者は自分なりの仕事の進め方を持ち、その進め方のなかで建て主が家づくりを満足に進めることができるように誘導しなければならない。そのためには、設計契約から竣工引き渡しまで全体のスケジュールを時系列でまとめた予定表を作成し、建て主にその流れを説明するとよい。その予定表を使い、設計者からの提案に対して、建て主がいつまでに何を検討し、設計者にどこまでフィードバックが必要かを説明することで、建て主は順序だてて物事を検討し決めていけることになる。打ち合わせで決まったことを、設計者はどのような図面にまとめるか、過去の実施図面（見積り図）を参考に提示しながら、実

■契約から竣工引き渡しまでの流れ（筆者のスケジュール表の例）

	3月	4月	5月	6月	7月	8月	9月
打ち合わせ	設計契約		基本プラン完成 平面図 立面図 断面図 ガラス ブラインド 施錠箇所 外壁・屋根仕上げ	基本設計完成	設備 衛生機器 空調機器 照明器具	展開図 家具詳細 内部仕上げ	見積り前 最終打ち合わせ 構造材 見積り	見積り調整
工事進行				地盤調査			
❶ ご祝儀など						印紙代	
❷ 工事料請求							
❸ 設計料ご請求	1回目 15% 契約時	2回目 15% 基本プラン完了時		3回目 15% 基本設計完了時		4回目 25% 実施設計完了時	
公共機関手続き						中高層申請	建築確認の申請

際の成果物で見てもらうことで、実施設計業務の内容を知ってもらうことも有効だろう。

予定表には設計から工事の流れを書き込み、その中に設計料の支払いのタイミングと工事費の支払いのタイミングを記入し、資金計画の参考にしてもらうようにする。また、確認申請などの手続きや検査関係のタイミングも書き込み、さまざまな手続きがあることも、この表で理解してもらうことにしている。

この予定表は工事着工までの設計打ち合わせで常に用い、設計の進行状況を確認しあい、もし、設計の遅れなどがある場合は、その状況と理由をお互いに共有することで、トラブルを未然に防ぐことになる。

Point ❶
祭事関係とその費用

家づくりの過程で行われる祭事にどのようなものがあり、その祭事の目的を知ってもらうことで、今回の工事でその祭事を行うかどうか、行うにしてもどのようなかたちで行うか、建て主に検討してもらうとよい。その際にかかる費用も概略説明し、今回の計画費の諸雑費として予算組みに入れておいてもらう。その祭事の時期についても事前に知ることで、仕事や子どもの学校行事との予定と摺り合わせ、家づくりのさまざまなことがストレスにならないように誘導するのも、設計者の仕事といってもよい。

Point ❷
工事費の支払い

家づくりの費用をすべて手持ちのお金で行う人はごくまれであり、ほとんどの人は融資を受けて家づくりを行う。融資の方法で、手元にお金がおりてくるタイミングが違い、そのタイミングと工務店への支払いのタイミングを合わせておく必要がある。そのタイミングがずれ工事請負契約の内容で支払いができないと、建て主側の債務不履行になり、建て主と工務店とのトラブルに発展してしまうことにもなる。それを未然に防ぐためにも、設計契約以前に設計者と建て主の間で支払いに対する認識を共有し、工務店への見積りの依頼時に、支払い条件のことまで含めて伝えておくとよい。

Point ❸
設計費の支払い

工事費と違い、設計費と融資が大きく絡むことはないが、建て主の定期預金の満期などと絡む場合もあり、やはり事前に支払いのタイミングとその金額について認識してもらうほうが、建て主の資金計画がスムーズに流れることになる。設計契約以前の説明になるので、重要事項説明や設計契約についても、スムーズに事が流れる。設計費の支払い回数とそのときの支払い額は、設計者によって皆違うので、建て主が設計依頼をする前に、その設計者への支払いについても内容を知ってもらうことが必要になる。

10月	11月	12月	1月	2月	3月	4月	5月	
工事契約　着工	上棟					竣工	引き渡し	
挨拶回り 地鎮祭								
神主手配 初穂料(約5万円)	ご祝儀(約15～20万円) ※お土産・上棟酒・料理・飲物							
●1回目	●2回目		●3回目			●4回目		
●5回目 10% 工事契約時 (工事契約額で精算)	●6回目 10% 上棟時					●7回目 10% 竣工引き渡し時 (最終工事額で精算)		
瑕疵保険の配筋検査 ●	瑕疵保険の上棟後検査					完了検査 ●	減失登記 表示登記 (所有権保存登記)	

Column

事前説明のポイント

設計の進行と概算工事費の提示について事前に説明

　概算見積り書は、建て主が金額の配分を理解できるよう具体的に作成することがポイントだ。見積り調整額を最小限に抑えるために、基本設計の段階から概算総費用を建て主に提示し、施工会社の見積り後に見積り調整のための大きな手戻りがないようにしたい。

　筆者は、見積り書とは別に、設計契約時から毎回のプラン提案時に提出する面積・費用の比較表を作成している。設計上の情報量が少ない段階に行う概算見積りは正確性を欠くが、打ち合わせのたびに金額の増減を確認していれば、施工会社からの見積りが当初予算以上の額であっても、建て主からの理解を得れらやすい。

　概算見積りのスタイルは設計者によって異なるため、独自の内容をつくることを勧める。

木3・地下室が希望の場合も事前説明を

　一般的な木造住宅であれば、通常の確認申請だけでよい。設計上、適判に回るようであれば、基本プランの検討中に建て主に説明し、申請の期間と費用の了解を取ることが大切だ。

　木造3階建てでは、構造設計上床倍率が重要になる。吹抜けやスキップフロアがある場合は、構造設計者と壁倍率と床倍率、偏芯についても、概略の打ち合わせを行う。北側斜線や日影規制で、北側の屋根が大きく斜めにカットされそうな場合は、その部分の壁の高さが取れず、耐力壁として認められないこともあるので注意したい。非常用進入口の設置義務により、敷地の条件によっては3階部分を活用しにくい。木造3階建ての要望が出た場合は、基本プランの提出前に高さ関係の法規チェックと構造計画に大きな問題が生じていないことを確認しておく必要がある。

　地下室にドライエリアを設ける場合は、状況により平均地盤面の取り方が厳しくなる。こちらも、行政との摺り合わせを行い、平均地盤面と斜線制限との関係について検討することも大切になる。

■ 概算見積り書の例（総計画費）

内容	予算	
総工事費①		万円
設計料②	％	万円
消費税③	8％	万円
既存建物解体費		万円
給水引き込み費	本管からの給水引き込みは金額がかさむ場合があるので、別途項目を立てる	万円
別途工事費用計④		万円
地質調査費		万円
敷地測量費		万円
真北測量費	各種調査費、申請関係手数料などの項目を設ける	万円
確認申請手数料		万円
調査・申請費用計⑤		万円
総計画費	①＋②＋③＋④＋⑤＝	万円

■ 概算見積り書の例（総工事費）

内容	予算	
本体工事費	坪×　　万／坪＝	万円
地下本体工事費	坪×　　万／坪＝	万円
小屋裏工事費	建て主では判断が難しい費用は、本体工事費として、設計者がその建物のグレードを判断して入れ込む。その場合、明らかに単価が異なる項目で分ける	万円
吹抜け工事費		万円
テラス工事費		万円
屋上工事費		万円
基礎工事費		万円
外壁通気工事費	建物本体にかかわり、採用の有無で大きくコストが変わる工事についても別途項目をつくる	万円
断熱工事費		万円
小計(A)		万円
厨房工事費	本体	万円
食洗機やオーブン、浄水器など、住宅雑誌などの表記で別途項目として扱われる部分は個別に項目を設ける	食洗機	万円
	オーブン	万円
	浄水器	万円
	その他（　　　）	万円
空調工事費		万円
床暖房工事費	建て主がその設備を採用するかどうか判断できる項目に特化させる	万円
セキュリティ工事費		万円
特殊ガラス工事費		万円
照明工事費		万円
AV・PC配線工事費		万円
ブラインド工事費		万円
小計(B)		万円
外構工事費		万円
隣地境界塀工事費		万円
植栽工事費		万円
雨水枡工事費		万円
小計(C)		万円
総計画費	(A)＋(B)＋(C)＝	万円

1 設計編 chapter2
契約直前の打ち合わせ

003
住宅要望調査書と
重要事項説明

004
現地調査と
行政調査のポイント

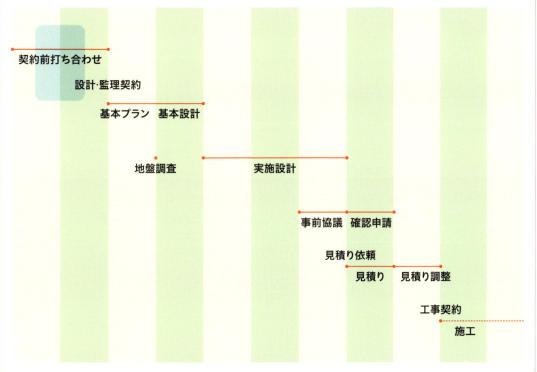

step003

住宅要望調査書と重要事項説明

　住宅要望調査書は、建て主に住宅への希望や家族構成などの基本的な情報を書き記してもらうもので、設計者が設計を進める際の参考として使う。建て主にとっても、住宅要望調査書を書くことで、家族との意思疎通を図るうえで大いに役立つ。

　家づくりを始めるにあたり、家族それぞれの思いを書き記してもらうことで、これから始める家づくりにリアリティーをもたせることが、住宅要望調査書の主な目的となる。

■住宅要望調査書のポイント

項目	内容	ポイント	備考
基本情報	□ 基本情報（家族構成、家族の生活スタイルなど）	家族それぞれの身長を記入する欄を設ける	家族の身長は、さまざまな高さ寸法を決めていくときに必要。成長する子どもの身長は参考にしなくてもよい
計画	□ 外部、内部、外構計画の全体的なイメージや、各部屋への希望	何もない状態で記入させるのは難しい。考えるヒントになる単語をあらかじめ入れておく	自由に記入してよいことを事前に説明する。すべての項目を記入する必要はないことも伝える。現時点での関心の対象を浮き上がらせることが目的
設備	□ 希望する設備の内容	チェック方式が有効。設備ごとに項目を分け、チェック欄ではカバーできない内容の記入欄を設ける	設備の技術は日々進歩しているので、チェック欄はこまめな見直しが必要
家具リスト	□ 新築時に持ち込む家具リスト	家具の採寸と記入は建て主に依頼	建て主に採寸・記入してもらうことで、本当に新築時に持ち込むかどうかを考えてもらうきっかけとする

■基本情報（家族構成）の例

項目	記入欄				
名前					
続柄					
職業					
年齢					
性別					
身長					
現在住んでいる家	一戸建て・マンション・アパート 木造・鉄骨・鉄筋コンクリート				
住体験について	※生まれた家、育った家、その後の住まいなど、これまでの住体験について教えてください				

■基本情報（家族の生活スタイル）の例

項目	記入欄			
名前				
社会人・学生	（　）歳	（　）歳	（　）歳	（　）歳
出勤・帰宅時間（予定）	出勤： 帰宅：	出勤： 帰宅：	出勤： 帰宅：	出勤： 帰宅：
家で仕事や勉強をしますか？	□する □しない	□する □しない	□する □しない	□する □しない
具体的にどんな仕事・勉強をしますか？				
料理をしますか？ （得意料理も教えてください）				
好きな家事は？				
休日の過ごし方を教えてください				
外出は多いですか？				
趣味は？				
家族が家で一緒に過ごすことは多いですか？				
食事を家族で一緒にされますか？				
お酒は飲まれますか？				
来客は多いですか？ （昼・夜・休日）				
宿泊客の予定は？				
ペットはいますか？ （予定はありますか？）				
そのほか新しい家への希望は？				

■計画（各部屋に対する希望事項）の例

項目	記入欄
寝室	・部屋のタイプ（□和室を希望　□洋室を希望） ・設置する家具（□持参・□購入） 　□ベッド［数］（　　）台　［大きさ］（　　　　）□その他 ・広さについて（　　　　）・採光について（　　　　） ・音（［騒音について］　　　　　）・その他（　　　　）
クロゼット	・ウォークインクロゼット（□要・□不要） ・寝室内収納（□要・□不要） ・収納するものはどのくらいありますか（　　　　） ・洋服以外の収納スペース（□要・□不要） ・その他（　　　　）
収納	・独立した納戸（□要・□不要） 　□各部屋に収納を設置（□要・□不要） ・収納するものはどのくらいありますか（　　　　） ・タンスなど大きなものの収納スペース（□要・□不要） ・その他（　　　　）
家事室	・家事室で行う作業について（　　）・必要な機能（　　　） ・収納（□要・□不要）・その他（　　　　）
子ども室	・広さについて（　　　　）・採光について（　　　　） ・設置する家具（□持ち込み・□購入） 　□ベッド　　□机　　□その他 ・収納（□要・□不要）・将来的な利用法（　　　　）
〜その他の部屋〜	・広さについて（　　　　） ・採光について（　　　　） ・収納（□要・□不要） ・必要な機能（　　　　） ・その他（　　　　）

■設備の例

項目		記入欄
照明	部屋の明るさ	□部屋全体（隅々まで）を明るくしたい □作業を必要とする場所を明るくし、それ以外は生活の支障のない程度の明るさでよい
照明	照明のイメージ	□間接照明 □直接照明
電気設備	インターネット 引き込みの種類	□電話回線（ADSL） □光ファイバー □ケーブルTV □室内LAN（□要・□不要） ・必要とする部屋・場所（　　） ・周辺機器の種類と設置場所（　　）
電気設備	TV 引き込みの種類 TVジャックを必要とする部屋	□ケーブルテレビ □アンテナ □その他
電気設備	インターホン 引き込みの種類	□音声のみのドアホン □カメラドアホン
電気設備	インターホン 親機・子機の設置場所	
電気設備	電気錠 必要の有無／設置	□要（必要な部屋　門扉・玄関など／　　）□不要
電気設備	TEL モジュラージャックを必要とする部屋	
電気設備	TEL FAXを置く部屋または場所	

重要事項説明を行う

重要事項説明は、建築士法24条の7にもとづき、設計監理委託契約に先立って、あらかじめ契約の内容とその履行に関する事項を建て主に説明するもの。この書類は記入項目が決まっているため、使用している契約書の条文または第何条に記載されているかをあらかじめ記載した書式をつくっておくと便利だ。

重要事項説明の際には、重要事項説明書と契約書を並べ、一つひとつの項目を説明していけば、1度で契約書の内容も建て主に説明することができる。ただし、重要事項説明書は契約上のすべてのことを説明しているわけではない。大切だと思われる部分については、契約書によって補足説明をする必要がある。2024年4月より、建て主に対して省エネ基準に適合しているかどうかの説明が義務化された。

重要事項説明書の記載項目	独自の書式作成のポイント
委託業務名称	□プロジェクト名の記入
受託建築士事務所の名称	□建築士事務所名を記入
建築士事務所の所在地	□建築士事務所の所在地を記入
開設者の氏名	□開設者の氏名を記入
対象となる建築物の概要	□建設予定地、主要用途、工事種別、構造規模など該当する項目の記入欄を設ける
作成する設計図書の種類	□設計・監理契約書の条文を記入
工事監理の実施の状況に関する報告の方法	□地形および基礎配筋工事、躯体工事、断熱・防水工事、内装工事、塗装工事、設備機器取り付けなど、書面と写真による報告時期を記入
設計の一部の委託（該当する場合）	□設計・監理契約書の条文を記入
設計監理業務に従事することとなる建築士	□氏名、資格を記入。資格の登録番号も忘れずに明記
設計監理報酬の額と支払いの時期	□設計・監理契約書の条文を記入
設計監理契約の解除に関する事項	□設計・監理契約書の条文を記入
内容を説明する建築士	□氏名、資格を書式に記入
説明を受けた建築主	□日付、住所、氏名の記入欄を設ける

step004

現地調査と行政調査のポイント

現地調査のポイント
測量の有無と高低差の確認

　敷地の平面測量がしてあるかないかで変わってくるが、まずは隣家そして道路との境を印している境界石を確認することが必要になる。新たに土地を購入した場合は、土地の売買の際に平面測量を行い、境界杭を入れるので問題はないが、既存の敷地に建替えの場合は測量図も境界杭もない場合がある。その場合は建て主と相談しながら、今回の新築計画でどこまで測量を行うか検討する必要がある。また、敷地は平らに見えていても実は高低差があるもので、特に道路との高低差については、エントランスの取り方と平均地盤との関係から道路斜線に影響してくる。簡易的にでも高低差の測量もしておく必要がある。

電柱／電柱の所有は、電力会社であったりNTTであったりと、その所有と管理が違ってくる。また、電線にもさまざまな線があるので、電柱の管理番号の確認も必要。

下水本管マンホール／道路に対してマンホールがどちら側に寄っているかで、本管の埋設されている位置が分かる。場合によっては管底も知っておくとよい。

高低測量／前面道路のあるポイント（ベンチマークとなる）から、敷地のいくつかのポイントを測り、道路との高さ関係を含め敷地の高低差も確認する。

止水栓と枡／敷地内に水道の止水栓があれば敷地内に給水管が引き込まれており、また、道路との境界ギリギリに枡があれば、下水管も引き込まれている。

杭の確認／特に道路と敷地との関係は、側溝や境界石までの道路幅が認定幅員とは限らないので、各々の位置関係を測り、道路図と確認する必要がある。

■現地調査はココがポイント

種別	確認項目	解説
計画敷地内および周辺	□アンテナ	アンテナを確認し、近隣のテレビの受信状況を判断する
	□プロパンガスボンベ	都市ガス供給地域外の可能性がある
	□ガスメーター	現地にあれば、ガスの種別・メーターの大きさを確認する
	□量水器	水道管の引き込み位置、引き込み管径の目安となるが、必ず局埋設管図と照らし合わせて確認する
	□ガス会社杭	現地にあれば会社名を確認する
歩道	□電話ハンドホール	下部に電話幹線ケーブルがあることを示す
	□止水栓	宅内への引き込み管のバルブ。下部に給水本管があるわけではない
	□公設枡	公道部分や敷地内に設置されている
前面道路	□消火栓フタ	下部に給水本管がある
	□下水本管マンホール	下部に下水本管、雨水本管がある
	□ガスピット	下部にガス本管がある

行政調査のポイント
建て主と設計者の間で、情報を共有化する

　行政調査チェックシートは、敷地調査に付随するもので、設計を進めるにあたり必要な関連法規、道路と敷地との関係、インフラについて調べたものを記入した書類である。書類の構成は、（1）法規関係（2）道路関係（3）設備関係に分かれ、そのほかに今回の計画にどのような申請が必要かを記入している。地域によっては建築基準法以外の規制がかかっている場合があり、その規制によっては申請期間に時間を要することもあり、全体計画の期間に問題を生じさせることになる。上下水道の引き込みなどは、前面道路に布設されている管の種類が公設管か私設管かで、そこからの引き込み方法も変わってくることになり、費用もそれによって変動してしまう。

Point ❶　法規関係

原則、建築基準法で決められている内容なので特に問題になることはないが、高度地区（斜線）に関しては都道府県で決められている条例になるので、建てる地域ごとに確認が必要になる。また、風致地区や都市計画道路との関係で容積率や建ぺい率に制限が加えられ、さらに壁面後退や構造体にも規制が加わる。

Point ❷　道路関係

前面道路があったとしても公道ではなく、それによって、但し書き適用で建ぺい率や容積率そして絶対高さに制限が加えられることもある。4m未満の狭あい道路であったり、官民の境界、道路幅員が未確定の場合は、道路に接している敷地の一部が道路として取られてしまい、敷地面積が小さくなることで建てられる床面積に影響を及ぼすこともある。

Point ❸　設備関係

私有地の一部に通路ができ、徐々に道路としての存在を作っていた場合、その道路に給水本管が埋設されていない場合がある。この場合、本管の埋設費用は建て主が負担しなければならず、宅内配管に比べその費用は高額になる。また、前面道路の水道管が私設管の場合があり、その場合は、持ち主の許可を得ることが必要になる。敷地が前面道路より低い場合は、排水本管の管底の高さと、敷地の最終枡の枡底の高さについて確認が必要。

Point ❹　特殊な申請

特殊な事例となるが、敷地が宅地や山林の場合には問題ないが、農地になっていると、住宅は建てられないので農地の転用申請をしなければならず、その期間はかなりの時間がかかるので注意が必要になる。敷地が道路より高くなり、擁壁などを作るために盛土や切土を行うときは、宅地造成の申請が必要になり、この申請にも時間を要する。

■ 的確な行政調査が業務円滑化のポイント

項目		詳細
❶ 法規関係	都市計画区域	□区域内（□市街化区域・□市街化調整区域） □区域外（建築　可・不可）
	用途地域	□第1種低層住居専用地域 □第2種低層住居専用地域 □第1種中高層住居専用地域 □第2種中高層住居専用地域 □第1種住居地域 □第2種住居地域　□準住居地域　□田園住居地域 □商業地域　□近隣商業地域　□準工業地域 □工業地域　□工業専用地域
	防火地域	□防火　□準防火　□法22条　□法23条　□無指定
	高度地区	□無・□有（第1種・第2種・第3種）
	北側斜線	□高度地区規制に（よる・よらない）
	道路斜線	□1.25／1　□1.5／1
	隣地斜線	□20m＋1.25／1　□31m＋2.5／1　□指定なし
	建ぺい率	□指定（　　　　）％ □角地緩和（無・有）（　　）％＋10％＝（　　）％ （□東京都建築安全条例2条における角敷地の建築制限［無・有］）
	容積率	□指定（　　　　）％　□道路制限（無・有） （　　　　）×0.4(0.6、0.8)×100＝（　　　　）％
	絶対高さ	無・有（　　　　）
	建築協定	無・有（　　　　）
	壁面後退	無・有（　　　　）
	日影規制	無・有（日影時間　　時間〜　　時間　測定水平面）
	その他の指定	無・有（　　　　） □第（　　）種風致地区　□第（　　）種文教地区 □宅地造成工事規制区域　□都市計画公園・緑地 □第（　　）種特別工業地区　□都市計画道路 □地区計画区域　□最低限高度地区 □土地区画整理事業を施行すべき区域（都市計画決定） □土地区画整理事業施行区域（事業中）
	埋蔵文化財	無・有（　　　　）
❷ 道路関係（　側）	種別	□国道　□都道　□区道　□私道 □区有通路　□認定外道路　□水路 □路線番号　無・有（　　　　）
	認定幅員	無・有（　　〜　　m）
	建築基準法上の道路	である・ではない（　　　　　　　）
	道路位置指定	無・有　指定年月日　平成　　年　　月　　日／ 指定番号　第　　号 指定幅員：　　m／延長：　　m／隅切：　　m
	官民境界確定	無・有（　　　　）
	狭あい道路 （細街路）申請	□不要・□要
❸ 設備関係	給水	公営水道　□無・□有
		敷地内配管　□無・□有（既存メーター　　　mm）
		本管　前面道路埋設　□無・□有（　　　φ）
		その他特記事項
	排水 汚水	□公共下水（本管接続一□合流・□分流［浄化槽・汲取り]）　□生放流不可（□浄化槽・□汲取り）
	雑排水	□公共下水（本管接続一□合流・□分流［□側溝・□用水路・□浸透枡]）　□生放流不可（□側溝・□用水路・□浄化槽・□浸透枡）
	雨水	□公共下水（本管接続一□合流・□分流［□側溝・□用水路・□蒸発・□浸透枡]） □生放流不可（□浸透枡）
	ガス 種別	□都市ガス（　　　　）A □LPG（□個別・□集中）
	敷地配管	□無・□有（　　　φ）
	本管	前面道路埋設　□無・□有（　　　φ）
	その他特記事項	
	電気 前面道路からの引き込み	□可・□不可
	敷地に接する電柱	□無 □有（トランス[無・有]、電柱番号[　　]）
	CATV 敷地へのケーブル	□無・□有（会社名　　　　）
	前面道路からの引き込み	□可・□不可
その他 ❹ 特殊な申請		□無　□有（□土地区画法76条申請 □都計法53条申請　□都計法29条申請（開発） □宅地造成法申請　□風致地区申請 □狭あい道路拡幅整備申請　□中高層条例申請 □農地転用申請　□緑化等申請 □文化財保護法による届出　□建築協定等届出）

Column
地盤調査は建て主への事前説明が重要

建て主への事前説明

2009年の10月1日以降に引き渡す住宅は、住宅瑕疵担保履行法により、保険加入のための地盤調査報告書の提出が求められる。これまで以上に地盤調査の重要性が増している。

住宅の地盤調査は、構造や規模、敷地の状況によってその方法は異なる。木造住宅の場合、スクリューウエイト貫入試験（SWS試験）が一般的だが、地下室を設ける場合や軟弱地盤が予想される場合など、計画の状況によっては標準貫入試験（ボーリング調査）、平板載荷試験などを行う場合もある。

しかし、建て主はインターネットなどで事前に得た情報から、敷地の状況や調査方法にかかわらず、地盤調査自体は3万円くらいでできると勘違いをしていることも少なくない。当然ながら、調査方法によって調査費用に違いが出てくるので、建て主には、地盤調査の必要性と調査にかかる費用についての事前説明が必要不可欠となる。

調査の結果得られた地盤の状態によっては、工事費が大きく変化したり、工期を延長せざるを得ないケースも起こり得る。

調査の必要性と費用に加えて、得られた結果により工事費や工期に影響が出るおそれがあることをあらかじめ建て主に説明しておくことが後のトラブル防止につながる。

調査の時期

敷地の状況により、地盤調査を行うタイミングの検討が必要になる。地盤調査の方法はいくつかあるが、いずれも調査は建物が配置される位置で行うことが望ましい。

計画敷地が更地であれば、基本プランと構造の種類がほぼ決まった段階で調査に入ることができる。しかし、計画敷地内に既存の建物がある場合は注意が必要だ。建物の周囲に調査する敷地的な余裕がある場合は、事前調査を行い、既存建物の解体後に本調査を行うことになる。

ただし既存建物の解体後に本調査を行う場合は、工事契約額が確定してからの調査となるので注意が必要だ。場合によっては基礎工事の計画が変更となる場合もある。工事内容の変更に伴い、工事金額も

スクリューウエイト貫入試験の様子。調査深度は10〜20m。　標準貫入試験の様子。高さ5m、広さ3×5m程度の空間が必要。

■ 地盤調査の流れ

設計契約時
地盤調査について、その内容と費用の概略について事前説明する

↓

基本設計に入るとき（調査前確認）
地盤調査会社（必要があれば構造設計者）に地盤の近隣データの調査を依頼

↓

基本設計後（概略の平面プラン決定後）
事前調査の内容と、計画建築物の構造規模を摺り合わせ、調査方法を検討。建て主へ提出する概算工事費には、「調査結果の後、工事費を提示」とする

↓

見積り依頼
どのような内容の調査にするかを決め、地盤調査会社に見積りを依頼。必要があれば構造設計者とも打ち合わせる

↓

調査費の了解
見積り額を建て主に提示し、調査を行う旨の了解をとる

↓

調査
日時を調整し、調査に入る

↓

報告書の提示・調査費の請求
調査会社から出された調査内容を検討し、概略の基礎工事について方針を立て、その工事にかかる概算費用とともに、建て主に報告する

変化する。

調査結果が得られるのは実施設計が進んだ段階となるため、設計の変更を余儀なくされる可能性もないとはいえない。工事費の増加や設計期間の延長などはトラブルにつながりやすいので、建て主には丁寧に説明しておくべきだろう。

1 設計編 chapter3

設計・監理契約を結ぶ

005
依頼案件調査書の
主な記入内容を確認

006
独自の契約書のつくり方を
マスター

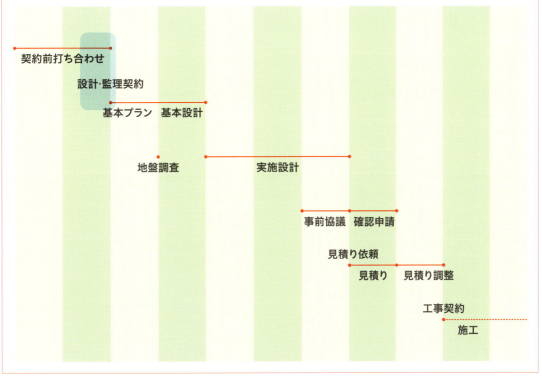

- 契約前打ち合わせ
- 設計・監理契約
- 基本プラン　基本設計
- 地盤調査
- 実施設計
- 事前協議　確認申請
- 見積り依頼
- 見積り　見積り調整
- 工事契約
- 施工

step005

依頼案件調査書の主な記入内容を確認

契約書の補佐的な役割を持つ

　設計監理契約書では、設計業務のバックグラウンドとなる情報をすべて網羅することは難しい。そのことで、契約書の内容にあいまいな部分が残ることがあり、そのあいまいさをできるだけ少なくする目的のために、依頼案件調査書なる書類を契約書に添付し、設計監理契約書の一部として契約内容の補佐的な役割を持たせるとよい。

　依頼案件調査書の内容は、大きく分けて8つの項目に分かれている。（1）基本情報、（2）工事費の概要、（3）建物の概要、（4）敷地の概要、（5）設計・監理業務の概要、（6）設計・工事前の調査、（7）保証関係、（8）その他に分かれている。この8つの内容は、建築士の資格を持つ建築家として、事前に建て主に伝えておかなければならないことを、この書類の説明を通して確認しあえるようにしている。家づくりは業務の内容が多岐にわたり、さらに1年以上の時間を要することから、重要な事項に関しては書類で残し、特に契約の内容とリンクする事柄については、このように契約書を補佐する書類として契約書の一部にすることも考えられる。

　記入については、設計者が記入し、それを契約時に再度確認しあうこととする。

■依頼案件調査書の主な記入内容を確認

項目	内容	ポイント・解説
基本情報 ❶	□現住所、連絡先など	・契約前にプラン提案を行う場合、建物の構造規模、工事費は、その提案内容が契約の根拠になる ・契約後にプラン提案を行う場合、建物の構造規模・工事費について、建て主・設計者が納得したかたちで明文化する ・融資条件によっては、性能にかかわる設計内容に条件がつく場合がある
工事費の概要 ❷	□希望総工事費、資金調達方法など	
建物の概要 ❸	□主な用途、希望床面積、希望構造、地下室の希望など	
敷地の概要 ❹	□計画地住所、敷地面積、土地の権利関係、既存建物、既存樹木、既存擁壁、既存塀など	・専門家として事前に建て主に伝えておかなければならないことを、書式にして伝える ・調査の内容と必要な経費、地盤改良など、調査結果によって発生する事項の基礎資料として活用する（設計・工事前調査）
設計・監理業務の概要 ❺	□業務の範囲（事前調査、官庁折衝、基本プラン作成、基本設計、実施設計、確認申請、外構設計、工事監理など）、設計・監理期間など	
設計・工事前の調査 ❻	□行政調査（法規・道路・設備関係など）、測量、地盤調査、真北測定など	
保証関係 ❼	□完成保証、瑕疵保証、地盤保証など	
その他 ❽	□施工会社の選定、登記の方法・説明、特記事項など	

Point ❶
基本情報

依頼者　氏名　　　　　　　（設計監理の契約者 複数可）

　　　　住所
　　　　TEL　　　　　　FAX
　　　　E-mail

建て主の住所氏名、そして連絡先として電話番号、ファックス番号、メールアドレスを記入する。契約者を複数にしなければならないときの説明をする。

Point ❷
工事費の概要

設計監理費の根拠となる希望予定工事費をとりあえず定めておく。
ただし、打ち合わせによる設計内容によって、設計中に提示する概算予算額および建設会社からの見積り額、さらに建物完成時の工事費が希望予定工事費と異なってくることを記入し説明する。
資金調達の方法についても記入し、工事費の支払い回数の調整が前もって考えられるようにする。

Point ❸　建物の概要

工事費に大きく影響を及ぼす、総床面積、構造、地下室の有無などを記入する。ただし、契約上の絶対的な条件ではなく、打ち合わせの段階で変更されていくこともあることを説明する。

Point ❷の工事費と、床面積および構造との関係に無理がないように定めることが大切になる。設計の過程で床面積が増えれば工事費も増え、構造体が変われば工事費の考え方も変わってくる。このように初期条件を決めておけば、その後の変化に応じて工事費を変化させることができ、それを建て主にも理解してもらえる。

地下室を作ることは工事費も大きくアップするので、事前に地下室の有無を記入する必要がある。

地下室については、別紙で地下室のリスクについて説明し、建て主の承諾を得る。（column026ページ参照）

Point ❹　敷地の概要

計画地の地名地番、敷地面積のほか、土地の所有に関する権利関係も記入する。

既存建物の有無と、もし建っている場合の既存建物の延べ床面積、構造等も記入する。既存建物の解体費用も総予算にかかわってくるので、前もって記入することで、建て主に解体費用の概算を提示でき、そこから新築工事の工事費を割り出すことができる。

その他、敷地内の既存樹木、既存擁壁、既存塀なども記入することで、計画の中でそれらの扱いをどのようにするか、建て主と設計者で認識を共有化できる。そのことで工事費の予算配分を明確にでき、新しく作る家にかけられる費用が明確になってくる。

Point ❺　設計・監理業務の概要

一言で設計監理業務といっても、建て主にはその内容が理解できない。そこで仕事の範囲を細分化して記入し、それを説明することで設計監理業務の概要を理解してもらうようにする。

仕事の範囲として、事前調査・官庁折衝・基本プラン作成・基本設計・実施設計・確認申請・外構設計・現場監理とし、各範囲でのさらに細かい作業内容については、設計契約の約款で別紙として記入し説明することにする。

また、設計監理の業務期間についてもここで説明することとし、設計・工事の予定表については契約書に添付することとする。

このように事前に設計者の仕事の内容を理解してもらうことは、設計監理の途中で発生する問題に対して対処しやすくなり、問題を複雑化しないこととなり、ひいては建て主の不利益にならないですむことになる。

Point ❻　設計・工事前の調査

設計・工事前にはさまざまな情報収集があり、その内容にもとづいて設計や工事が進められていくことを理解してもらい、また、その内容によっては工事費に影響を及ぼすことがあることも認識してもらうようにする。

基本情報の収集

法規、道路、設備（インフラ）について基本情報を集め、行政調査書というかたちで書類とし、建て主にも渡す。（step 4参照）

測量

計画地の測量図の有無。

もしも測量図がない場合は、あらためて測量を行うことにするかどうか建て主に決定してもらう。特に既存敷地での立て替えの場合は測量図がない場合が多く、その際、測量の方法にもいくつか選択肢があり、その内容を設計者から説明する。

地盤調査

住宅瑕疵担保履行法により、保険加入のための地盤調査報告書の提出が求められるので、設計者は建て主に対して、地盤調査についての事前説明をしなければならない。計画する建物の構造規模によって地盤調査の方法も違ってくるので、設計中に構造規模が変わった場合、調査方法も変わり、それによって調査費用も変わることを説明する。（020ページColumn参照）

さらに地下室を計画する場合の地下室に対する工事上および生活上のリスクについても説明を加える。（026ページColumn参照）

Point ❼　保証関係

建設会社との工事請負契約に先立ち、工事に関する保証について事前に設計者から説明をする。

保証の種類として、完成保証、瑕疵保証、地盤保証の3つがあり、各々の内容について概略説明を行う。瑕疵保証については建設会社の加入義務があり、その他2つの完成保証と地盤保証については、建て主の判断で加入するかどうかを決めてもらう旨を説明する。

地盤保証については、地盤調査会社で地盤保険と調査がパックになっている商品もあるので、地盤調査の前に資料をそろえ建て主に渡してもよい。

Point ❽　その他

建設会社の選定について

見積りの方法として、数社で合見積りを行う方法と、1社に決めて見積りを依頼する特名式があることを説明する。

建設会社から見積り提出後は、設計者と建て主とともに金額調整を行い、設計者の助言のうえで、建て主が自ら建設会社を決定することを説明する。

登記の方法

完成後の登記について概略説明し、登記の手続きは建て主が行うことを話し、建設会社もしくは設計者が、司法書士を紹介できることも説明する。ただし、登記を行う主体は建て主であることを理解してもらう。

金融機関からの融資と、建設会社への工事費の支払いが関係するので、登記の時期と手続きについて、足場がとれた時期に確認を行う必要がある。

行政指導

確認申請および許認可申請に対する監督官庁の指導または諸法規の変更があった場合には設計変更を余儀なくされる場合があることも事前に認識してもらう。

step006
独自の契約書のつくり方をマスター

設計監理契約の主旨をどのように捉えるか

通常の場合、建て主と設計者は知り合ってそんなに間があるわけではない。その両者が共同して家づくりを進めていくために、いくつか約束事を決め、お互いが安心したかたちで仕事を進めていけるように、良好な関係を築くことが目的になる。何か不慮の事故（業務の中止など）が発生した場合にも、お互いが感情的な状態にならずに事が解決できるようにすることが、契約の主旨となる。

設計監理契約のポイント

設計する建物によって、その設計内容は大きく変わってくる。契約の当事者となる建て主が個人なのか法人なのかでも、契約内容は変化するはずである。個人住宅の設計は、設計事務所も小規模で建て主もほとんどが個人であり、設計する建物の規模も大きくない。そのように考えると、住宅設計にはその業務に則したかたちで契約書があって然るべきで、各々の設計事務所でその事務所独自の契約書を作成するのも1つの方法である。

独自の契約書を作成する場合、当然のことながら、建て主と設計者、両者にとって公平な内容になるように考えなければならない。さらに建て主が素人であり、一般消費者であることを考慮し、できるだけ理解しやすい内容で作ることが必要である。

そのために、契約書を補足する意味で依頼案件調査書（step5参照）を作り、契約書だけでは説明が不足してしまうことや、また、契約の根拠となることがらを書き記し、契約書の一部とすることも1つの方法である。

■契約書の一例

	第 1 条	対象の計画
	第 2 条	業務の内容
	第 3 条	受託者の責務
	第 4 条	委託者の責務
	第 5 条	業務遂行期間
❶	第 6 条	業務の報酬
	第 7 条	業務内容等の変更
❷	第 8 条	業務の完了報告
❸	第 9 条	変更・追加業務
❹	第10条	業務の中止と解除
❺	第11条	業務の中断
❻	第12条	著作権
	第13条	乙の責任
	第14条	業務の再委託
❼	第15条	機密事項
	第16条	契約譲渡の制限
	第17条	保険
	第18条	疑義の解釈
	第19条	紛争の解決

Point ❶
第6条 業務の報酬

甲から乙に支払われる、設計監理業務の報酬は別紙―(3)の設計監理費の内容による

①業務の報酬額の算出方法と支払い時期、②工事費の増減からくる報酬の算出方法、③別途費用に対する説明事項、を別紙にまとめておくと分かりやすい

業務の報酬だけでなく、工事費の増減と設計料の連動、別途工事や施主支給品と設計料の連動について明確にすることが後のトラブル防止に役立つ。設計料の支払い時期、設計者からの請求書の提出のタイミングの明記も忘れずに。地盤調査・地質調査・測量・真北測定や遠方への出張、宿泊、交通費、新規のインフラ整備が必要な場合の費用など、設計料以外にかかる費用も明記したい。

Point ❷　第8条 業務の完了報告

乙は各業務を完了したときに、各業務につき、業務完了報告書を甲に提出する。
甲は提出された報告書に異議がなければ、業務完了承諾書に記名・押印の上、乙に提出する。
乙は甲より業務完了の承諾を得て、次の業務に入ることとする。
ただし現場監理業務は、建物の引き渡しが請負建設会社より実行された時点で完了するものとする。―後略―

> 各業務の完了についての報告書と承諾書、報告書を提出する時期、承諾書をもらえない場合の処置などについて明記しておくとよい

設計・監理業務がいくつに分かれているかを伝え、各業務が終わるたびに、業務完了の報告書を提出し、それに対する承諾書の提出を建て主に求める。業務の進捗状況と手戻りが出ない範囲についての説明も行う。

Point ❹　第10条 業務の中止と解除（中断も含む）

両者（甲・乙）とも設計・監理業務を進めるにあたり、今後支障をきたし、甲の求める建物の完成が困難であると認めた場合、両者とも業務の中止を申し出ることができる。―後略―

> 業務の中止・解除もしくは中断した場合の、業務報酬と責任についても明記しておく

設計の中止もしくは中断はさまざまな問題によって起こる。建て主の個人的な理由で、中止または中断しなければならなくなった場合にも、支払い条件がはっきりしていれば、金銭的な部分で疑心暗鬼にならずに済む。また、建て主と設計者の何らかのトラブルにより業務が中止しそうな場合でも、契約書で中止の際の支払い条件を細かく決めていれば、感情論に陥ることなく問題に対処できる。金銭的な部分を明確にしておくことは、建て主に対する設計者の責任である。

Point ❻　第12条 著作権

―1項　　設計図書の著作権は乙に属する。
―2項　　竣工写真の著作権は撮影を行った写真家に、使用権は乙に属する。
―3項　　ただし、乙が設計図書および竣工写真の一部を、雑誌掲載する場合は甲の承諾を得る。（しかし、乙のホームページへの写真のみの使用は、甲の承諾を必要としない。）―後略―

> 個人住宅の場合、設計図書の著作権が問題になることはないが、竣工写真の扱いについても具体的に明記する必要がある

竣工写真や平面図を、雑誌や設計者のホームページに使用することがあり、その扱いについての明記が必要になる。雑誌掲載は平面図が掲載される場合が多く、建て主の承諾を必要とするが、写真だけの場合、設計者のホームページであれば、承諾無しで使用できるようにしておくほうが、その性格上現実的である。

Point ❸　第9条 変更・追加業務

契約時の甲の企画する設計内容に大きな変更が生じ、乙の業務実施が、そのことにより、本契約どおりに遂行できないことが明らかになったときは、遅滞なく書面で相手方に通知し、工事予算金額や実施期間の変更その他必要事項について甲乙協議して定める。―後略―

> 計画の根本にかかわる変更・追加、各業務中の変更業務について明記しておく

建て主から大きな変更要望があった場合、業務期間、業務報酬の額に変更があることを明記する。大きな変更・業務の追加は双方にとってリスクになることを理解してもらうことが重要。

Point ❺　第11条 業務の中断

甲の何らかの理由により本計画を中断せざるを得ない場合、甲は乙にその理由を伝え、乙の行う業務の中断を申し出ることができる。業務の中断が成立した時点で、乙がそこまで行った業務に対して甲は乙に設計監理料の支払いをしなければならない。設計監理料の支払いは、別紙―2（業務中止による設計料）記載事項の甲からの申し出と同じ内容とする。―後略―

> 業務が甲（建て主）の都合により中断した場合、それまでの業務に対する報酬の精算について明記する

中断もさまざまな理由によるが、中断後、いつまた再開されるかがほとんどの場合不透明である。その不透明さに対して、とりあえず中断が一年を超えた場合の措置を決めておくとよい。たとえば、中断後一年を超えても、甲からの今後に対する意思表示がない場合は、契約が自動的に解約されたものとみなされる内容とする。

Point ❼　第15条 機密事項

乙は業務の遂行上知り得た甲に関する機密事項を、一切第三者に漏らしてはならない。
甲は何らかの理由により第三者にセカンド・オピニオンを依頼する場合、乙から提出された書類・図面は、乙の承諾なく見せてはならない。
また、現場への第三者の出入りについても、甲・乙共に相手方の承諾を必要とする。

> 甲（建て主）に対する機密保持は当然だが、乙（設計者）の業務内容、そして現場に対しても、やたら無闇に第三者の目に触れることを防ぐようにする

何か問題が発生したとき、建て主の不安を解消するためにもセカンド・オピニオンは、建て主が望めば設計者は前向きに対応すべきである。しかし、セカンド・オピニオンを行っている相手が見えず、一方的にクレームをいわれても問題解決にはならないので、相手方と意見交換ができる状況を作ることが望ましい。

025

Column
地下室設計4つのリスク

事前説明の必要性

　地下室をつくる場合、工事費が地上階のみの場合と比較して、はるかに高くなることは、建て主にも想像がつく。そのため、地下室に関しては設計契約前に予算組みを行う必要がある。

　地下室工事をするうえでの施工上のリスク、防水上のリスク、防湿上のリスク、除湿水・雨水の排水のリスクなど、地下室での生活について、建て主には分からないことがたくさんある。このリスクについて事前説明を行い、建て主から承諾を得ることは設計者の責任でもある。後日、何か問題が発生しても、事前説明と承諾がなされていれば、解決に向かってスムーズに交渉が進み、お互いに感情的なストレスを抱えずに済むことにもつながる。

地下水が工事部分に多量に放出された場合、予定していた工事方式から変更を余儀なくされることもある。

憧れだけの地下室はつくらない

　建て主と設計者、両者はリスク回避のためにも建て主が安易な考えで地下室をつくらないよう説明し、生活上どうしても必要とした場合のみ地下室を計画することが望ましいと筆者は考えている。

　建て主に対して、事前に地下室のリスクを説明することは、地下室の必要性をじっくりと建て主に考えてもらうためのプロセスと考えてもよいかもしれない。万が一、トラブルが発生した場合、それによって生じる生活上のストレスは計り知れない。地下室の採用に対して、筆者は慎重に対処すべきだと考えている。

■地下室を設計することで建て主が負うリスク

種類	内容	設計・施工上の対策	建て主に求めるべき対応
施工上のリスク（コストの増加）	□地耐力や地下水の問題が発生した場合、構造変更、防水方式の変更、水に対応する工事方式の変更など、さまざまな変更を余儀なくされる可能性 □工事内容の変更に伴うコストの増加（建て主負担） □工事・設計内容の変更に伴う工期の延長	地盤調査は必須となる。木造の場合、筆者は通常スクリューウエイト貫入試験（以下SWS試験）、あるいはSWS試験と土のサンプル採取を行うが、地下室を設ける場合は標準貫入試験など、より確実性の高い調査方法を選択する	・追加工事費の支払い ・工期の遅れへの承諾
防水上のリスク	□浸水のおそれ	①外防水、②内防水、③躯体防水、④内側2重壁による防水など、設計の段階で適切な防水方法を採用する	・保証期間（10年）を過ぎてからの補修工事費の負担は、建て主の負担になることを承諾
防湿上のリスク	□室内の壁、天井、床、家具などの裏、収納物などのカビ発生のおそれ □喘息などのアレルギー疾患をもつ場合のカビによる健康上の被害のおそれ □湿気による被害は設計・施工上の瑕疵にはならないこと	①除湿器の設置、②ドライエリア（からぼり）の設置など、設計の段階で適切な対策を講じる	・定期的な換気 ・除湿器のメンテナンス ・医師への事前相談（アレルギーがある場合）
除湿水、雨水の排水上のリスク	□ドライエリア（からぼり）を設置した場合の雨水浸入のおそれ □排水ポンプの停電・故障による雨水浸入のおそれ □大雨といった自然災害に起因する問題は設計・施工上の瑕疵にはならないこと	①除湿器の設置、②ドライエリア（からぼり）の設置、③排水ポンプの設置など、設計の段階で適切な対策を講じる	・定期的な換気 ・除湿器のメンテナンス ・自然災害が補償範囲外であることの承諾

1 設計編
基本プランの提案
chapter4

007
基本プラン提案の
ポイント

008
法規制とプランの
関係を理解する

009
住宅の性能を
理解する

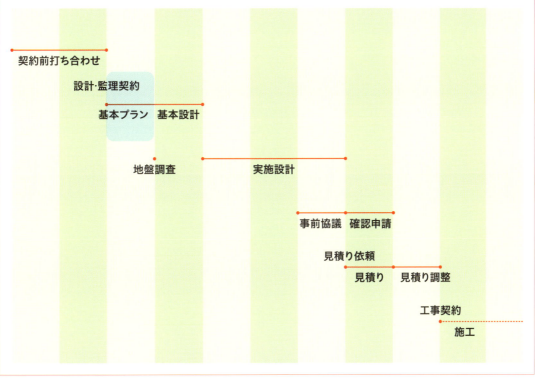

契約前打ち合わせ
設計・監理契約
基本プラン　基本設計
地盤調査　実施設計
事前協議　確認申請
見積り依頼
見積り　見積り調整
工事契約
施工

step007

基本プラン提案のポイント

生活のイメージをつくり、設計の方向性を定める

　基本プランは建て主が最初に目にする具体的な計画図であるので、今後の打ち合わせを進めるにあたって、設計者としての信頼を得るためにも、そこでの印象はとても重要である。一般的に設計契約前に基本プランのプレゼンテーションをするケースも多く、設計者ごとに、それぞれに提案の魅力が十分に伝わる工夫をしていることと思う。

　ただし、こと住宅の設計においての基本プランの目的は、何よりもまず建て主が打ち合わせを通して自らの生活のイメージを醸成することのできるように手助けをし、それにもとづいて間取りの基本形を形づくることだと筆者は考えている。建物の構造、規模、階数、各階のどこにどんな部屋があるのか等、間取りのゾーニングが決定できれば、基本プランの目的は達成できたといえる。

Point ❶
基本プランのポイント①
窓の開き勝手や詳細な大きさは次の段階で打ち合わせるようにする

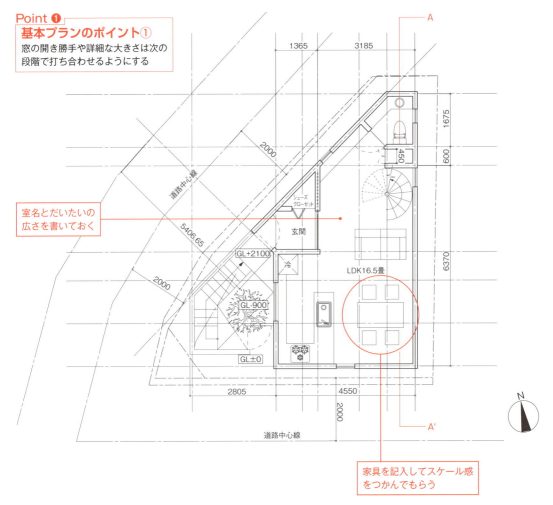

室名とだいたいの広さを書いておく

家具を記入してスケール感をつかんでもらう

1階平面図［S＝1：120］

打ち合わせでは目的を明確にする

基本プランでは、間取りの基本骨格をまとめることが目的であるので、打ち合わせは平面図を中心とし、断面図、立面図は平面図の説明を補う目的で、必要に応じて資料を用意する程度でよい。

「見た目」の印象は大切で建て主にとっても重要で興味のある部分ではあるが、打ち合わせの内容がそこに偏ってしまい、間取りの検討が不十分にならないように気をつけなければならない。

建て主にとっては、立面図で表現される色や形、素材などに比べて、平面図から日常生活にかかわる事柄を読み取ることは難しく、問題点に気づくことに時間のかかることも多い。イメージに流されて基本プランでの検討が不十分であると、設計が進んでから間取りを検討し直さなければならないことにもなりかねない。

建て主にとって見やすい図面をつくる

ほとんどの建て主が設計の打ち合わせはもとより、図面を見ることも初めてであることが多いのであるから、柱や枠の詳細までも表現するような精度の高い図面よりも、むしろ壁や床に色を付けたり、家具の配置を記入したりして、わかりやすい「絵」となるように工夫したい。建て主が現在住んでいる部屋の資料があれば縮尺をそろえて添えておくことも、スケールの把握を助けるうえで有効であろう。

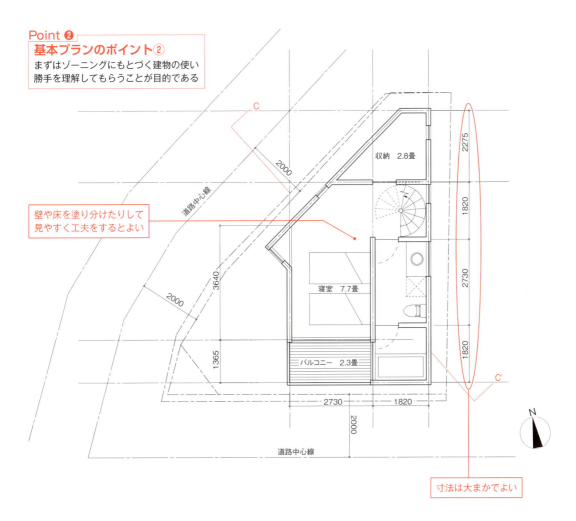

Point ❷
基本プランのポイント❷
まずはゾーニングにもとづく建物の使い勝手を理解してもらうことが目的である

壁や床を塗り分けたりして見やすく工夫をするとよい

寸法は大まかでよい

2階平面図［S＝1：120］

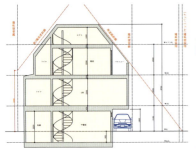

step008
法規制とプランの関係を理解する

作れる家の大きさには決まりがあることを理解してもらう

　建築計画にあたって、敷地ごとに定められているさまざまな法規制（集団規定）を受けることは設計者であれば周知のことであるが、建て主にも早い段階で、どのような規制があり、それが建物の計画にどのような影響を与えるのかを理解しておいてもらうことが重要と考える。一般に容積率、建ぺい率の制限は広く知られているが、その他については建て主にとっては初めて聞くような規制も多い。

　防耐火構造が求められるケースでは、構造や仕上げだけでなく、床面積が規制を受けることもある。たとえば、防火地域内で建設可能な木造住宅は、階数2階以下かつ延べ床面積100㎡以下の準耐火構造でなければならない。

　高度斜線制限、壁面後退規制など、自治体によって基準の異なる制度があるところには特に注意が必要であるし、一部の風致地区や自然公園地域のように形状や色彩に制限をかける一方で、緩和規定の設けられているケースもある。規制や緩和の適用に一定の幅を持たせて、担当部署の判断に任せている地域もあり、そのようなところでは通常以上に事前協議に時間をかけて、建て主にも十分に納得してもらわなければならない。

　古い住宅地の場合は「既存不適格」の建物も多く、建て替えにあたって以前より小さな家し

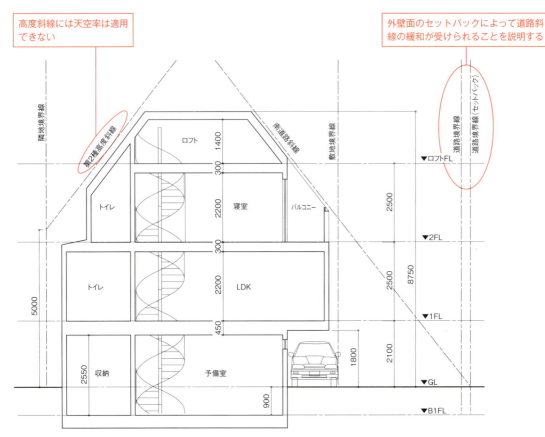

A－A'断面図［S＝1：120］

か建てることのできないことが多い。隣家に比べて、なぜ自分の家のほうが小さいのかなどと疑問を持たれるようなことも起こり得る。

筆者の事例では、幅員4m未満の法42条2項道路に面する借地での建て替えを計画したところ、地主が敷地のセットバックに同意しなかったために建築確認申請ができず、建て主と地主との間でトラブルになったことがあった。

建築基準法が定められたのが昭和25年であり、その際に道路の幅は4m以上、建築にあたっての敷地は当該道路に2m以上接していなければならないことが定められたが、特に一般住宅の建設にあたっては法施行当初は遵守されてきたとはいい難く、昭和25年よりも新しい建物でも、接道義務を満たしていなかったり、セットバックがなされていない敷地を見ることがある。

また、用途地域の指定とそれに定められる容積率、建ぺい率、そして防火地域などはたびたび見直しのされるものであるから、既存の建物を参考にせずに、その敷地にかかっている法規制をしっかりと調査する必要がある。

小さな区画の敷地が多い都市部では建築面積、床面積に対する緩和規定を有効に活用して、その敷地で確保し得る最大限の床面積を活用できるよう工夫が求められることも多いので、その敷地にかかる法規制を熟知することは設計者にとって大変に重要なことである。天空率計算やセットバックによる道路斜線制限の緩和、容積から緩和されるロフト、駐車場、地下室の有効活用、緩和対象となる地下室を計画するには地盤高さ設定との関係把握が重要である。

これらは、建て主の財産権にもかかわる重要な事柄であるから、計画が進んでから修正を強いられるようでは建て主の信頼を失いかねない。後々にわたって円滑な打ち合わせを維持するには、早い段階でさまざまな制限に対する設計者と施主との共通理解を築いておくことが必要であろう。

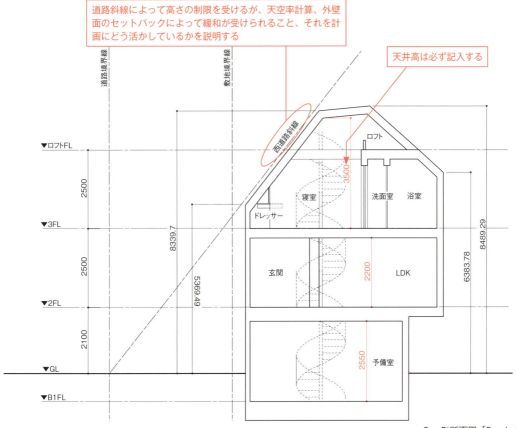

C－C'断面図 [S＝1：120]

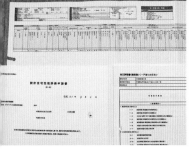

step009

住宅の性能を理解する

予算、仕様、面積の相関関係を理解してもらう

　基本プランは間取りの検討を中心に進めるといってきたが、決まった間取りと予算の整合性が取れていなければ、文字どおり「絵に描いた餅」になってしまう。

　打ち合わせていくうちに要望が増えていき、予算規模も膨れていってしまうことはよくあることだが、設計者が計画の実現性に不安を感じていても、目に見えるかたちで建て主に提示しなければ、建て主のほうでは目の前の計画がそのまま実現すると思ってしまうことも多い。

　それを防ぐためには、打ち合わせの際には常に設計者からの概算見積りを提示できるように用意しておくとよい。実施設計をもとにした、工務店の見積りのような精度は求むべくもないが、前回の打ち合わせから工事費の予想が増えているのかどうか、その場合に大きく金額が変わる可能性があるのかどうかなど、建て主と認識を共有していることが重要である。

　初めは経験から推測される坪単価に特別な設備や構造上の配慮を加える程度でも十分ではないだろうか。たとえば、坪○○万円の住宅に地下室を加えることでプラス○○万円、オール電化とすることで○○万円、他に外構工事が○○万円、などである。

　その際に注意しなければならないのは、設計者の提示する金額は「工事費の目安」もしくは「目標」であって本来の意味での「見積り」ではないということであり、これを建て主に周知徹底しておかなければならない。工事を請け負うわけではない設計者が「見積り金額」に責任を負うことはできず、認識を誤ると後にクレームとなりかねないからである。

　施工単価を左右する要素のうちではやはり、仕上げや設備のグレードによるものの割合が大きく、床面積を削ってでも導入したいという強い要望を受けることも多い。間取りの打ち合わせが進んだ後から仕様を入れ込んだ結果、大幅な予算超過が予想されるようなことになっては、大きな手戻りとなって、それまでの打ち合わせが無駄になるばかりか、建て主の信頼も揺らいでしまう。

　仕上げや設備以外にも、構造強度、断熱性能、防犯性能、維持管理その他、工事金額に影響を与える性能面での要素は多い。それらの性能に関する目安は、制度を利用するかどうかにかかわらず、「住宅性能表示制度」の指標を利用して説明すると分かりやすい。下表は性能表示制度の項目の概要を示したものである。また、それぞれの項目について国土交通省が定めた基準内容を参考までに次頁の表にまとめてみた。

　一見当たり前のように思えることではあるが、仕様と面積と予算との間には相関関係のあることを建て主とともに改めて確認し、予算あるいは予算を確保する中で、建て主の望む住宅の性能のバランスがどこにあるのかをよく打ち合わせて、共に納得してから基本設計に進みたい。

■住宅性能表示制度のリスト概要

①構造の安定	地震・暴風・積雪などに対する強さ
②火災時の安全	火災時の燃え上がりにくさや避難のしやすさ等
③劣化の軽減	長く住まうための、土台や柱の耐久性
④維持管理・更新	給排水管やガス管等の、清掃や修理や交換のしやすさ
⑤温熱環境・エネルギー消費量	壁や窓の断熱の程度、省エネにつながる設備機器の選択
⑥空気環境	シックハウスの原因の1つとされるホルムアルデヒド量の大小や換気手段の有無
⑦光・視環境	室内の明るさの程度と、方位別の割合
⑧音環境	どの程度騒音を防げるか
⑨高齢者等	お年寄りや車椅子の方への暮らしやすさ
⑩防犯	外部開口部（ドアや窓等）について、防犯上有効な建物部品や雨戸等が設置されているかの侵入防止対策

■**日本住宅性能表示基準**（平成18年国土交通省告示第1129号別表1より抜粋）

　等級の数字の大きいほうが性能も高い。たとえば耐震等級では1が建築基準法で定めるもの。2がその1.25倍、3は1.5倍の力に抗する性能を有している。

項目	表示すべき事項　特記なき限り【戸建て住宅・共同住宅】	等級
①構造の安定	1.耐震等級（構造躯体の倒壊等防止）	3　2　1
	2.耐震等級（構造躯体の損傷防止）	3　2　1
	3.その他（免震建築物であるか否か）	明示
	4.耐風等級（構造躯体の倒壊等防止および損傷防止）	2　1
	5.耐積雪等級（構造躯体の倒壊等防止および損傷防止）【多雪地域】	2　1
	6.地盤または杭の許容支持力等およびその設定方法	明示
	7.基礎の構造方法および形式等	明示
②火災時の安全	1.感知警報装置設置等級（自住戸火災時）	4　3　2　1
	2.感知警報装置設置等級（他住戸等火災時）【共同住宅】	4　3　2　1
	3.避難安全対策（他住戸等火災時・共用廊下）【共同住宅】	明示
	4.脱出対策（火災時）【地上3階以上の戸建て・共同住宅】	明示
	5.耐火等級（延焼のおそれのある部分（開口部））	3　2　1
	6.耐火等級（延焼のおそれのある部分（開口部以外））	4　3　2　1
	7.耐火等級（界壁および界床）【共同住宅】	4　3　2　1
③劣化の軽減	1.劣化対策等級（構造躯体等）	3　2　1
④維持管理・更新への配慮	1.維持管理対策等級（専用配管）	3　2　1
	2.維持管理対策等級（共用配管）【共同住宅】	3　2　1
	3.更新対策（共用排水管）【共同住宅】	3　2　1
	4.更新対策（住戸専用部）【共同住宅および長屋】	明示
⑤温熱環境・エネルギー消費量	1.断熱等性能等級	7　6　5　4　3　2　1
	2.一次エネルギー消費量等級	6　5　4　1
⑥空気環境	1.ホルムアルデヒド対策（内装および天井裏など）	3　2　1
	2.換気対策	明示
	3.室内空気中の化学物質の濃度等	明示
⑦光・視環境	1.単純開口率	明示
	2.方位別開口比	明示
⑧音環境	1.重量床衝撃音対策【共同住宅】	5　4　3　2　1
	2.軽量床衝撃音対策【共同住宅】	5　4　3　2　1
	3.透過損失等級（界壁）【共同住宅】	4　3　2　1
	4.透過損失等級（外壁開口部）	3　2　1
⑨高齢者等への配慮	1.高齢者等配慮対策等級（専用部分）	5　4　3　2　1
	2.高齢者等配慮対策等級（共用部分）【共同住宅】	5　4　3　2　1
⑩防犯	1.開口部の侵入防止対策	明示

033

Column
模型を使った打ち合わせ

　筆者の事務所では建て主との打ち合わせに模型をよく使っている。間取りの方向性がある程度見えてきたら、比較的早い段階から模型を製作して、打ち合わせ資料に用いている。

　図面を見慣れない建て主にとって分かりやすいことはもちろんだが、立体で見ることでより現実味を感じてもらうことができ、気を遣う打ち合わせの中に1つの楽しみを提供できるのではないだろうか。

　一方で、必然的に立断面計画も同時に提案することとなるので、打ち合わせの主題が形状に偏らないように気をつけなければならない。建て主はどうしても自分の分かるところ、興味の強いところに注意が集中してしまい、他の検討が疎かになりがちである。特に基本プランの検討中は間取りの検討に集中するべきであるから、気をつけなければならない。

　基本プランの検討中は1/100の模型で全体の構成をおおざっぱにつかんでもらい、基本設計の途中から1/50の模型で打ち合わせを詰めていくことが多い。

　基本プラン段階では打ち合わせのたびに間取りに修正が加えられるから、作り直すことを厭わない、また、苦にならない程度のつくりにしておくとよい。むしろ積極的に壊したり描き込んだりできるように、打ち合わせの材料と割り切り、ラフな模型からスタートするほうがよい。それはまた、建て主の注意を拡散させず主題である間取りの検討に集中させるためでもある。ラフな模型でも、ベッドや机などの家具や人形を置いておくとスケールが伝わりやすくなるであろう。

写真は1／50の基本設計最終模型。外部仕上げや内部の家具まで表現している。

1 設計編

基本設計の提案 chapter5

010
基本設計図の役割

011
仕様の決定

012
設備計画の決定

013
予算計画書

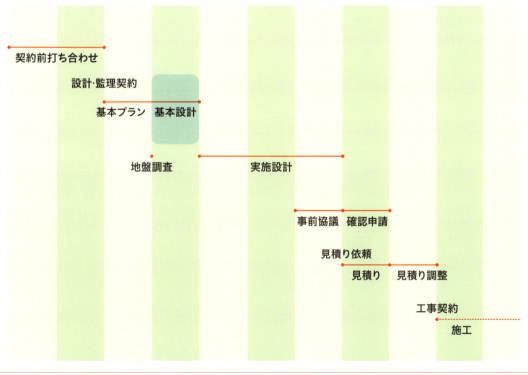

契約前打ち合わせ
設計・監理契約
基本プラン　基本設計
地盤調査　　実施設計
事前協議　確認申請
見積り依頼
見積り　見積り調整
工事契約
施工

step010

基本設計図の役割

間取りの検討

基本設計では基本プランで決まったゾーニングを下敷きに、ゾーンごとに具体的な検討を深めていく。

たとえば、水廻りのレイアウト、収納の使い方、引き戸、開き戸の別、そのほか基本プランで詰め切れていなかった部分の打ち合わせを進める。

図面の精度が上がるにつれ建て主からも具体的なリクエストが活発に出てくるようになるものである。時として基本プランに立ち戻るようなことも厭わず、柔軟に対応したい。

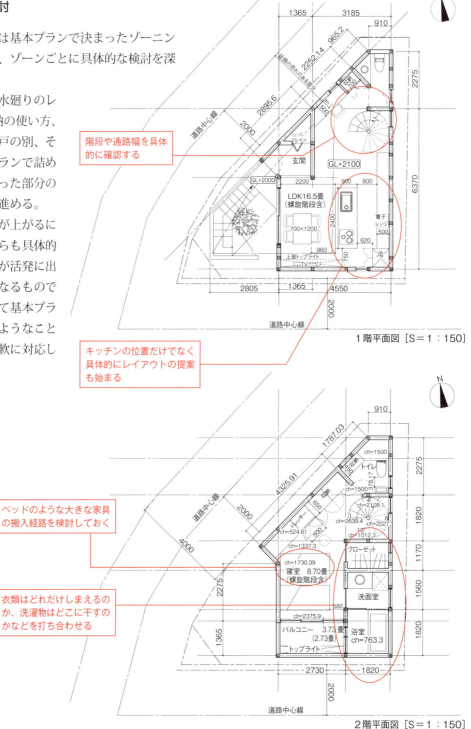

階段や通路幅を具体的に確認する

1階平面図 [S＝1：150]

キッチンの位置だけでなく具体的にレイアウトの提案も始まる

ベッドのような大きな家具の搬入経路を検討しておく

衣類はどれだけしまえるのか、洗濯物はどこに干すのかなどを打ち合わせる

2階平面図 [S＝1：150]

構造の検討

構造種別は基本プランの段階で決定されていると思うが、基本設計では構造的な要素が空間に影響を与えるようなことが予想されるとき、建て主に対してきちんと説明しなければならない。たとえば、部屋の中に独立柱が配置されたり、開口部に筋かいが露出する場合などである。住宅性能表示において、耐震等級を高く希望すると、吹抜けなどが設けられないといった、計画に具体的な影響の出るようなことも起こり得る。

また検討の結果、混構造としなければならないことが明らかになったり、特殊な工法（SE工法等）を採用したい場合には、速やかに建て主に説明して了承を求めるべきである。これらは明らかに工事費を押し上げる要因であるからである。

地盤調査の結果如何では、地盤補強の必要な場合もある。これらも施工費を押し上げるものであるから、立て替えの計画など、設計時点で調査が不可能な場合を除き、できるだけ基本設計までには地盤調査を終えておくべきである。

完了確認書について

最後に、基本設計が完了したら、「基本設計完了確認書」を建て主と取り交わそう。

基本プランと基本設計とが比較的連続した作業で、いずれも建て主と設計者とのコミュニケーションを中心においているのに対して、実施設計でつくられる図面はむしろ施工者に向けた作業である。実施設計は基本設計で決まった内容を施工者に正確に伝えるためになされるのであるから、基本設計の段階で建て主にとっての設計はほぼ完結していなければならない。特に施工費に大きな影響を与えるような変更が実施設計の段階で発生しないように、基本設計の中で打ち合わせを尽くすべきであろう。

設計の意味合いが大きく変化するこの区切りを、建て主にも真摯に受け止めてもらうためにも改めて書類を取り交わしておきたい。

大きさだけでなく、色や素材など外壁のイメージを表現する

西立面図

南立面図

■完了確認書書式の例

step011

仕様の決定

工事費に影響を与える部分を中心に、グレードを決定する

　基本設計では仕上げ材料も具体的に決定するが、ここではまだメーカーや商品までは絞り込まなくともよい。

　仕上げ材を例に取ると、「ナラの無垢材のフローリング」「珪藻土の左官仕上げ」といった程度で、品質とデザインの方向性について決定ができれば十分で、具体的にメーカーや、詳細な器具については、実施設計の中で確認する。些末なことに時間をかけすぎて、間取りや断面といった空間の骨格に対する検討を疎かにしないためである。ただし、選び方によっては、住宅の基本性能にかかわるようなものや、コストの変動が大きくなるものについては、しっかりと打ち合わせをしておく。特に、外壁を構成する、外部仕上げ、サッシュ、ガラス、断熱材等の仕様は基本設計の段階で決定しておきたい。

　打ち合わせの際には採用しない予定のもののリストも並記しておくと比較対象となって、採用する材料の位置づけが相対的に把握しやすくなり、建て主の理解の助けになる。

　仕様を決定する際の主な項目リストを表にまとめてみた。それぞれの項目についてのポイントを以下に挙げてみる。

・**基礎形式**

　地盤調査が行われていれば、基礎形式は基本設計段階でほぼ決定できる。地盤改良工事が必要な場合も、改良方法によって費用に開きが出るので、選定の根拠をきちんと説明できるようにしておきたい。

・**外部仕上げ**

　建物の耐久性に大きくかかわる部分であり、また将来最もメンテナンスにコストのかかる部位でもある。イニシャルコストや見た目のイメージだけの提案ではなく、メンテナンスにおける建て主の負担についても打ち合わせをしておきたい。

・**内部仕上げ**

　内部空間のイメージを左右する部位ではあるが、実施設計に入ってからも比較的変更やコスト調整のしやすいところでもある。

　日常の掃除手入れに配慮が必要なことはもちろんだが、屋内環境にまで気を配った高機能商品も増えてきているので、選択肢を広く持って

採用を検討している材料はなるべくサンプルを用意して素材感やメンテナンス上の特徴をつかんでもらう。写真左は外装の検討用に入手したサンプルで、写真右は内装の検討に集めたサンプルの例である。

じっくりと打ち合わせを詰めていきたい。

・設備計画

　具体的な機器の品番まで絞り込む必要はないが、熱源は何にするのか、暖房システムは何を中心に計画するのかなど、コスト面でも設計面でも根幹にかかわる部分は詰めておきたい。設計者としてランニングコストに対する知識を持っておきたい。

・断熱防犯

　主に断熱材の選定と窓の性能にかかわるところであり、建て主にとって最も関心の高い部位の1つである。長期優良住宅の認定や性能表示制度を利用する場合、断熱性能は具体的にその数値が規定されるし、防犯性能はほぼ開口部の計画にかかっている。基本設計段階でもきちんと目標を定めて打ち合わせを詰めておきたい。

■仕様計画表

仕様計画		
基礎形式	地盤改良	□改良工事不要　　□表層改良工事　　□柱状改良工事　□鋼管杭工事 □その他（　　　　　　　　）
	基礎	□布基礎　　　　　□ベタ基礎　　　　□独立基礎　　　□杭基礎 □その他（　　　　　　　　）
外部仕上げ	屋根	□ガルバリウム鋼板　□彩色スレート　　□瓦　　□銅板　　□シート防水　　□アスファルトシングル □その他（　　　　　　　　）
	外壁	□既製サイディング　□リシン吹き　　　□左官　　　□板張り　　□ガルバリウム鋼板 □その他（　　　　　　　　）
内部仕上げ	床	□複合フローリング　□無垢フローリング　□カーペット　　□タイル　　□石・大理石 □シート材　　□モルタル □その他（　　　　　　　　）
	壁	□ビニルクロス　　□紙クロス　　　　□ペンキ　　　□板張り　　□漆喰・珪藻土 □タイル　　　　　□石・大理石 □その他（　　　　　　　　）
	天井	□ビニルクロス　　□紙クロス　　　　□ペンキ　　　□板張り　　□漆喰・珪藻土 □その他（　　　　　　　　）
設備計画	キッチン	□IH　　□ガスコンロ　　□オーブンレンジ　　□食器洗浄機 □その他（　　　　　　　　）
	浴室	□ユニットバス　　□在来工法　　　□ブローバス □その他（　　　　　　　　）
	冷暖房	□主要室エアコン　□セントラル空調　□床暖房　　□温水パネルヒーター □その他（　　　　　　　　）
	その他	□太陽光発電　　　□蓄電池　　□エコジョーズ　　□ハイブリッド給湯 □エコキュート　　□エネファーム □その他（　　　　　　　　）
断熱防犯	断熱	□内断熱　□外断熱　□付加断熱 □その他（　　　　　　　　）
		□グラスウール　　□ロックウール　　□セルローズファイバー　　□発泡ウレタン　□自然素材系 □その他（　　　　　　　　）
	サッシ	□アルミサッシ　　□木製サッシ　　□雨戸　□シャッター（電動・手動） □アルミ樹脂複合サッシ　　□樹脂サッシ □その他（　　　　　　　　）
	ガラス	□シングルガラス　□ペアガラス　　□Low-Eガラス　　□防犯ガラス　　□防火設備 □その他（　　　　　　　　）

備考

1 設計編

⑤ 基本設計の提案

step012

設備計画の決定

インフラの選択、暖房方式の決定

　仕様の決定と同じく具体的なメーカーや品番などは絞り込まなくともよいが、特殊な設備を導入したいときなどは、基本設計段階でも具体的な検討が必要な場合がある。

　たとえば、OMソーラーに代表されるような自然エネルギーを活用したい場合は建物の断熱性能に通常以上の配慮が必要となるし、基礎に蓄熱する方式では断面設計に影響が出てくる。太陽光発電を十分に活用しようと思えば屋根の形から検討しなければならない。一方でオール電化住宅としたい、燃料電池を導入したい等といったことは、その方針だけ決まっていれば具体的な機器の選定は実施設計のときでも構わない。

・給排水設備

　上水道の引き込み管径は十分か、経路に問題はないか。古い敷地では隣地を経て引き込まれているようなことさえある。

　地下室に排水の計画がある場合は、排水管の埋設深さも確認する。浄化槽の設置には補助金の出る自治体も多いので必ず確認する。

　井戸水、雨水の活用については、関心の高い建て主が多いので、必ず打ち合わせておく。

・インフラ・熱源

　何を採用するにせよ、ランニングコストはライフスタイルによって大きく影響を受けるので、イニシャルコストと併せて必ず検討を行う。

　太陽光発電や燃料電池のほか、割引制度や補助金の申請のできる設備も多いので、関係先へのヒアリングを欠かさない。

・暖房設備

　コストだけではなく、計画している空間にふさわしい設備を選択しなければならない。

　吹抜けの大空間をエアコンだけで暖房しようとしても限界のあることは周知のことと思う。床暖房の人気は高いが、その方式や熱源の選択が多岐にわたるので注意が必要である。

　薪ストーブ、自然エネルギーの活用にも関心が高まっているので、建て主の意向を確認しておく。

・照明設備

　器具それぞれに光の特性や、使い勝手に特徴があるので、基本設計では器具そのもののデザインよりも部屋の使い勝手をよく建て主と打ち合わせておく。たとえば子どもが勉強をするような使い方を考えているリビングの照明を間接光のみで計画することはない。

・換気設備

　24時間換気は義務化されているが、その方式について建て主の意向を確認しておく。ダクトを取り回すセントラル換気システムを採用する場合は意匠設計でもダクトスペースを計画しなければならない等の影響が出てくる。

　換気箇所は、法規上必要な所以外にも、部屋や用途によって、建て主から設置を求められることも多い。

・コンセント・弱電

　実施設計を始めるための準備として必要な設備を確認しておく。オーディオやパソコン廻りなどには相当数の回路が必要となることもある。

・通信

　選択肢が増えているうえ、サービス内容も変化の激しい分野である。後の変更にも柔軟に対応できるように1つの方式にとらわれないようにしたい。家庭内の有線LANを求められることも多い。

■ 主な設備機器を配置した平面図

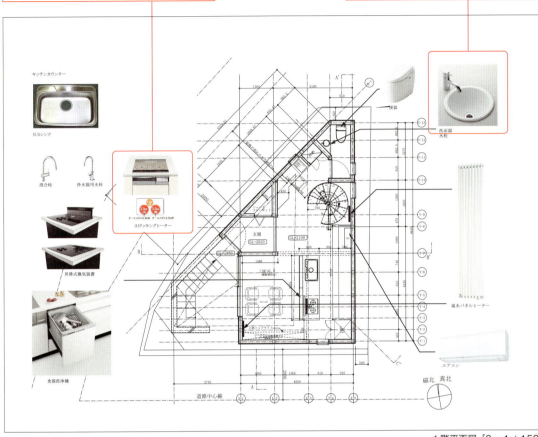

メーカー名や品番など細かなところまで入れなくてもよいが、IHかガスかなど建て主のイメージができるように画像を張り込む

色やデザインの方向性など建て主のイメージをつかんでもらうような写真を入れておいてもよい

1階平面図 [S＝1：150]

大きな建物ではキープラン＋器具表のかたちでまとめることも多いが、図面を見慣れていない建て主にイメージをつかんでもらうには平面図に直接画像をレイアウトしたほうが分かりやすい。設備機器は設計施工期間中にモデルチェンジしてしまうこともよくあるので、基本設計の段階では細かな品番まで確定する必要はなく、たとえば床暖房であれば温水式か電気式かのような設備方式と、洗面器のようなものではデザインの方向性が確認できればよい。

■ チェックリスト

項目	チェックリスト	備考
給排水	□上水道　□下水道　□井戸水利用　□浄化槽　□雨水利用　□その他	
インフラ・熱源	□プロパンガス　□都市ガス　□電気　□太陽光発電　□太陽熱利用　□ガス式コージェネ　□その他	
暖房設備	□エアコン　□床暖房　□電気式　□温水式　□パネルヒーター　□薪ストーブ　□セントラル空調　□その他	
照明設備	□LED　□その他	
換気設備	□個別換気　□セントラル換気　□浴室乾燥機　□その他	
コンセント・弱電	□LAN配線　□インターホン　□ホームセキュリティ　□その他	
通信	□光回線　□ケーブルTV　□固定電話　□固定アンテナ　□その他	

1 設計編　⑤ 基本設計の提案

step013

予算計画書

　基本プランの際にも打ち合わせ資料として「概算見積り」を準備していたが、その目的が、絶対的な金額を精度よく示すことよりも、むしろ打ち合わせを通して建て主に計画内容と施工金額との相関関係を理解してもらうための資料であったのに対して、基本設計において最終的に作成する「予算計画書」は次に続く実施設計の根拠となるものである。

　仮に実施設計が基本設計の予算計画書を逸脱した内容でまとめられたとすれば、建て主には設計の完了としては認められないであろう。

　実施設計図は建て主に対してというよりも、むしろ施工者向けに描かれる図面であり、建て主にその内容をすべて理解してもらうことは難しいことから、基本設計でまとめる予算計画書に表される金額が重要なのである。

　しかしながら、ここでもまた建て主に対しては、予算計画書に記載される工事予定金額と工務店の出してくる見積り金額とは必ずしも合致するものではないことを、周知しておく必要を忘れてはならない。

■予算計画書

　建築工事以外にも建て主が支払わなければならない費用は多い。建て主にとって思いがけない出費が後からかさんでくることになっては、計画自体が滞りかねない。設計中ならまだしも、現場が始まってからでは対応できる範囲には限界がある。

　この表に記した以外にも不動産にかかわる税金や司法書士等の費用、引っ越し費用なども必要になってくるので、それらについても改めて建て主に話して考えておいてもらうようにしたい。

項　　目	（単位：円）	備　　考
解体工事		
地盤改良工事		
建築本体工事		
外構工事		建築本体工事との区分が明確になるよう内容を明示しておくとよい
小計		
税込金額		
設計監理料		
他に必要となる金額		例：各種申請手続き費用、構造計算費用など 具体的に項目を挙げて明示する
小計		
税込金額		
他に必要となる金額		例：給水引き込み工事、カーテン工事など 後から思いがけない出費とならないように注意する
小計		
税込金額		
合計		

■建築本体工事内訳

基本設計も終盤になると、単に坪単価で予算を押さえるだけでは心許ない。安心して実施設計に進めるように、これまでの経験や参考になる事例から各項目間の費用バランスを検討する。

建て主の関心の強い部分については、項目を細分化してより具体的に示したり、一般的な費用バランスから逸脱している項目については何が原因なのかを明示するなどして建て主に説明し、納得してもらわなければならない。

計画に合わせて自分なりに項目を工夫することが大切である。

項　目	（単位：円）	備　考
仮設工事		
基礎工事		
木工事		
屋根板金工事		
金属製建具工事		金属製建具工事にはアルミサッシ、木製建具工事には間仕切扉の占める割合が高いが、木製窓を採用する場合はどちらに含めたかを明示する
木製建具工事		
左官工事		
塗装工事		
内装工事		
雑工事		金額全体の調整代として一定の金額を確保しておくとよい
家具工事		
住宅設備		キッチンや浴槽などで特に金額がかさむものを採用する場合には項目を分けて明示するとよい
電気設備工事		
給排水設備工事		
空調設備工事		エアコン、床暖房などのように、その採否で金額が大きく異なるものを含む場合は内容を明示しておく
工務店経費		
小計		
消費税		
合　計		

Column

いろいろな手続き

　地域独自の補助、助成制度や自然公園や地区計画などの事前協議とは別に、建築確認申請に組み合わせていくつかの申請をするケースが増えてきている。住宅性能表示制度、長期優良住宅認定制度（適合証明の取得）、住宅金融支援機構の融資（フラット35）、ZEH、低炭素住宅などがその代表例である。これらについては扱ったことのある人も多いのではないだろうか。

　計画の内容にもよるが、慣れないと手続きが煩雑で設計者にとっても時間が必要なため、通常より時間のかかること、あるいは追加費用の必要なことを事前に建て主に説明しておく必要がある。審査に時間のかかることで着工の遅れるようなことがあってはならない。

　大概の審査機関では建築確認と一括して受け付けているが、審査にも通常の建築確認申請に加えてさらに時間のかかることが多い。また一部審査に対応していない審査機関もあるので注意が必要だ。建築確認申請をしてから急遽性能表示の申請を追加しようとしても、実はその審査機関では扱えないというようなことがあると、すべて初めからやり直しとなってしまう。仕様の定まっているハウスメーカーの場合と異なり、個別の設計に対応するのは、審査する側も大変のようだ。

　住宅性能表示や長期優良住宅の認定においては、建て主にとって認定を受けようとする目的はさまざまであろうが、定められた仕様に合わせるためには、おおむね工事費が増額することに加えて、建設費に融資を受ける場合と自己資金で建てる場合とでは、受けられる優遇措置の内容が異なる。この点が費用対効果の見極めを難しくしている。住宅の品質を一定レベル担保できることには一定の意味があるが、やみくもに高い等級の取得を目指すことよりも、申請することが本当に建て主の利益にかなうことなのかを、まずは建て主本人にしっかり検討してもらうことが大切であろう。これはなかなか骨の折れることではある。

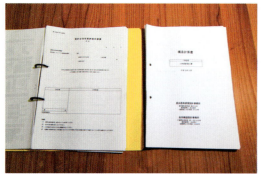

住宅性能表示制度の申請資料（本編、建築確認申請の写し、構造計算書、認定書の束…）。
　これだけの資料をそろえるだけでも大変な労力を要する。労力もそうだが、優遇措置を受けるためにやみくもに高い等級を目指すことが建て主にとってよいことかどうかの見極めも大切なことである。

■いろいろな手続き一覧

事前協議の必要な地域地区
- 自然公園
- 埋蔵文化財
- 風致地区
- 土地区画整理区域
- 地区計画
- その他

地域地区にかかわる諸申請
- 中高層事前協議
- 狭あい道路申請
- 建築協定
- 開発行為
- 緑化計画
- その他

建物の性能を証明する諸制度
- 住宅性能表示制度
- 長期優良住宅認定制度（適合証明）
- フラット35（適合証明）
- ZEH
- 低炭素住宅
- その他

1 設計編 chapter6
抜けのない実施設計図面の作成

014
実施設計の進め方

015
計画概要書・特記仕様書・仕上げ表のポイント

016
平面図で描き込むポイント

017
立面図で描き込むポイント

018
断面図・矩計図で描き込むポイント

019
展開図で描き込むポイント

020
詳細図で描き込むポイント

021
各伏図・軸組図で描き込むポイント

022
電気設備設計のポイント

023
給排水衛生ガス設備設計図、空調・換気設備設計図のポイント

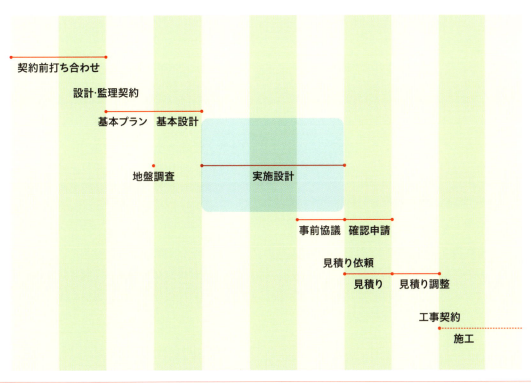

契約前打ち合わせ
設計・監理契約
基本プラン　基本設計
地盤調査　　実施設計
事前協議　確認申請
見積り依頼
見積り　見積り調整
工事契約
施工

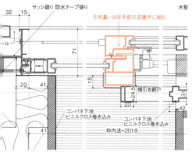

step014

実施設計の進め方

実施設計図は契約書

　実施設計の図書の作成は契約書の作成である。その契約に向け実施図面の役割は施工業者が間違いなく見積りができる図面の作成ということになる。それと同時に基本設計の段階で描き表せなかった細かい納まりをデザイン的、技術的に検討し、さらに完成度の高い設計とすることも大事な役割だ。実施設計図をもとに建設会社が見積りをし、その見積りと実施設計図で契約を行うので、後々金銭的なトラブルにならないように完成度の高い図面が求められる。

完成度の高い実施図面

　完成度の高い図面にするためには、事前に各業者と図面を介して納まりなどを検討しておくとよい。営業の人ではなく、できれば技術担当者と詳細な打ち合わせをすることでその製品のよいところや欠点が明らかになる。特に初めて使う材料や製品については必ずメーカーの人間と直接打ち合わせをしておくことをお薦めする。左官材料などメーカーの指定する水の量では施工しにくいことがあり、水の量を増やすとどのような結果になるかなどあらかじめ聞いておけば、現場で職人から質問されたときあたふたすることもない。

トラブルを起こさない実施設計図のポイント

　見積りができるようなきちんとした実施設計図を完成させ後々のトラブルが起きないようにするポイントとして以下のような点が挙げられよう。

・図面に書かれている材料や製品はきちんとメーカー、型番を指定する

　設計事務所が指定する製品は一般的な工務店が普段使っているものと違うと思ってよい。たとえばフローリングをオイルフィニッシュ仕上げと指定しても、輸入品は国産の普及品に比べてかなり割高であるのできちんと指定する必要がある。

　他の材料、製品もほぼ同じようなことがいえるので特記仕様、メーカー指定一覧表などではっきりとうたうことが必要である。見積りをスムーズにこなすためには連絡先、担当者も明記すること。また工事の工程が製品の性能に大きくかかわるときは（ペンキで3回塗りが必要とか1回で十分であるとか）、製品の注意書き、施工書に書いてあるからといって仕様書への書き込みを省いてはいけない。

・仕様書でメーカー、製品を指定したら図面には固有製品名は使わないようにする

　その理由として、施工する工務店が設計事務所が指定した製品の会社と取引がなく割高になる、見積り調整で製品を変えたときの直しに時間がかかる、などが考えられるからだ。製品指定は仕様書、メーカー指定で一括に行っておくのが重要。またそのようにすることで間違いも少なくなる。メーカーリストを一覧として作る方法もある。

・寸法の書き込みは重要。すべての開口部の大きさ、位置の寸法を書き込む

　見積り金額に直接関係することではないので寸法の書き込みが少ない図面もあるが、きちんとした納まり、施工図の作成を考えると、実施図面で寸法は残らず押さえておきたい。このとき断面図や展開図などで2カ所も3カ所も寸法を書き込む必要はない。実施設計の途中で必ず変更は出てくるもので、重複して記入していると必ず直し忘れが出てきてしまうからだ。

　寸法書き込みをなるべく1カ所にしておき、建具表－展開図－平面図で寸法の食い違いがないか最後に確認する。

■計画概要書、仕様書に必要な情報をまとめる

項　　　目		内　　　容
計画概要書	□全般	・工事名称、敷地状況、構造規模、面積表などの基本情報
仕上げ表	□内部	・各階・室ごとの床、壁、天井の仕様、その他特記事項
	□外部	・基礎、外壁、屋根、雨樋、デッキなどの仕様、その他特記事項
仕様書・特記仕様書	□一般事項	・融資について（フラット35、フラット35Sなど） ・工事範囲 ・軽微な変更にかかる処置、質疑について ・別契約の関連工事について ・申請・手続きについて ・清掃・補修について
	□仮設工事　□土工事・山留め工事 □地業工事　□鉄筋コンクリート工事 □防水工事　□木工事　□屋根工事 □金属工事　□左官工事　□建具工事 □ガラス工事　□塗装工事　□内装工事 □断熱工事　□雑工事　□家具工事 □外構工事	・工事範囲について ・材料・製品のメーカー・型番指定（同等品の可否） ・施工に関する指示など ・特殊な納まりに関する注意点 ・評価方法基準 ・記号凡例について

■実施設計の流れ

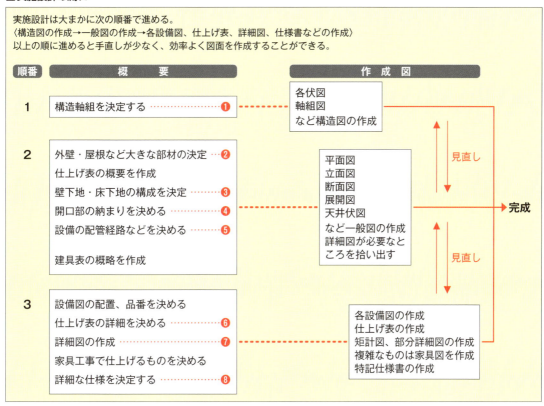

Point ❶
構造設計者、役所との打ち合わせを反映させる

Point ❷
壁厚や、サッシの納まりを決めるため最初に取りかかる

Point ❸
下地の構成が決まらないと先に進まない

Point ❹
枠の大きさ、納まりなど全体予算にかかわる

Point ❺
早めに手がけ、ACの冷媒管の経路やスラブ下の配管が出ないか確認する

Point ❻
家具工事にするもの、備品なども明記

Point ❼
枠廻り、壁仕上げ、床仕上げのほかトップライトなど特殊な部分の詳細を検討する

Point ❽
綿密な打ち合わせを行いきちんとした仕様書を作成する

計画概要書・特記仕様書・仕上げ表のポイント

step015

計画概要書のポイント

　法的な床面積以外に工事規模を把握するために、施工者は工事床面積と呼ばれている面積を別途算定していることが多い。床面積には柱付きデッキなども算定され、準室内面積とは異なるため細かく算定しておくと後々分かりやすい。また坪換算で計算することも多いので別途描き込んでおくと便利である。

　面積の算定表、算定図は描き込んでおくと変更などがあったとき、確認申請図の作成時に便利なので必ず添付するようにする。

仕上げ表のポイント

　仕上げ表はもちろんのこと、一般的な約束事として描き込みに固有の商品名は使わない。人造大理石のコーリアン等、一般的に普及している名称もデュポン社の商品名であったりするので注意しよう。仕上げ表、図面中への描き込みは略号や一般名称とし、特記使用やメーカー指定リストなどで商品を指定する。ロックウール系断熱材をRW、ビニルクロスをVCなどの略号にしているのは図面に描き込んだときごちゃごちゃになるのを防ぐためだが、あまり略号だらけにすると暗号のような図面になってしまうので注意が必要だ。そのほか国土交通省の共通仕様書や建築学会の共通仕様書に記されている略号でアクリルエマルジョンペイントがAEP、EPⅠ、EPⅡなどとなっているものはどちらを使用しているのか特記仕様書で明記しておこう。

■面積表の例

■仕上げ表の例

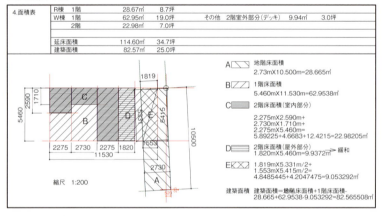

Point ❶
備考欄には忘れがちな備品類、造作家具工事と大工工事＋建具工事で仕上げる家具の種別を入れる

Point ❷
仕上げ表では断熱材の有無、下地胴縁など、仕上げ材料、仕上げの4項目をきちんと書き分ける。RWはロックウール系断熱材ホームマット、PBは石膏ボード12.5㎜、VCはビニルクロス、サンゲツ珪藻土クロスを指すが、略号とメーカー指定は特記仕様書で行っている

特記仕様書のポイント

実施設計図の中で特記仕様書はある意味一番大切な図面である。というのはここに書かれている一言で図面全体の見方が変わるからである。たとえば、材料、メーカーを指定した最後に「同等品とする。」「同等品以上とする。」と書き込むことがあるが、注意して言葉を選ぶ必要がある。これらの言葉が入っていないときは指定品での施工が原則となるが、これらの言葉、特に「同

等品とする」では同等品の判断でトラブルになることがある。また、この言葉を入れることで施工者が普段使い慣れているものが提案され、見積りも安くなるケースもあるので注意して使う必要がある。

このようにたった一言で見積りの値段、使用する材料が変わる可能性があるので細心の注意を払い作成すること。また図面が完成した後、最後に必ず読み直し、間違いがないか確認することが必要である。

Point ❸

特別な審査などが伴うときは最初にきちんと書いておく。特記仕様書の冒頭にフラット35Sの適合証明が必要なことを書き、その基準に合った工事が必要であることをうたっている

Point ❹

構造材の材種明記のポイント

プレカットが多くなった現在、プレカット工場によっては国産材の杉であるとか、ホワイトウッドなどと呼ばれている輸入材しか扱っていないところもある。構造設計などで材種が決められているとき、材種にこだわりがあるときなどきちんと部位別に指定し、それに対応できるプレカット工場になるよう明記しておく

---

1 設計編

⑥ 抜けのない実施設計図面の作成

特記仕様

本工事は「フラット35S」の技術基準、の「耐久性・可変性」を満たすものとし、適合証明を受けることとする。
本仕様書に記載されていない事項は、日本建築学会の「建築工事標準仕様書」、フラット35Sの技術基準による

00．一般事項
工事範囲　工事範囲は仕様書、図面の示す範囲とし、特記のない限り電気設備工事、給排水衛生ガス設備工事に関しては引き込み及び敷地内を工事範囲とする。
質疑について　図面と仕様書の相違、明記の無い場合または疑義の生じた場合は、必ず係員に報告の上協議して決める。
軽微な設計変更につ　　　　　　するもの
工事費の
別契約の関連工事　別
申請・手続き　本工事に
負担する
清掃・補修　工事完成

01．仮設工事
指定の材種を他の材種
なわ張り、やり形　設
の検査を
工事用水・電力他　仮
障害物　　工事上撤
設計GL　設計GL
BMの設
道路復旧工事　現在敷地
含む。道

03．土工事・山留め工事
一般事項　根切完了
残土処分　残土は場

04．地業工事
地盤調査　スエーデ
地業工事　構造図の

05．鉄筋コンクリート工
一般事項　施工に先
コンクリート　コンクリ
・水セメント比は5
・単位水量は175k
・鉄筋のかぶり厚さ
土に接しない耐
土に接する壁、
基礎
・型枠支保工の存
・地下地盤の型枠
その他　　ホールダ
は構造図
鉄筋　　　鉄筋の加

08．防水工事
一般事項　本工事は

防水シート　防水シートは1階スラブ下、ＢＦスラブ下、RC壁接地立ち上がり部分に施し、三星土間シート0.15mm、同等品以上とする。
重ね部分は300mm以上重ねて敷き込んだ後コンクリート打設。その他2階バスルームは壁、天井下地に施す。
防湿シート　透湿性防水シート。デュポン製タイベックを外壁の室外側に施す。継ぎ手、穴開け貫通部分はテープにて補修する。
シール　　サッシ廻り、ＧＦ部他、ＦＢ目地、図示シール部分は2成分形ポリサルファイド系、コニシ製、ボンドシール＃10同専用プライマー同等品以上とする。
施工に先立ち躯体等施工個所が十分に乾燥していることを確認の上、下地処理シーラーをメーカーの施工基準により施す。

09．木工事
一般事項　木材の品質は日本農林規格（JAS）の規格に適合した物とする。
木材の断面指示寸法は特記のない場合、構造材は引立て寸法、造作材は仕上がり寸法を示す。
構造材の樹種、等級は下記特記による。
下記に特記のない工法軸組、筋違などの工法、材料及び等級構造図、詳細図に特記のないものは評価方法基準、劣化対策等級3の基準とする。

防腐・防蟻処理　外壁部の柱、間柱、筋かいの地盤より1m、浴室、洗面所周りの軸組、天井、床の構造、副構造部分に防腐及び防蟻に有効な薬剤を塗布する。
合板　　　特記のない合板は針葉樹合板、ゼロホルマリンとする。
デッキ材　高広木材取り扱い(03-3521-6121)節付デッキ（40mm×140mm）。OS塗りにて仕上げる。

＜軸組構造材＞	樹種	規格等級区分
土台	桧ＫＤ	無等級
管柱	杉ＫＤ	無等級
通柱	桧集成材	無等級
梁、桁	赤松ＫＤ、米松ＫＤ	無等級
垂木	赤松ＫＤ、米松ＫＤ	無等級
床パネル	24mm本実加工品	
根太	2'×10'材(38×235)、杉、赤松	無等級
間柱	赤松ＫＤ	無等級
筋違	赤松ＫＤ	無等級

＜内法造作材＞　樹種
外部木建枠　カナダ杉、米桧、米ヒバ
その他枠周り　合板（コンパネ）12mmとし、VC巻込にて仕上げる。窓台は集成材タモ。

諸金物は日本住宅・木材技術センターの定める規格によるZマーク表示品同等品以上とする。
取り付け方法、位置、種類は構造図によるほか、各構架材、柱、土台は金物にて緊結する。

10．屋根工事
折版屋根　ガルバリウム鋼板0.8mm折版屋根葺き。三晃金属折版S-60とする。露出ネジ頭はプラスティック製キャップを施す。
Cチャンネル、アングルにタイトフレームを溶接の上、木造梁にラグスクリューにて固定する。詳細図参。

11．金属工事
角波金属板　外壁。Kスパン同等品とする。厚15mm。窓周り、出隅はカラー鉄板役物。詳細図参。
カラー鉄板　特記なきカラー鉄板はガルバリウム（0.4mm）とする。
水切り　　特記なきはガルバリウム鋼板（0.4mm）、ＳＵＳ表示はSUS304ステンレス（0.4mm）。
外壁下部はアルミアングル20×20とする。

049

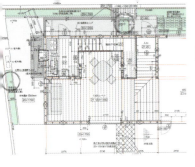

step016

平面図で描き込むポイント

　1/50の一般図の共通注意点をまず挙げておこう。前にも書いたとおり実施図面は契約書である。施工のためには施工図というものを施工者が描くことが基本だ。平面図で小さな開口部の位置や棚の奥行き寸法が省略されている図面を時々見かけるが、これは契約図としては用を足

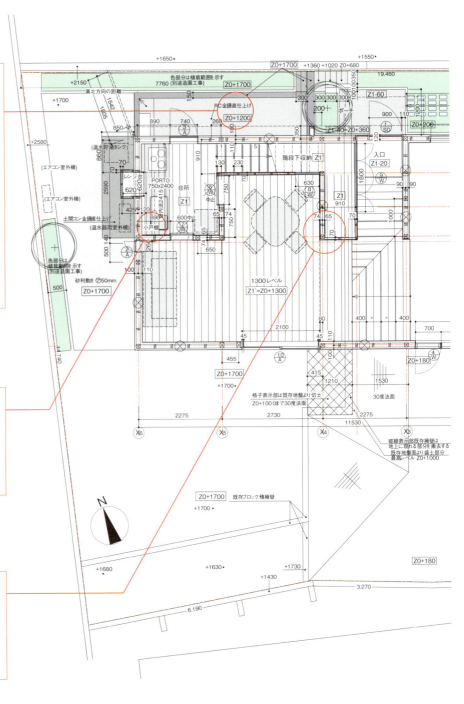

Point ❶
配置図・外構図
配置図、外構図（で見積りに含まれるもの）は一階平面図に描き込む。建物は外構計画と一緒に計画されて初めて使いやすく、デザイン的にも優れたものとなる。外構計画を着工後別途で見積もるのではなく、計画初期から建物本体と一緒に考え、インテリアの計画と同様に時間をかけるべきだ。Point ❻で押さえた高さだけでなく仕上げ方法や仕上材など押さえる

Point ❷
家具などの名称は仕上げ表、家具図でどの家具を指しているのか分かるように名称を描き分けておく。家具の奥行き幅はしっかりと寸法を記入する

Point ❸
各壁厚の芯からの仕上がり寸法。胴縁の有無、基礎との関係など断面的な要素も検討しておくこと。断面図を描いたら収まらなかったなどとならないように

しているが（見積り金額に影響がない）、施工を行うには不完全で必ず工事中に施工者から質問がくるので実施図で押さえておきたい。

その中でも平面図は一般図の中で一番描き込み量の多くなる図面であり、一番重要な一般図でもある。図面の中に描き込みが多くなり見にくくなっている場合で、カラープリンター出力している人はカラーの特性を生かそう。中心線、境界線は赤線。中心線は図面の上から下までしっかりと描き込み、各部位との位置関係をはっきりとさせる。図面中に中心線が走ると図面が汚くなるということで省略する人もいるが、間違いを少なくするためにはきちんと入れるようにしよう。参考図では中心線は赤色の細かい点線で入れることで図面が見にくくなることを防いでいる。またVE提案により変更になった箇所を色で描画するなど工夫し、現場での混乱を防いでいる。

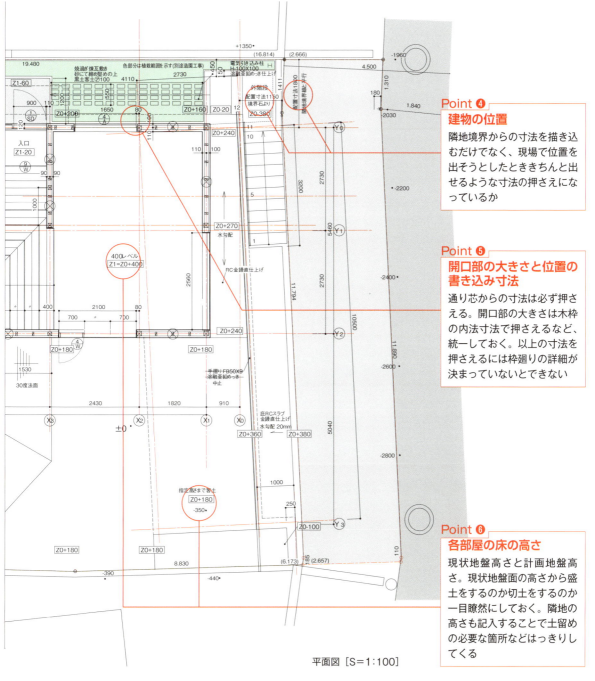

Point ④ 建物の位置
隣地境界からの寸法を描き込むだけでなく、現場で位置を出そうとしたとききちんと出せるような寸法の押さえになっているか

Point ⑤ 開口部の大きさと位置の書き込み寸法
通り芯からの寸法は必ず押さえる。開口部の大きさは木枠の内法寸法で押さえるなど、統一しておく。以上の寸法を押さえるには枠廻りの詳細が決まっていないとできない

Point ⑥ 各部屋の床の高さ
現状地盤高さと計画地盤高さ。現状地盤面の高さから盛土をするのか切土をするのか一目瞭然にしておく。隣地の高さも記入することで土留めの必要な箇所などはっきりしてくる

平面図 [S＝1:100]

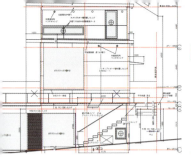

step017

立面図で描き込むポイント

　立面図は敷地の断面図とも考えられる。建物周辺の地盤面を描くだけでなく敷地境界線から敷地境界線までしっかりと描こう。敷地の端まで描くことで隣地との関係も明らかになるし、雨水の排水計画、排水管のレベルが確保されているかの確認など事前に検討しておくことができる。

　また、描き込みはなるべく詳細に行うと現場での混乱、思わぬ設計変更が減る。外壁や基礎の仕上げはもちろん、吸排気のベンドキャップの位置、外部照明器具の取り付け位置、雨樋の位置なども漏らさず描くように心がけるとよいだろう。

　平面図と同様に中心線は必ず図面上で省略することなく上から描き込もう。階高を表す中心線は特に重要である。立面図ではこの中心線以外に床の高さが推測できるものがないからである。現場で必ず役に立つ。図面が汚くなると思われる人は平面図同様、色を変え極細の点線などにすると邪魔にならない。

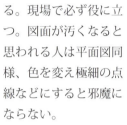

Point ❶
建物廻りの計画高さに合わせて地盤面の断面を描く。それだけでなく、敷地境界線までの高低、隣地の高低も断面で描き表しておく。平面図のPoint❻（step16）では隣地の既存地盤高さを記入するよう述べたが、断面でも同様にきちんと高さ関係を描き込んでおく

立面図 [S=1:60]

Point ❷
外壁などの仕上げ、窓ガラスの厚みなどの描き込み。外壁パネルなどを使用するときはパネルを縦使いにするのか横使いにするのか、既製品のパネルサイズで端から張っていき最後に残りの寸法で調整すればよいのか、窓に合わせてパネルを切って調整するのかなど、見積りに関係する箇所はきちんと描いておくことで現場でのトラブルは減る

Point ❸
斜線制限などできわどくかわしている箇所など法的な規制を描き込んでおく。現場で納まりを検討しているとき検討事項から抜け落ちたりしないように、また現場の係員に周知させるためにも有効

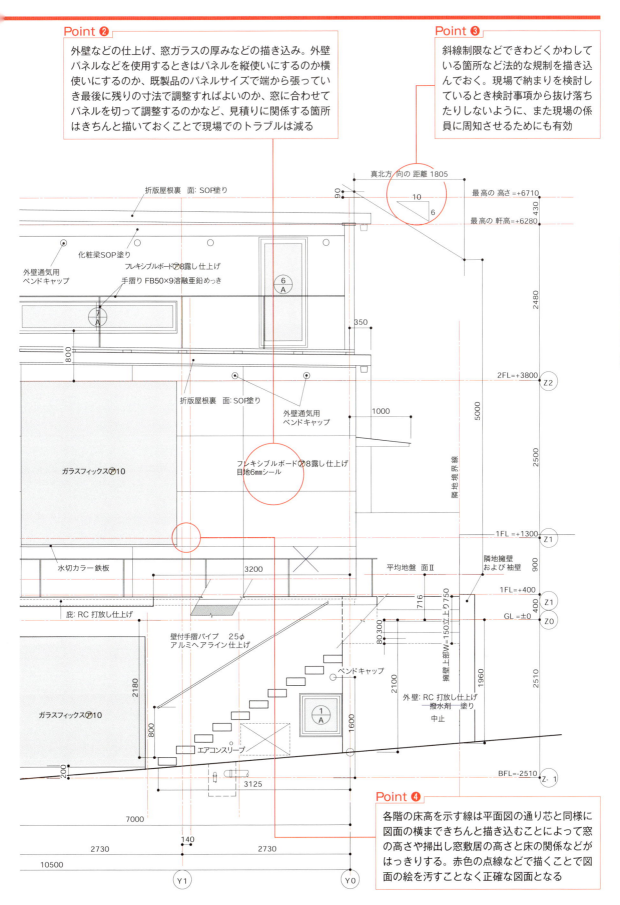

Point ❹
各階の床高を示す線は平面図の通り芯と同様に図面の横まできちんと描き込むことによって窓の高さや掃出し窓敷居の高さと床の関係などがはっきりする。赤色の点線などで描くことで図面の絵を汚すことなく正確な図面となる

1 設計編 ❻ 抜けのない実施設計図面の作成

053

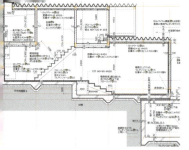

step 018

断面図・矩計図で描き込むポイント

　断面図（1/50）、矩計詳細図（1/20または1/10）、展開図（1/50）の内容は重複することが多い。各人工夫をして効率のよい方法を模索していることだろう。一般に次のような考え方があると思う。

・断面図に展開図も描き込む方法
　部屋と部屋の関係が明確になり、関係性がよく把握できるが、各室4面の展開図のつながりが悪い。

Point ❶
筆者の事務所では現在断面矩計図を1/50で、各部詳細を1/10以上の縮尺で描いている。ここではそれにのっとり断面矩計図として話を進める。
断面矩計図では高さ関係の寸法、仕上げの部材構成、仕上げ面と躯体の関係をきちんと押さえたい。

Point ❷
木造軸組に当たる部分は色分けして見やすく描き込む。色分部分は構造図の軸組を複写している。面倒くさがらずに躯体まで描き込むと思わぬ部分で梁が飛び出していたりすることもあるので実施図面段階でチェックができ、現場であわてることもなくなる

Point ❸
各通り芯、階高を表す線は断面矩計図でも図中にきちんと描き入れる。step17Point❹参照

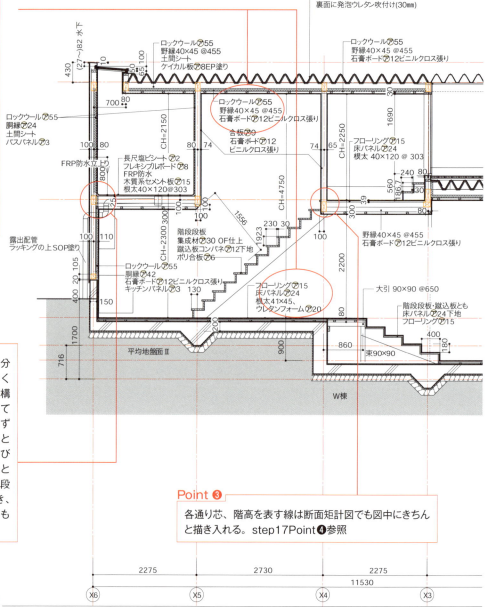

断面矩形図 [S=1:80]

・矩計詳細図を1/20、1/10などの大きなスケールで描く方法

　住宅によってはA2の図面に入りきらないこともある。だが破断線で中間を省略すると全体のプロポーションが把握しにくくなり、間違いが起こりやすい。また矩計詳細図があるので1/50の断面図がかなり簡素化され階高、天井高、天井懐寸法を知るだけの図面になってしまう。

　以上のようなことを踏まえ、筆者は一般図は1/50で矩計断面を描き、実施詳細図は1/10、施工詳細図は1/5、1/2で描くことを前提としている。以前は矩計図を詳細図と兼ねて1/20で描いていたが上記の理由でやめている。1/50は部分詳細図のインデックスのような役割を果たし、さらに細かい情報は詳細図を参照するという方法である。

Point ④
寸法の押さえ。各室の天井高、天井の厚さ、床仕上げの厚さ、スラブなどの躯体寸法を残らず描き込む。
各階の床高だけではなく最高の軒高、最高の高さを通り芯として描き込む。各部屋の天井高やその上下の寸法がどのようになっているのか、2～3枚の断面矩計図ですべて押さえておく。そうすることで配管の取り回しや各部屋間の関係がはっきりと見えてくる

Point ⑤
壁、床、天井はさまざまな仕上げがあると思うが、断面矩計図ですべての仕上げの断面を描きその構成を書き込む。ここですべて描き込んだうえで1/10の詳細図などで詳しい描き込みを行う

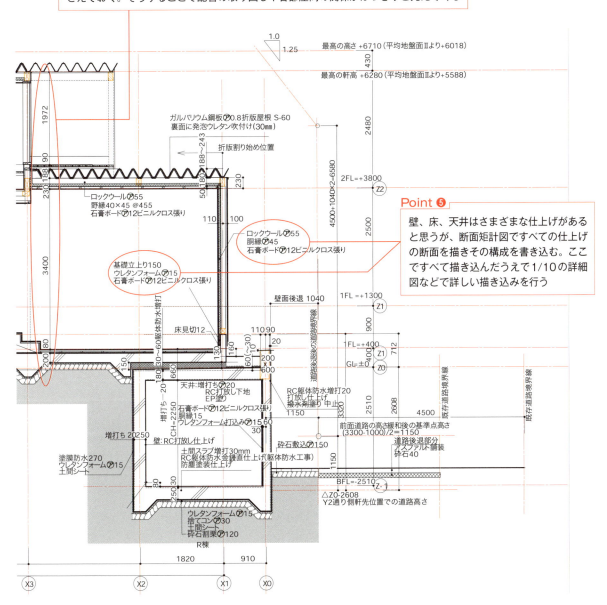

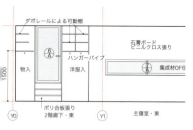

step019

展開図で描き込むポイント

　展開図は通常各部屋の4面を並べて描くため部屋単独の様子は分かりやすい反面、各部屋のつながり、配管など設備との取合いが把握しにくい。断面図を多く描き、そこに詳細な展開図を描き込む方法もあるが、この場合部屋ごとの様子が分かりにくくなってしまう。

　リビング、ダイニングなど建具なしでつながった大きな部屋の場合、2つの部屋と考えてそれぞれ4面を描く方法と、2部屋を大きな部屋と考え壁面の凹凸を無視して描く方法があるが、各々一長一短である。前者の場合、部屋の把握は簡単であるが、関係性が悪くなる。関係性を大事と考え筆者は後者を選択している。

　また描き方の基本として、天井高、開口部の高さ、各壁面の仕上げ、建具の形状、造作家具の仕上げをきちんと押さえる。各階の基準となる床高の補助線は立面図、断面図同様図中に描き込んでおくほうが各部位の高さがはっきりと

■ 2部屋を大きな部屋と考え壁面の凹凸を無視して描く方法

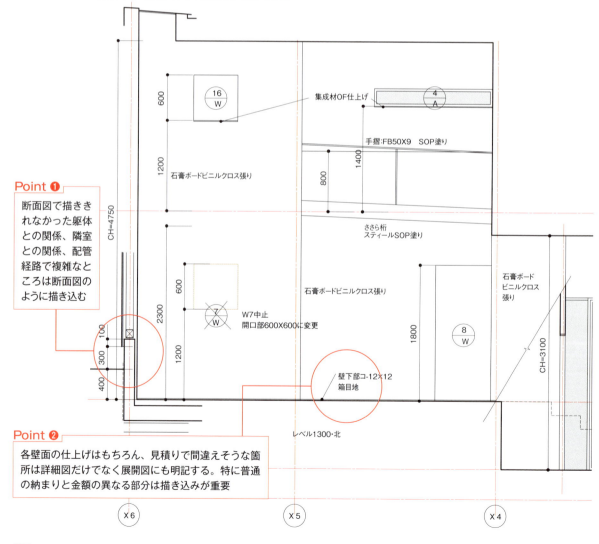

Point ❶ 断面図で描ききれなかった躯体との関係、隣室との関係、配管経路で複雑なところは断面図のように描き込む

Point ❷ 各壁面の仕上げはもちろん、見積りで間違えそうな箇所は詳細図だけでなく展開図にも明記する。特に普通の納まりと金額の異なる部分は描き込みが重要

把握できる。筆者の場合建具表では建具の姿図は描かず、展開図にすべて描き込むようにしている。建具表に姿図を描き込むのは建具屋さんが建具表だけ持っていれば製作ができるためであるが、その反面他の図面を見ないため間違いが起こることがあるからだ。

■ 4面を描く方法

Point ❸
この場合、主寝室、洋服入れ、廊下を一体の部屋とみなして4面を描いている。洋服入れと各部屋のつながりが分かりやすい

Point ❹
建具番号が振ってあることから分かるように、この物入れは家具工事ではなく大工工事＋建具工事である

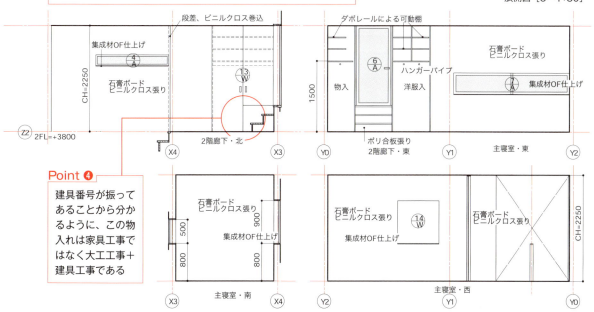

展開図［S＝1:80］

Point ❺
レイアウトが重要。各室が6畳とか8畳で区切られているときは苦労しないが、大きな部屋としてつながっているとき、小割にせずに大きく4面を描くことで空間のつながりを把握できる。描き落とした箇所は後の図面で残らず拾っておく。実施図面では必要ないと判断して省略した部分は必ず現場で必要になってくる。すべての面を描き落とさないこと

Point ❻
枠の仕上げなど細かいところの仕上げもきちんと描き込む

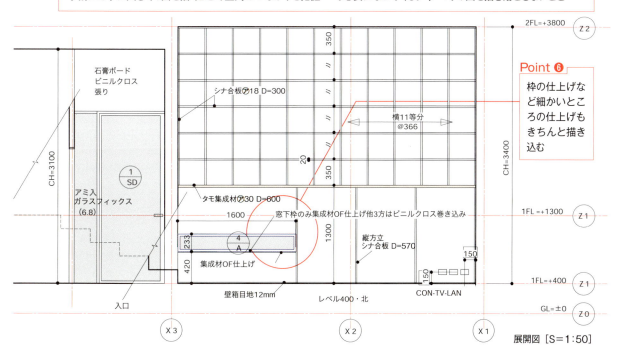

展開図［S＝1:50］

1 設計編
❻ 抜けのない実施設計図面の作成

057

詳細図で描き込むポイント

step020

　実施詳細図はあくまで見積りができることを前提に描かれたものであり、工事を実際に行うことを前提にして描かれた施工図とは異なる。同じ1/10で描かれた図面でも実施詳細図と施工詳細図は違う。住宅が中心の小規模工務店では施工詳細図まできちんと描いてくるところはなかなかない。施工詳細図をきちんと描いてくれることが前提であれば1/20縮尺の実施詳細図で十分であろう。筆者の場合詳細図は1/10以上の縮尺で描いている。実施詳細図では使う材料や材質を指定し、その図をもとに組み立て方、加工方法などを現場で打ち合わせる。

● **実施詳細図の考え方が必要な箇所**

　詳細図が必要な図面は下記の図面である。
・床や壁、天井の構成が分かる詳細図。異種部材が交差する部分（床と壁など）。
・建具、枠廻りの詳細図。
・トップライトなど特殊な納まりがある部分。
・一部家具図。

　一般図1/50で描ききれなかった箇所、特に窓廻りで水切材料を使い分けている場合などでは詳細図がないと形状、材種が分からないので必ず描くようにする。一般的に壁、床、天井、外壁、屋根など異種の部材のぶつかる部分は必要と思ってよい。

　家具図などは施工する職人によって好みやノウハウがあるのでこちらの描いたとおりにはならないことが多い。1/50で形状を把握してもらい、内部、外部の仕上げ、扉の仕様、使用する金物などを仕様書で指示するだけにしている。

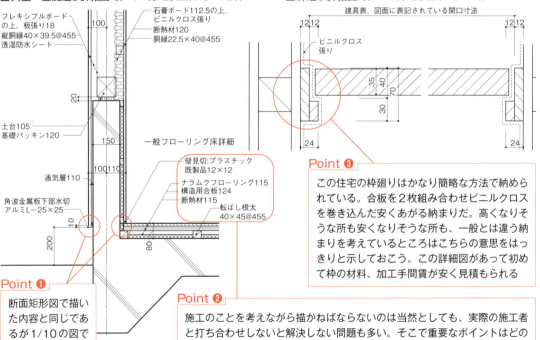

■ **外壁　基礎廻り詳細図**［S＝1:10］（記載図はS＝1:20）

■ **枠廻り詳細図**［S＝1:10］（記載図はS＝1:5）

Point ❶
断面矩形図で描いた内容と同じであるが1/10の図で示しておくことは必要。この図がないと施工者から必ず質問がくる

Point ❷
施工のことを考えながら描かねばならないのは当然としても、実際の施工者と打ち合わせしないと解決しない問題も多い。そこで重要なポイントはどのような材料をどの程度の量を使って納めたいのかをきちんと描くことだ。後で材料や材種が大幅に変わってしまうような図面にはしない。この場合外壁の水切がカラー鉄板ではなくアルミのアングルであること、内壁の下部に12mmの凹目地のあることが重要。値段にも大きくかかわってくる

Point ❸
この住宅の枠廻りはかなり簡略な方法で納められている。合板を2枚組み合わせビニルクロスを巻き込んだ安くあがる納まりだ。高くなりそうな所も安くなりそうな所も、一般とは違う納まりを考えているところはこちらの意思をはっきりと示しておこう。この詳細図があって初めて枠の材料、加工手間賃が安く見積もられる

特殊な面取り加工、テーパーなどにこだわりのある部分など金額に関係してくる部分は1/10〜1/20で描いている。

また出隅のR面加工は削るだけでよいので簡単だが、入隅のR面加工は大きな部材を削り出して製作することになるので工事金額に大きな差が出る。そのような箇所は図面に明記し、きちんと施工業者に伝えておく。

■引き違い窓平面詳細図 [S=1:5]

Point ❹
防火戸に対して厳格になったため、引き違いを左右逆転して組む方法だと、防火戸として認められなくなる。そのほか、省エネ、気密性なども改造するとメーカーの認定が取れなくなる。また、個人の工場など特定なところでしか改造は行ってもらえない

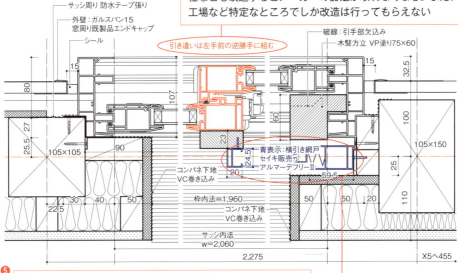

Point ❺
クロスの張り方、範囲も描き込み、分かりやすいように破線で示している

Point ❻
step15で「図面には商品名を書かないようにする」と書いたが、他の製品の代わりがない納まりのためここでは描き込んでいる。アルミサッシは代替品も可能であるが、框の寸法が変わるため間違いのないようにあえて製品名を描き込んだ

Point ❼
長めの描き込みでこちらの意図が十分に伝わるように工夫する

Point ❽
既製品のアルミサッシ引違い戸であるが左右逆勝手に組み、4周の框を隠し框としている。室内から向かって左側は嵌め殺しとしているが、ガラス交換などのときに動かせるよう一部木枠が取り外せるようになっているなど特殊な納まりが多いため、1/2縮尺で描いている

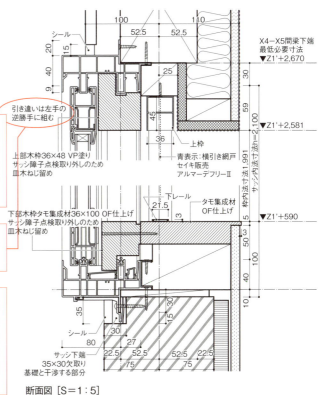

断面図 [S=1:5]

1 設計編
⑥ 抜けのない実施設計図面の作成

059

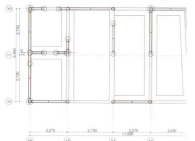

step021

各伏図・軸組図で描き込むポイント

　今まで経験を積んできた人に注意したいのだが、経験に頼ることなく構造設計者にしっかりと検討してもらうようにすることが重要である。大工職の経験も同様に構造計算で覆されることも多い。特に基礎の設計は専門家に構造計算をしてもらうのが必須である。

　図面では最近1/100程度の縮尺で簡単な伏図にしておき、プレカット時に詳細な図面が出てくるのでそれで済ませている人も多いと思うが、現場でのスムーズな進行を考え、各伏図、軸組図共に1/50の縮尺で検討をしておくことを薦める。特に柱の芯ずれ、異なる柱径を使用している場合、集成材が混在している場合、異なる種類の耐力壁が混在している場合、特殊な金物を使用している場合はこれらを図面上で明記しておく必要がある。

■土台伏図の例 ［S＝1:50］（記載図はS＝1:100）

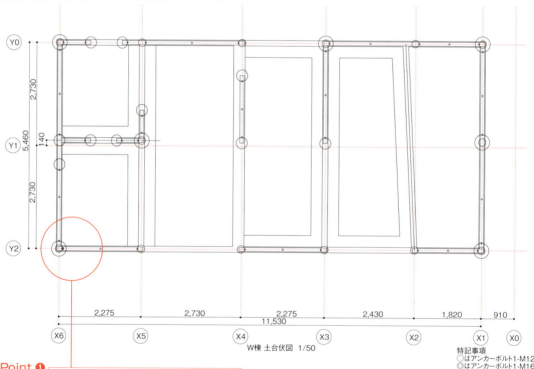

W棟 土台伏図 1/50

特記事項
○はアンカーボルト1-M12
◉はアンカーボルト1-M16

Point ❶
アンカーボルトの位置、種類を明記する。幅の狭い柱間に倍率の大きい耐力壁を設けた場合など、特に柱引き抜きの力が多くかかり、ホールダウン金物などの設置が必要になる

Point ❷
基礎の構造計算は義務化されていないが、構造計算を行ったものと経験則から導き出したものの差は歴然としているので、なるべく構造の専門家に協力を得る

060

■ 床伏図の例 [S=1:50]（記載図は S=1:100）

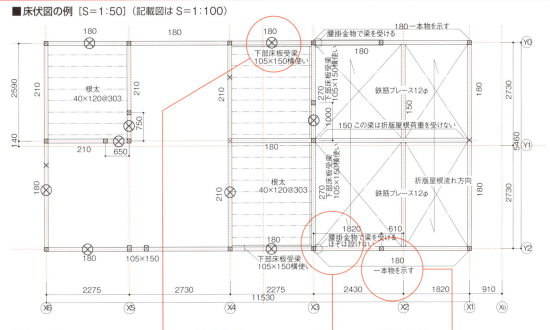

Point ❸
伏図にも耐力壁の位置を明記する。軸組図に描き込むことはもちろん、伏図に描き込むことで全体のバランスを視覚的にチェックし、描き忘れを防ぐ

Point ❹
梁材を小さくしようとすると、接合部の材の欠損が耐力に影響することが多い。間違いのないように構造設計者から指摘された部分はきちんと明記する

Point ❺
梁は縦の荷重だけでなく風力に対して横力を受ける重要な部材である。一本ものとして横方向の力を受ける大切な部材は図面に明記する

■ 軸組図の例 [S=1:50]（記載図は S=1:100）

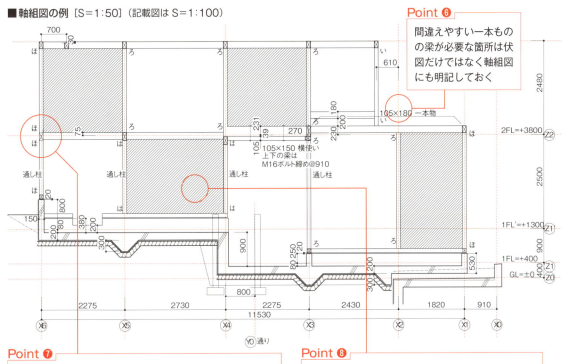

Point ❻
間違えやすい一本ものの梁が必要な箇所は伏図だけではなく軸組図にも明記しておく

Point ❼
金物記号を明記する。「い」「ろ」「は」…とある金物記号を明記し間違いのないようにする。特に10kN以上の耐力が必要な「へ」「と」「ち」…以降の金物は重要である

Point ❽
耐力壁の位置、種別を明記する。構造用合板を片面打ちとする場合、部屋の内側から施工するか、外側から施工するかは伏図、特記仕様書に明記しておく

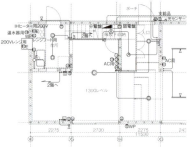

step022

電気設備設計のポイント

　木造の場合、電気設備図は設備設計事務所に頼まず意匠事務所が図面を作成することが多いと思う。電気設備の数が増え、容量が多い場合引き込みから分電盤までの幹線の設計は複雑なことも多い。特に60Aを超える容量が見込まれる場合、地下室を設け警報盤が必要な場合などは専門の設備事務所に相談するか図面の作成を頼むことを薦める（**63頁図1、2**）。

・照明計画のポイント

　最近省エネの配慮から白熱電球が使われなくなってきており大手メーカーなどではすでに製造中止になっている。そのためLED電球色が使われることが多くなってきた。LEDと一口にいっても色温度が2,700〜6,500Kのものまでさまざまな種類がある（電球色2,700〜3,000K、温白色3,500K、白色4,200K、昼白色5,000K、昼光色6,500K。色温度が高いほど白っぽく見える）。特に色温度は部屋の雰囲気が大きく変わるので注意して設計したい。一般的に普及している電球色のLEDは3,000K程度のものが多いが、白熱電球に比べるとやや白っぽく2,700Kのものが白熱電球の色に近い。LED照明器具はLEDと器具が一体型のものと、電球のように球だけを交換できるタイプがあり、点灯時間にもよるがおおむね10年ほどの寿命がある。

　照明計画で心がけたいことは1室1灯ではな

■住戸の電気図例

Point ❶
弱電盤は、分電盤と違い設置しなくてもよいものであるが、室内LAN設備およびそのルーター、さらにはテレビのブースターなど、昔に比べ弱電引き込み部分の設備が多くなっている。複雑な配線や施工ミスを防ぐためにも弱電盤を設置し、それらの設備をスッキリと仕上げたい

Point ❷
電力、弱電の引き込みは架空引き込みで、それを建物直受けにするのか引き込みポールを用いて地中引き込みにするのかを明記しておく。引き込みポールを使用しない場合は電力量計の位置をどこにするのか、検討する。通常これらは道路から引き込むため電力量計は表の目立つところに出てきてしまうことが多いので、よく検討しておこう

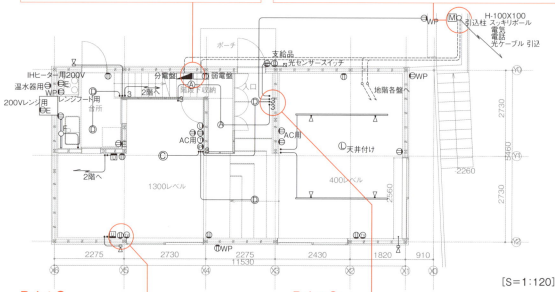

[S=1:120]

Point ❸
スイッチや照明器具の詳細位置は電気設備図には描き込まず、大体の位置を示す図面となる。詳細の位置は展開図に描き込むとよい。実施設計段階で描き込んでおくのが理想だが、値段に大きく影響するものではないので、上棟までには施工者に位置をきちんと伝える

Point ❹
スイッチは一般のもののほかに、調光ができるもの、電源が入っているときにパイロットランプが点灯するもの、タイマー付きスイッチなどさまざまな種類があり、値段もかなり違う。どのような種類のものをどこに使うと便利で省エネになるのか検討し明示しておく

く間接照明、数カ所の補助照明など複数の照明を使うことだ。夜のインテリアを上手に演出するように配慮したい。

・オール電化、エコキュートなど

　都市ガスが配備されておらずプロパンガスの地域を中心に、最近ではオール電化の住宅が増えている。台所のIHヒーターと深夜電力を利用したヒートポンプ型給湯器（エコキュート）を使うと、かなりの省エネ効果が得られる。

■図1　分電盤結線図の例

　地下がある住宅の分電盤結線図。警報盤、雨水ポンプ、排水ポンプの複数設置など専門的な知識が必要な場合は設備設計専門の事務所に設計をお願いする。図ではこのほかに引き込みから分電盤までの幹線の指定をしている。

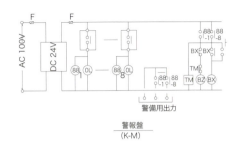
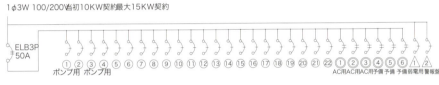

■図2　地下がある住戸の電気図の例

　回路数が多くなる場合、引き込み開閉器、警報盤が必要となる場合など、同様に設備事務所に頼んだほうが無難である。引き込み開閉器、警報盤の内部の配線、仕様も指定している。

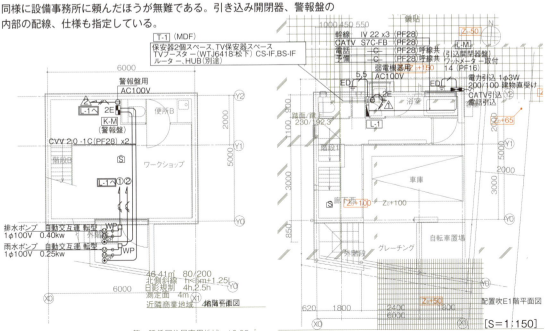

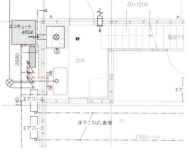

step023
給排水衛生ガス設備設計図、空調・換気設備設計図のポイント

給排水衛生ガス設備設計図のポイント

給水は現在引き込まれている口径を確かめ、引き換えが必要かどうかを確かめる。古い住宅では13mmで引き込まれている場合が多いが5～13個の水栓がある場合は20mmの口径が必要となる。

排水では、下水道局で下水台帳を確かめ前面道路の下水道管の位置、深さ、口径、枡の位置などを調べておく。自治体によって雨水排水の処理方法が異なるので事前に調べておく（雨水排水本管につなぐ、合流して下水道管に流す、敷地内で処理する、側溝に流すなど）。

配管の種類は値段、長所短所などさまざまであるので、よく検討して仕様書に必ず明記する。スラブや土間の下に配管すると、更新するときにかなりの手間と金額になるので避けたい。その場合さや管を使う、スラブ上に配管ピットを設ける、スラブ下に配管しないように心がけるなどの検討が必要だ。

Point ①
換気設備は給気と一緒に考えよう。空気の流れを平面的にだけでなく立体的に考えて給排気の位置を決める。基準法で求められている量はもちろん、夏季、上部にたまった熱気をどのように排出させるかは快適な室内環境を保つためには必要だ。換気回数から容量を決めるが、一気に熱気を排出したいときなど大きな容量の換気扇が必要となる。このほか温度計と組み合わせ自動的にオンオフさせる方法もある

Point ②
排水の経路は、地域によって雨水、雑排水、汚水の取り扱いが変わるので事前に調べておく。合流式ですべての排水を1本の排水管で済ませることができるところから、雨水は敷地内で浸透処理しなくてはならない地域までさまざまである

Point ③
排水のレベルに気をつける。前面道路の下水管の高さを事前に調べておき、逆勾配にならないように注意する。特に半地下に排水がある場合、1階の浴槽を洗い場から深く掘り下げて設置した場合、浴槽の位置が前面道路から遠く離れている場合など注意が必要である。場合によっては排水槽を設けポンプアップしなくてはならない

Point ④
新築住宅の場合、空調設備の冷媒管は見えないところに隠したい。配管自体は細いのだが保温材を考えたり、急な曲がりが取れないことを考えると意外と経路を確保するのが難しい。室内機から出るドレン管は勾配をよく考えて経路を決めよう。冷媒管とドレン管はもちろん別経路でもかまわない

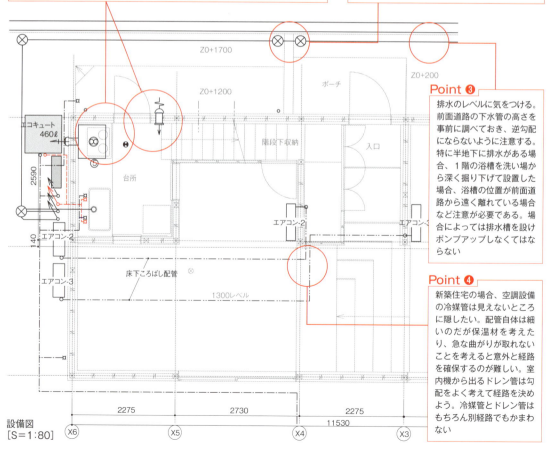

設備図 [S=1:80]

最近さや管とヘッダーを用いた配管方式が普及してきた。施工性、更新性がよいのが特徴だ。ヘッダー部分を容易に点検できるようにしておくとさらによい。

空調・換気設備設計図のポイント

換気や通風の計画で重要なことは室内の空気の流れを読むことだ。空気の入口と出口を対角線上に配置するなど、隅々まで空気の通り道を確保するように考える。このとき断面上での空気の流れにも配慮することが重要である。給気口からは冬場、冷気が直接入り込むので常に人がいる周りには設けないようにする。

熱の伝わり方には対流、伝導、放射の3つがある。エアコンは対流式で直接空気を暖める。室内の温度を快適にするのに速いという利点があるが、暖かい空気が上方にたまりやすいため、吹抜けや天井高のある空間では暖房効果が落ちる。風や音が出るため不快であったりすることも考慮しておく。床暖房は直接足裏を暖めるほか、放射熱の効果で体全体も暖まる。空気を直接暖めるのではないため室温はあまり上がらないが、吹抜けなどには有効な暖房方式だ。このほか暖炉、ペレットストーブなどは放射と対流の効果もあるので寒冷地には最適な暖房手段である。

意匠的な配慮としてエアコンを配置するときには冷媒管の配管経路を十分に吟味しておく。室内機からはドレン配管もあるのでその配管経路も考えて計画することが重要である。

Point ❺
メーカーを指定しているが、同等品として見積りで他社製品も選べるようにする。同等品を選べるよう寸法、形式、仕上げなどの基準を示しておく

Point ❻
シャワーは2ハンドル混合水栓、シングルレバータイプ、サーモスタット付きなど種類がさまざまである。金額はサーモスタット＞シングルレバー＞混合水栓。サーモスタット付きが最も温度の安定性はあるが、給湯器の性能が上がっているのでシングルレバーでも◎。混合水栓は2つのハンドルを回して温度と水量を調整するレトロなタイプで使いづらい

Point ❼
洗面器は本体だけでなく、付属品のトラップ、止水栓、栓も指定する。適合排水金物は金額が高いもの、デザインがよいので露出する箇所では使用したい。逆にはこの中に配管が入る場合は普及品で十分

Point ❽
壁出水栓はデザイン的には良いが、給水、給湯のつなぎができるよう通常は点検口などが必要になるので、見えなくする工夫をしたい

器具リスト

	記号	階数・室名	種類	メーカー/機種	型番	
衛生機器	1	2階/バスルーム	浴槽	フォンテトレーディング	TUB33-150同等品	アクリル製置型バス L=1,500 W=750
	2	2階/バスルーム	洗面器	フォンテトレーディング	B2-692同等品	壁付、オーバーフロー付
	3	2階/バスルーム	便器	INAX/サティスシリーズ	D-314GSU同等品	シャワー・暖房便座付(紙巻器建築工事)
	4	地階/便所	便器	INAX/サティスシリーズ	D-314GPU(床上排水)	シャワー・暖房便座付(紙巻器建築工事) 床上排水タイプ
	5	地階/便所	手洗器	フォンテトレーディング	B3-462同等品	カウンタートップ置型 オーバーフロー付 W=380 D=185適合排水金物共(床上排水)
	A	2階/バスルーム	シャワーバス水栓	フォンテトレーディング	SX-4232KR同等品	シングルレバー、壁付シャワーキット、スライドバー共
	B	2階/バスルーム	混合水栓	フォンテトレーディング	BX-5205同等品	シングルレバー
	C	2階/バスルーム	洗濯機用混合水栓	INAX	(普及品)	
	D	地階/キチネット	混合水栓	フォンテトレーディング	BX-5209同等品	壁出、シングルレバー
	E	地階/便所	混合水栓	フォンテトレーディング	BX-5205同等品	シングルレバー
給湯		1階	エコキュート	三菱電機/エコオート	SRT-HP46C3同等品	ベーシックタイプリモコン共(浴室、台所)
空調		地階/書斎	AC-1	ダイキン/壁掛型/UXシリーズ	S36HTUXS-W	12畳用
		1階/1300レベル	AC-2	ダイキン/壁掛型/UXシリーズ	S36HTUXS-W	12畳用
		1階/400レベル	AC-3	ダイキン/壁掛型/UXシリーズ	S36HTUXS-W	12畳用
換気	①	地階/納戸	パイプファン	三菱/パイプファン	V-08PPC6同等品	100φ、105立米/h
	②	地階/納戸	パイプファン	三菱/パイプファン	V-08PC6同等品	100φ、80立米/h
	③	地階/便所	パイプファン	三菱/パイプファン	V-08PPC6同等品	100φ、105立米/h
	④	地階/書斎	パイプファン(24H)	三菱/パイプファン(24H)	V-08XPLD2同等品	100φ、45立米/h
	⑤	1階/台所	レンジフード			
	⑥	2階/バスルーム	パイプファン(24H)	三菱/パイプファン(24H)	V-12PFL同等品	150φ、65立米/h　ベントキャップFD付
	⑦	2階/吹抜	パイプファン(24H)	三菱/パイプファン(24H)	V-12PLD5同等品	150φ、123立米/h　ベントキャップFD付
			給気口	ユニックス	UFO-A同等品以上	フィルター・防虫網付きステンレス製フード共
			ベントキャップ	西邦工業	同等品	給気口／SNU-MS、換気口／SXU-MS同品可

1 設計編

⑥ 抜けのない実施設計図面の作成

Column

現場に伝えやすい図面の描き方テクニック

縮尺の意味を考える

　住宅の図面では1/100から1/10、1/5程度までさまざまな縮尺で図面を描くが、各縮尺でいったいどこまで表現したらよいのだろうか。CAD全盛のこの頃、手描きの図面を知らない若い人の中には1/100図面で描き込み過ぎ、プリントアウトしたら黒くつぶれていた、などという経験のある人も多いと思う。図面表現のポイントはズバリ精度0.3㎜～0.5㎜である。どの縮尺であっても0.3㎜～0.5㎜の精度で描くということである。筆者の事務所では0.3㎜を基準としているのでそれをもとに話を進める。

　2本の平行線があったとき1/100で0.3㎜は30㎜を意味する。すなわち30㎜以下の平行線は単線で描くということだ。よって壁面は外壁の単線と内壁の単線2本で表すこととなる[図1、2]。

　この基準で図面表現を行うとアルミサッシの場合、枠は単線、可動部の障子も単線で表記することになる[図1、2]。

　同様に考え1/50の場合15㎜以下は単線表示とする。12.5㎜のプラスターボード、9㎜の合板など単線となるが、構造躯体(柱・梁)から仕上がりまでの厚みの合計が30㎜程度となるので構造躯体線と仕上げ線を描くと綺麗な図面に仕上がる[図3]。

　このことを常に頭に入れながら描くことで今自分が描いている図面で何を相手に伝えるのかがはっきりとしてくる。1/100図面では開口部の大体の位置や大きさは問題になるが、外付けサッシになるのか半外付けサッシになるのかは問題外ということだ。

伝わる文字のサイズ

　次に大事なことが文字の大きさである。モニターで見ていると文字が入らないとき、ついポイント数を小さくしてたくさん描き込もうとする傾向がある。これも各事務所で使うポイント数の下限を決めておくとよい。CADの欠点でもあるのだが、モニターで拡大して図面を見ているとどの程度の大きさの図面をいじっているのか分からなくなることがある。筆者の事務所では下限を8ポイントとし、図面に描き込むようにしている。図面に字が多くなって入らない場合、縮尺に合っていない細かい描き込みをしているということだ。つまり図面に文字が入りきらない場合は、縮尺を大きくした図面が必要ということなのである。何もいわないで図面を描かせると若い所員など6ポイントとか5ポイントで描き込み、プリントアウト時に小さすぎて読めない(老眼の年寄りには?)ということになる。実施図の場合、縮小図面にすることがあるが、現場で図面が汚れるなどということを考慮すると8～9ポイントが大きさの下限であろう。

■図1　基本構想図(提案図) 1/100
開口部は位置のみ表示、サッシの形式は書かれていない。

■図2　基本計画図　1/100
開口部の形式を簡単に表示。

■図3　実施計画図 1/50
開口部の枠の納まりや外壁側によって取り付けているなど簡単に表示。

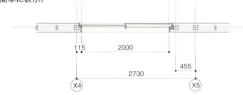

■図4　詳細図、施工図 1/2
施工できる詳細寸法、取り付け方法なども考慮する。

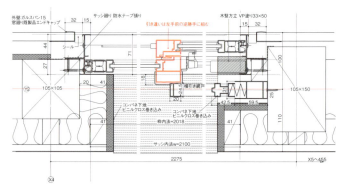

※　図1～3は60%、4は30%に縮小している

1 設計編 chapter7
確認申請に着手する

024 2025年建築基準法改正の主な要点

025 構造に関わる改正の主な要点 1

026 構造に関わる改正の主な要点 2

027 法改正に伴う申請図書 耐力壁・準耐力壁の明示

028 従来通りの風圧に対する 壁量計算・四分割法による壁配置

029 柱頭柱脚金物の選定方法

030 法改正に伴う申請図書 仕様表の活用

031 2025年からの省エネ基準適合義務

032 確認申請手続きの流れを把握しよう

033 確認申請時の添付図書を確認しよう

034 軽微な変更の内容を押さえる

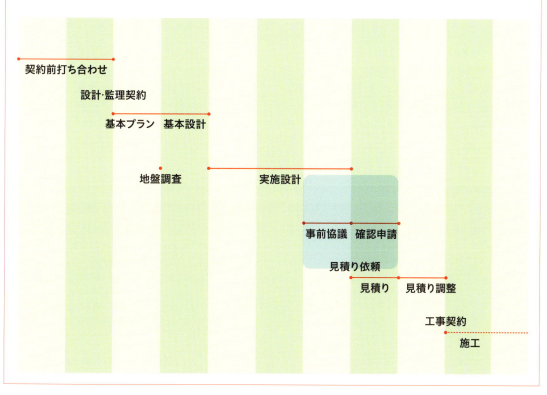

契約前打ち合わせ
設計・監理契約
基本プラン　基本設計
地盤調査
実施設計
事前協議　確認申請
見積り依頼
見積り　見積り調整
工事契約
施工

step024

2025年建築基準法改正の主な要点

2025年4月に施行される今回の改正は、構造に関する部分が多く、建築確認の申請図書にも大きな影響が出る。省エネ基準への適合義務化と同時期であり、住宅設計者にとっては大改正という印象が強い。

4号特例の見直し

表1：木造建築物における建築確認審査対象の建築物の規模（都市計画区域等内）

改正前

3階以上	旧2号	旧2号	旧2号
2階	旧4号	旧4号	旧2号
1階	旧4号	旧4号	旧2号
	200㎡	500㎡	延べ面積

改正後

3階以上	新2号	新2号	新2号
2階	新2号	新2号	新2号
1階	新3号	新2号	新2号
	200㎡	500㎡	延べ面積

■：構造関係規定の審査省略あり　　□：審査省略なし

これまでの4号建築は、平屋200㎡以下を除いて新2号に移行する。新2号では、構造規定等の審査省略の対象から外れる。上の表のように、これまでの4号建築である500㎡以下の木造2階建てについては建築確認時に壁量計算・四分割法判定は提出不要だった。しかし、改正後は200㎡以下の平屋をのぞいて提出義務となる。その際、壁量計算の方法は大幅に変わり、柱頭柱脚金物の選定根拠なども明記することになる。（70～79頁にて解説）

また、これまで都市計画地域外での4号建築は建築確認を出す必要はなかったが、改正後の**新2号建築は都市計画地域の内外を問わず建築確認の対象となる**。

さらに注意すべき改正は、それまで申請不要だった**大規模修繕や大規模模様替えが建築確認の対象になったこと**である［表2、表3］。

表2：建築確認・検査の対象等（改正法第6条第1項1～3号、第4項）

条文	用途	規模	地域	工事	審査省略制度
1号	特殊建築物（別表第1（い））	その用途の床面積200㎡超	すべての地域	・建築（新築・増築・改築・移転） ・大規模の修繕、模様替 ・特殊建築物への用途変更	対象外
2号	第1号以外の建築物	階数2以上、または延べ面積200㎡超		・建築（新築・増築・改築・移転） ・大規模の修繕、模様替	対象外
3号	第1号以外の建築物	階数1かつ延べ面積200㎡以下	都市計画区域、準都市計画区域、準景観地区等内	・建築（新築・増築・改築・移転）	対象

大規模の修繕・大規模の模様替の取扱い

大規模の修繕・模様替の定義について国交省より出ているので表3に示す。

表3:大規模修繕・模様替とは

大規模の修繕	・「修繕」とは、性能や品質が劣化した部分を、既存のものと概ね同じ位置・形状・寸法・材料を用いて造り替え、性能や品質を回復すること ・「大規模の修繕」とは、建築物の主要構造部※の一種以上について行う過半の修繕をいう
大規模の模様替	・「模様替」とは、同じ位置でも異なる材料や仕様を用いて造り替え、性能や品質を快復すること ・「大規模の模様替」とは、建築物の主要構造部※の一種以上について行う過半の模様替をいう

※主要構造部とは、壁、柱、床、梁、屋根または階段をいい、建築物の構造上重要でない間仕切壁、間柱などは除く

屋根の改修

屋根葺き材のみの改修は、大規模の修繕・大規模の模様替には該当せず、確認申請は不要。また、既存の屋根の上に新しい屋根をかぶせるような改修工法も大規模の修繕・大規模の模様替には該当しない。

床の改修

床の仕上材のみの改修等は、大規模の修繕・大規模の模様替には該当せず、確認申請は不要。既存の仕上材の上に新しい仕上材をかぶせる改修も大規模の修繕・大規模の模様替に該当しない。

階段の改修

各階における個々の階段の改修にあたり、過半に至らない段数等の改修は、大規模の修繕・大規模の模様替には該当せず、確認申請は不要。既存の階段の上に新しい仕上材をかぶせる改修も大規模の修繕・大規模の模様替に該当しない。

外壁の改修

外壁の外装材のみの改修等、または外壁の内側から断熱改修等は、大規模の修繕・大規模の模様替には該当せず、確認申請は不要。外壁においても、既存外壁の上から新しい外壁をかぶせるような改修工法は、大規模の修繕・大規模の模様替には該当しない。

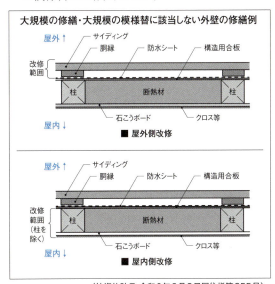

(技術的助言 令和6年2月8日国住指第355号)
(技術的助言 令和6年8月28日国住指第208号)

小規模伝統的木造建築物に係る構造計算適合性判定の特例

小規模な(階数が2以下、かつ延べ面積300㎡以下、高さ16m以下の)伝統的木造建築物等は、これまで限界耐力計算などの高度な構造計算をしたうえで構造計算適合性判定が必要だったが、改正後は、構造設計一級建築士が構造設計を行えば構造計算適合性判定が不要となる。

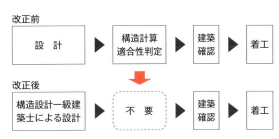

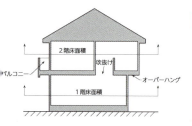

step025

構造に関わる改正の主な要点 1

右に木造建築物の階数や高さ・床面積で区分される構造計算の方法を示す。

2階建てまでの木造建築物について仕様規定が使えたのは「高さ13m以下・軒高9m以下」だったが、改正後は**軒高に関係なく高さ16m以下に拡大される**。2階建てまで500㎡以下の仕様規定（すなわち壁量計算）は、2階建て300㎡以下に範囲が縮小され、かつ、**個々の建築物に応じた必要壁量を設計者が算出する**ように改正される。その必要壁量の算出方法を紹介する。

■ 木造建築物の仕様規定の改正内容

改正前

高さ・軒高規模		高さ≦13m 軒高≦9m	高さ>13m、≦60m 軒高>9m	高さ>60m
階数1または2	≦500㎡	仕様規定	高度な構造計算 ・許容応力度等計算 ・保有水平耐力計算 ・限界耐力計算	時刻歴応答解析
	>500㎡	簡易な構造計算 ・許容応力度計算		
階数3				
階数≧4				

改正後

高さ・軒高規模		高さ≦16m	高さ>16m、≦60m	高さ>60m
階数1または2	≦300㎡	仕様規定	高度な構造計算 ・許容応力度等計算 ・保有水平耐力計算 ・限界耐力計算	時刻歴応答解析
	>300㎡	簡易な構造計算 ・許容応力度計算		
階数3				
階数≧4				

※階数は地階を除く
※高度な構造計算：大規模な建築物に求められる構造計算（保有水平耐力計算など）
※簡易な構造計算：小規模な建築物に求められる構造計算（許容応力度計算）

地震に対する必要壁量の基準見直し

これまでの「重い屋根」「軽い屋根」といったざっくりした分類は廃止され、1、2階の階高や太陽光パネル、断熱材の荷重等、建物の荷重の実態に応じて地震力に対する必要壁量を算定することになる。

具体的には以下のいずれかによる。

方法その1：公式の「早見表」を使う方法。該当サイト※に入ると、1・2階の階高、1・2階の面積割合、太陽光発電等の有無に応じて42シートに分かれている。その中から該当する早見表をダウンロードし、その表から屋根・外壁の組合せを選ぶと、床面積当たりの必要面積が判る。

■早見表（階高…1階≦2.9m・2階≦2.8m、太陽光発電あり、床面積比100/100）

屋根の仕様	外壁の仕様	平屋	2階建て 1階	2階建て 2階
瓦屋根（ふき土無）	土塗り壁等	25	53	31
瓦屋根（ふき土無）	モルタル等	25	51	31
瓦屋根（ふき土無）	サイディング	23	46	28
瓦屋根（ふき土無）	金属板張	22	44	27
瓦屋根（ふき土無）	下見板張	21	41	26
スレート屋根	土塗り壁等	22	50	28
スレート屋根	モルタル等	22	48	27
スレート屋根	サイディング	20	43	25
スレート屋根	金属板張	19	41	24
スレート屋根	下見板張	18	38	23
金属板ぶき	土塗り壁等	19	46	24
金属板ぶき	モルタル等	18	44	23
金属板ぶき	サイディング	16	39	21
金属板ぶき	金属板張	16	37	20
金属板ぶき	下見板張	15	35	19

床面積当たりの必要壁量（cm/㎡）

※https://www.howtec.or.jp/publics/index/441/

方法その2：早見表と同じWebページに出ている「表計算ツール」を使う方法。

1・2階の階高と床面積、屋根・外壁の仕上げ、太陽光発電パネル等の有無、天井・外壁の断熱荷重を入力して必要壁量を求める方法である。太陽光の積載量が決まらない場合は、屋根全体に載る設定の「あり（260）」を選ぶ。

■ 表計算ツール（在来軸組構法版）

この欄に必要事項を入力、または、プルダウン選択

	項目	入力欄	入力の注意点等
入力値	2階階高（m）	2.600	小屋梁・桁上端〜2階床梁上端までの距離
	1階階高（m）	2.700	2階床梁上端〜1階土台上端までの距離
	標準せん断力係数C_0	0.2	軟弱地盤の指定がある場合は0.3（不明な場合は特定行政庁に確認）
	2階床面積（m²）	40.00	（ここでは小屋裏面積は含めなくともよい。）
	1階床面積（m²）	60.00	（ここでは小屋裏面積は含めなくともよい。）
	屋根の仕様	スレート屋根	プルダウン選択
	外壁の仕様	モルタル等	プルダウン選択
	太陽光発電設備等（N/m²）	あり（260）	太陽光発電設備等の質量を任意入力したい場合は「あり(任意入力)」*2をプルダウン選択し、右欄（緑）にその質量を入力する。
	天井断熱材（N/m²）	任意入力	断熱材の密度と厚さを任意入力したい場合は、「任意入力」をプルダウン選択し、右欄（緑）に値を入力する。
	外壁断熱材（N/m²）	任意入力	断熱材の密度と厚さを任意入力したい場合は、「任意入力」をプルダウン選択し、右欄（緑）に値を入力する。異なる断熱材を重ねて使用する場合には2段に分けて記載する。

太陽光・断熱材について任意入力

設備等の質量（kg）

密度（kg/m³）	厚さ(mm)
16	155

密度（kg/m³）	厚さ(mm)
16	105

出力結果	【階の床面積に乗ずる数値】（方法①）	1階	2階
		37	26

自動算定結果欄

Webページには「在来軸組構法版」と住宅性能表示や事務所建築にも使える「多機能版」の二つがある。設計途中で長期優良住宅や耐震等級3を求められることもあるので、設計段階から「多機能版」を使って壁量を意識しておきたい。

地震力に対する必要壁量算定時の床面積について

1階住宅性能表示用床面積＝1階建築基準法床面積＋屋根のかかったポーチの面積
　　　　　　　　　　　　＋オーバーハング部水平投影面積＋（バルコニー面積×0.4）
2階住宅性能表示用床面積＝2階建築基準法床面積＋吹抜け面積

オーバーハングや吹抜け、屋根付きポーチがある場合は、住宅性能表示制度と同じ"見上げの面積"を壁量算定時の面積とするのが"望ましい"となった。上部にかかってくる地震力を下の耐震壁で受け止めるからである。跳ね出し型のバルコニーは4割加算だが、バルコニー外周側にその上の屋根荷重を受ける柱や壁がある（いわゆるインナーバルコニー）場合は、オーバーハング部として、0.4を掛けずに加算した方がよい。

また、小屋裏収納の床面積が直下階の床面積の1/8を超える場合は、右の面積（a）を1階・2階床面積の両方に加える。

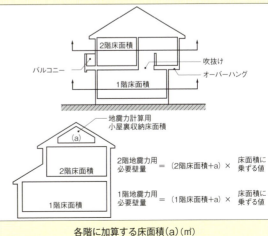

各階に加算する床面積（a）(㎡)
$$= \frac{小屋裏収納の内法高さの平均h(m)}{2.1(m)} \times 小屋裏収納の床面積(㎡)$$

step026

構造に関わる改正の主な要点2

存在壁量の基準見直し

これまでの必要壁量は「軽い屋根」のとき1階29m/㎡、2階15m/㎡だったが、今回改正の早見表で、1・2階同じ面積で階高1階2.9m以下、2階2.8m、スレート屋根・サイディング壁の欄を見ると、1階43m/㎡、2階25m/㎡となる。これまでの1.48倍（1階）と1.67倍（2階）である。

壁量がかなり多くなるため、これまで住宅性能表示で認められていた準耐力壁（上下の梁に留めつけられていない壁）や開口部の上下にある腰壁や垂れ壁も存在壁量に算入できるようになった。

準耐力壁・垂れ壁・腰壁を総称して「準耐力壁等」と呼び、表1のような条件を満たす必要がある。

その壁量は、基本的に各階・各方向の必要壁量の1/2以下の範囲内で任意に算入できる。（1/2を超えて算入する場合は取り付く柱の安全性を検証することとなり、特殊な扱いになる。）また、壁倍率「5.0倍まで→7.0倍まで」となった。それに伴い許容応力度計算の時にしか使わなかった接合金物も使用することになる。

それらのことから、間取りに影響が出るほどの存在壁量にはならないと思われる。

表1：準耐力壁等の基準・倍率

	準耐力壁等	
	準耐力壁	垂れ壁・腰壁
図	（図：準耐力壁 90cm以上、横架材相互間の垂直距離の80%以上）	（図：垂れ壁・腰壁 耐力壁 準耐力壁 36cm以上 90cm以上2m以下）
基準	・材料：面材・木ずり等 ・くぎ打ち：柱・間柱にくぎ打ち* ・幅：90cm以上 ・高さ：一続きで横架材相互間の垂直距離の80%以上	・材料：面材・木ずり等 ・くぎ打ち：柱・間柱にくぎ打ち* ・幅：一続きで90cm以上かつ2m以下 ・高さ：一続きで36cm以上 ・両側に耐力壁または準耐力壁があること
壁倍率	【面材】 ・壁倍率＝面材の基準倍率×0.6×面材の高さの合計／横架材相互間の垂直距離 【木ずり】 ・壁倍率＝0.5×木ずりの高さの合計／横架材相互間の垂直距離	

＊ 面材は柱・間柱に川の字にくぎ打ちし、横架材等にくぎ打ちしなくても構わない

表2：準耐力壁等となる壁の材料の基準倍率

材料		最低厚さ（mm）	規格	釘打ちの方法		基準倍率
				種類	間隔（cm）	
木ずり等を打った壁（片面）		12×75	—		—	0.5
構造用合板	屋外壁等で耐侯措置無し	（特類）7.5		N 50	15以下	2.5
	屋外壁等で耐侯措置あり	（特類）5	JAS/S51 告示 第894 号			
	上記以外	5				
構造用パネル		5	JAS/S62 告示 第360 号			
パーティクルボード		12	JIS A5908-1994			
構造用パーティクボード		9	JIS A5908-2015			
構造用MDF		9	JIS A5905-2014			
石膏ボード（屋内壁）		12	JIS A6901-2005	GNF40 または GNC40		0.9
前記のうち二つまたは三つを併用した壁（併用可能かどうか令第46条表1（9）、昭56建告第1100号第1第11号、第12号、第13号を確認すること）						倍率の和 上限7.0
国土交通大臣が前記と同等以上の耐力を有するものとして認める軸組、国土交通大臣の認定を受けたもの						大臣の定める数値

072

柱小径の基準見直し

従来の「軽い屋根」「重い屋根」で分類されていた柱の小径は、個別の建築物荷重に応じたサイズにすることとなった。壁量算定の早見表（70頁）や表計算ツールの中で求められる。1本の柱が負担する面積について表計算ツールでは求められるが、早見表では明示されていない。そこで表計算ツールで早見表の条件を入力してみると、その負担可能面積は5㎡であることが判る。5㎡は1間×1.5間であり、オーソドックスな柱配置を想定している。よって、スパンを飛ばしているところに独立柱がある場合などは、表計算ツール中の「柱の小径別に柱の負担面積を求める場合」でチェックしたほうがよい。

表計算ツールの「柱の小径別に柱の負担面積を求める場合」の表であれば樹種も選べるので、コスト調整のときにも役立つ便利なツールといえる。

表計算ツール｜スギ無等級材として小径を求める場合（早見表と同じ算定方法）

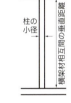

階	出力結果	
	de/l *1	柱の小径de*2 (mm以上)
2階	1／34.5	78
1階	1／27.5	101

*1 柱の必要小径de／横架材間距離l
*2 スギ、無等級材

壁量計算時に必要事項を入力していれば同時に算定される。

表計算ツール｜樹種等を選択して小径を求める場合

柱材の種類		入力値			出力結果	
		JAS規格	樹種等	等級等（積層数）	圧縮の基準強度	柱の小径
2階	①	無等級材	すぎ	—	17.7	78
	②	JAS機械等級区分構造用製材	すぎ	E70	23.4	73
	③	JAS目視等級区分構造用製材	すぎ	一級	21.6	74
	④	国土交通大臣が基準強度の数値を指定した木材等	使用する場合は基準強度を記入			
1階	①	JAS同一等級構成集成材	—	E105-F300（3層）	25.5	94
	②	JASA種構造用単板積層材	—	100E 特級	25.5	93
	③				該当なし	
	④	国土交通大臣が基準強度の数値を指定した木材等	使用する場合は基準強度を記入			

表計算ツール｜柱の小径別に柱の負担可能面積を求める場合

柱材の種類		入力値			圧縮の基準強度Fc (N/mm²)	出力結果：柱の負担可能面積（m²）						
		JAS規格	樹種	等級		105角 長辺・短辺 (mm) 105	120角 長辺・短辺 (mm) 120	任意入力① 長辺 (mm) 90	短辺 (mm) 90	任意入力② 長辺 (mm) 105	短辺 (mm) 105		
2階外周部の柱	①	無等級材	すぎ	—	17.7	18.4	30.5	9.1		18.4			
	②	無等級材	ひのき	—	20.7	21.5	35.6	10.7		21.5			
	③	国土交通大臣が基準強度の数値を指定した木材等		使用する場合は基準強度を記入		0.0	0.0	0.0		0.0			
2階内部の柱	①	無等級材	すぎ	—	17.7	24.9	41.3	12.4		24.9			
	②	無等級材	ひのき	—	20.7	29.1	48.3	14.5		29.1			
	③	国土交通大臣が基準強度の数値を指定した木材等		使用する場合は基準強度を記入		0.0	0.0	0.0		0.0			
1階外周部の柱	①	無等級材	すぎ	—	17.7	6.0	10.2	3.0		6.0			
	②	無等級材	ひのき	—	20.7	7.0	11.9	3.5		7.0			
	③	国土交通大臣が基準強度の数値を指定した木材等		使用する場合は基準強度を記入		0.0	0.0	0.0		0.0			
1階内部の柱	①	無等級材	すぎ	—	17.7	8.3	14.1	4.1		8.3			
	②	無等級材	ひのき	—	20.7	9.7	4.8	16.5		9.7			
	③	国土交通大臣が基準強度の数値を指定した木材等		使用する場合は基準強度を記入		0.0	0.0	0.0		0.0			

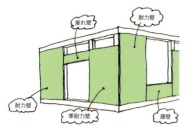

step027
法改正に伴う申請図書 耐力壁・準耐力壁の明示

申請時の耐力壁・準耐力壁の表現方法

準耐力壁等（準耐力壁・垂れ壁・腰壁）を存在壁量に算入する場合は、「耐力壁」「準耐力壁等」を図面に明記しなければならない。従来のやりかたで、平面図に▼2.5などマークと倍率を組みあわせてその耐力壁を表現する方法があるが、そこに準耐力壁・垂れ壁・腰壁まで付け加えると情報が混みすぎてしまう。伏図まで描かずとも下図のような壁量判定用耐力壁図をつくり、併せて凡例を兼ねた耐力壁・準耐力壁の仕様表を入れたい。

（作成例）壁量判定兼耐力壁図

> 耐力壁・準耐力壁等の配置・長さ・柱位置・開口部の位置を記入

> 以下を明示
> ・壁および筋かいの位置および種類
> ・通し柱および開口部の位置
> ・構造耐力上主要な部分である部材の位置および寸法並びに開口部の位置・形状および寸法
> ・耐力壁および準耐力壁等の位置を記入

1階壁量平面図

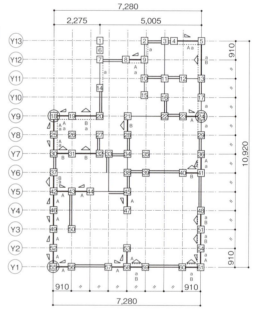

> ここでは外壁の内側に存する準耐力壁等を存在壁量に算入している。間仕切り壁の一部にも準耐力壁等はあるが、将来のリフォームを考えてあえて算入していない

耐力壁・準耐力壁仕様一覧

種類	壁記号	材種名	基準倍率	係数	開口有無	開口高さ(cm)	取付高さ(cm)	下地貼材高さ(cm)	垂れ壁高さ(cm)	腰壁高さ(cm)	下地貼材実高さ(cm)	横架材間内法寸法(cm)	有効壁倍率	最低高さ(mm)	規格	くぎ打ちの方法 種類	くぎ打ちの方法 間隔(mm)
耐力壁	A	筋かい(45×90)(シングル)	2.0	—	—	—	—	—	—	—	—	—	2.00	—	—	—	—
耐力壁	B	筋かい(45×90)(ダブル)	4.0	—	—	—	—	—	—	—	—	—	4.00	—	—	—	—
準耐力壁	a	石膏ボード(床勝ち大壁)	0.9	0.6	無	0.0	0.0	240.0	0.0	0.0	240.0	284.4	0.45	12.0	JIS A6901-2005	GNF40またはGNC40	150以下
準耐力壁	b	石膏ボード(床勝ち大壁)	0.9	0.6	無	0.0	0.0	240.0	0.0	0.0	240.0	273.0	0.47	12.0	JIS A6901-2005	GNF40またはGNC40	150以下

※有効壁倍率＝基準倍率×係数×下地貼材実高さ÷横架材間内法寸法
※本表に記載以外の準耐力壁等の算入は行わない

(1) 必要壁量の算出　(3) 判定　(2) 存在壁量の算出

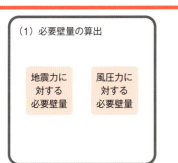

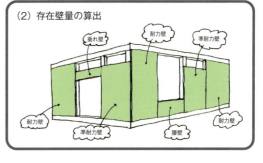

　壁量算定する際の存在壁量は、従来の耐力壁の他、準耐力壁・垂れ壁・腰壁を加算して良い。その際、準耐力壁等の壁量は、基本的に必要壁量の1/2以下までである。（1/2を超えて存在壁量に算入しようとすると取り付く柱の安全性を検証する必要がある。）

2階壁量平面図

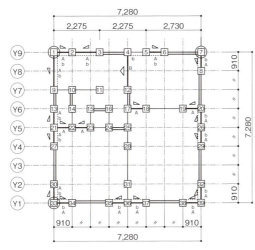

凡例
— 一般壁　— 耐力壁　△ 筋かいダブル　□ 柱
= 開口部　…… 準耐力壁等　▲ 筋かいシングル　◎ 通し柱

壁量判定

階・方向	地震力に対する床面積当たりの必要壁量			風圧力に対する見付面積当たりの必要壁量			必要壁量の決定				存在壁量(cm)	壁量判定 必要壁量≦存在壁量
	床面積(㎡)	係数(cm/㎡)	必要壁量(cm)	見付面積(㎡)	係数(cm/㎡)	必要壁量(cm)	地震力(cm)	記号	風圧力(cm)	必要壁量(cm)		
	A	B	C=A×B	D	E	F=D×E	C		F	G	H	G≦H
2階X方向	53.00	27	1,431.00	19.04	50	952.00	1,431.00	>	952.00	1431.00	2,456.55	OK
2階Y方向			1,431.00	19.04		952.00	1,431.00	>	952.00	1431.00	2,750.93	OK
1階X方向	69.23	34	2,353.82	51.05	50	2,552.50	2,353.82	<	2,552.50	2,552.50	4,381.65	OK
1階Y方向			2,353.82	41.02		2,051.00	2,353.82	>	2,051.00	2,353.82	4,556.83	OK

※風圧力の区分：一般地域　各階ごとにX方向、Y方向のそれぞれについてCとFを比較して大きい方を建築物の必要壁量として採用する
　地震力の必要壁量は、地震割増（令48条4項）を含む（地震割増1.0）

存在壁量の算定

階・方向	壁記号	有効壁倍率	壁長(cm)	存在壁量(耐力壁)(cm)	存在壁量(準耐力壁等)(cm)	存在壁量(合計)(cm)
2階／X方向	A	2.00	1,046.00	2,093.00		2,456.55
	b	0.47	773.00		363.55	
2階／Y方向	A	2.00	819.00	1,638.00		2,750.93
	B	4.00	182.00	728.00		
	b	0.47	819.00		384.93	
1階／X方向	A	2.00	773.50	1,547.00		4,381.65
	B	4.00	637.00	2,548.00		
	a	0.45	637.00		286.65	
1階／Y方向	A	2.00	910.00	1,820.00		4,556.83
	B	4.00	546.00	2,184.00		
	a	0.45	1,228.50		552.83	

準耐力壁等の必要壁量に対する割合の確認

階・方向	必要壁量(cm)	存在壁量(準耐力壁等)(cm)	B／A	判定
	A	B	C	C<1／2
2階／X方向	1,431.00	363.55	0.26	OK
2階／Y方向	1,431.00	384.93	0.27	OK
1階／X方向	2,552.50	286.65	0.12	OK
1階／Y方向	2,353.82	552.83	0.24	OK

※各階・各方向の必要壁量の1／2以下の範囲内で準耐力壁等を加算する場合、準耐力壁等を考慮せずに壁配置のバランスの確認を行う。また、壁倍率が1.5倍以下の準耐力壁等を考慮せずに柱頭・柱脚の接合方法の確認を行う

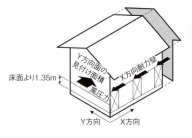

step028
従来通りの風圧に対する壁量計算・四分割法による壁配置

　新2号・新3号建築物は、地震力に対する必要壁量を個々の荷重条件（外装材のほか、太陽光パネルの有無や断熱材の荷重）に応じてその都度求めることとなったが（70頁参照）、風圧力に対する壁量と四分割法は改正前と変っていない。ただし、**風圧力に対する壁量には準耐力壁も加算することができるが、四分割法では耐力壁のみなので注意したい。**

風圧力に対する必要壁量について

風圧力に対する必要壁量（cm）＝風を受ける面の見付け面積（垂直投影面積）（㎡）×見付け面積に乗ずる値（cm/㎡）		
地域	係数（cm/㎡）
特定行政庁が特に強い風が吹くとして定めた地域	50～75の間で特定行政庁が定めた値
その他の地域	50

多くの地域は50cm/㎡だが、特に強い風が吹く地域では、特定行政庁が係数を定めている。

　見付け面積は、各階の床面から1.35m以下の部分を除いた面積である。また、見付け面積は通り芯で算定するのではなく、壁の厚さや屋根の厚さを考慮した外側の線で算定する。スキップフロアについては、中2階の床レベルを2階にカウントしたほうが安全である。

　改正前と変わらないのだが、今まで申請図書には壁量計算書が不要だった（一級建築士の場合）ために、本来X方向の壁量をカウントするところ、間違えてY方向で取っていた事例が多数見つかっているらしい。ここに改めて図示しておきたい。風圧におけるX方向の必要壁量はY方向の見付面積で計算する。

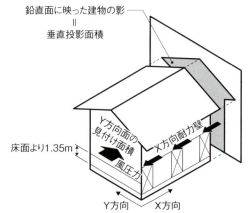

四分割法（壁配置のバランス）

　改正前と変わらないが、概略は説明しておきたい。耐力壁の配置が偏っていると、地震力や風圧力が加わったときに、建築物がねじれて耐震性が損なわれる。壁配置のバランスを確認する方法として、平12建告第1352号に「四分割法」が定められている。改正後の地震力に対する必要壁量は、準耐力壁もカウントして良いことになっているが、**四分割法は改正前と同じ、**つまり「耐力壁のみ」で計算する。また、バルコニーや屋根付きポーチがある時などは、地震力に対する壁量算定では住宅性能表示制度と同じ"見上げの面積"を使うが、**四分割法は、当該階の床面積で計算をする。**

　具体的な手順としては、まず最初に建築物の平面を1/4ごとに区切り、各階・各方向の側端部分の床面積を求める。そして各側端部分の床

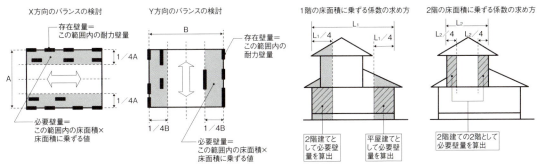

<参考>四分割法判定表

階	方向	位置	有効面積 (㎡) ①	壁量係数 (cm/㎡) ②	地盤割増 ③	必要壁量 (cm) ④=①×②×③	存在壁量 (cm) ⑤	壁量充足率 ⑥=⑤÷④	壁量充足率判定 ⑥>1.00	壁量比 ⑦=⑥小÷⑥大	壁比率判定 ⑦≧0.5
2	X	上	13.25	27	1.0	357.75	637.00	1.78	OK	(0.87)	(OK)
		下	13.25	27	1.0	357.75	728.00	2.03	OK		
	Y	左	13.25	27	1.0	357.75	910.00	2.54	OK	(0.79)	(OK)
		右	13.25	27	1.0	357.75	728.00	20.3	OK		
1	X	上	11.68	20（*）	1.0	233.60	455.00	1.95	OK	(0.83)	(OK)
		下	19.88	34	1.0	675.92	1,092.00	1.62	OK		
	Y	左	13.25	34	1.0	450.50	1,456.00	3.23	OK	(0.83)	(OK)
		右	19.88	34	1.0	675.92	1,820.00	2.69	OK		

・壁量係数欄の（*）は2階が乗らない領域のため平屋の係数を用いたことを表す
・壁比率判定は、壁量充足率が全てOKの場合記入不要だが、参考として（ ）を付けて記入している

面積に、早見表や表計算ツールを使って算出した地震力に対する壁量を乗じて、側端部分の必要壁量を算出する。

次に、各階・各方向の側端部の存在壁量を求め壁量充足率を算出して、すべて（2階建てなら計8個の側端部）の充足率が1以上であれば適合となる。1未満の場合は、壁率比を算出して0.5以上あれば適合となる。

壁量充足率とは？
・側端部分の存在壁量が必要壁量に対してどの程度足りているか

$$壁量充足率 = \frac{存在壁量}{必要壁量}$$

壁率比とは？
・壁量がどの程度偏っているか

$$壁率比 = \frac{壁量充足率の小さい側}{壁量充足率の大きい側}$$

step029

柱頭柱脚金物の選定方法

金物選定にはN値計算による方法と平12建告1460号（以下、告示）による方法がある。

▍N値計算について

平屋建て・2階建ての2階
2階建ての1階で上に2階がない部分

$$N = (A_1 \times B_1) \times H_1 / 2.7 - L$$

- N ：N値
- A1：検討する柱の両側の壁倍率の差
  （筋かいの場合は下表の補正値を加える）
- B1：出隅の場合0.8、その他の場合0.5
- L ：出隅の場合0.4、その他の場合0.6
- H1：当該階の横架材の上端の相互間の垂直距離
  ただし、3.2m以下は2.7とする

2階建ての1階で上に2階がある部分

$$N = (A_1 \times B_1) \times H_1 / 2.7 + (A_2 \times B_2) \times H_2 / 2.7 - L$$

- N・A1・B1・H1は左記と同じ
- A2：検討する柱に連続する2階の柱の両側の壁倍率の差
  （筋かいの場合は下表の補正値を加える）
- B2：出隅の場合0.8、その他の場合0.5
- L ：出隅の場合1.0、その他の場合1.6
- H2：当該階に連続する壁における2階の横架材の上端の相互間の垂直距離．ただし、3.2m以下は2.7とする

今回の改正により、N値計算の算定式は変更になった。従来は階高を便宜上2.7mとしていたが、高階高のケースが多くなってきたため、計画している階高が3.2mを超える場合に2.7mに対する割合を組み込むことになった。

ややこしいのが、耐力壁に筋かいを使うと「検討する柱の両側の壁倍率の差」に補正値を加える際に、筋かいの向きによって補正値が変わることである。柱頭に筋かいがあると柱に引張が増え、柱脚に筋かいがあると引張が分担され柱の応力が減じるからである。右図より、該当する筋かいの向きと種類で補正値を見つけてほしい。

検討する柱がX・Y両方向で耐力壁が取り付いている場合、各々でN値を求め、大きい方で金物を決めるところも要注意である。チェック漏れ防止のために、柱に番号を付けておくとよい。構造ソフトを持っていれば確認申請図書にN値計算の書類を添付すればよいが、ソフトを持たない設計者は次頁上のような表を作成して申請図に貼り付けることになる。

柱に取り付く筋かいの種類と位置による補正値

		鉄筋≧φ9又は木材≧15×90	木材≧30×90	木材≧45×90	木材≧90×90	備考
柱の片側のみに筋かい		0	0.5	0.5	2.0	0
		0	−0.5	−0.5	−2.0	
		鉄筋≧φ9又は木材≧15×90	木材≧30×90	木材≧45×90	木材≧90×90	備考
	鉄筋≧φ9又は木材≧15×90	0	0.5	0.5	2.0	0
	木材≧30×90	0.5	1.0	1.0	2.5	
	木材≧45×90	0.5	1.0	1.0	2.5	
	木材≧90×90	2.0	2.5	2.5	4.0	
		鉄筋≧φ9又は木材≧15×90	木材≧30×90	木材≧45×90	木材≧90×90	
柱の両側に筋かい	鉄筋≧φ9又は木材≧15×90	0	−0.5	−0.5	2.0	
	木材≧30×90	0.5	0	0	1.5	
	木材≧45×90	0.5	0.5	0.5	1.5	
	木材≧90×90	2.0	1.5	1.5	2.0	
		鉄筋≧φ9又は木材≧15×90たすき掛け	木材≧30×90たすき掛け	木材≧45×90たすき掛け	木材≧90×90たすき掛け	備考
	鉄筋≧φ9又は木材≧15×90	0	0	0	0	0
	木材≧30×90	0.5	0.5	0.5	0.5	
	木材≧45×90	0.5	0.5	0.5	0.5	
	木材≧90×90	2.0	2.0	2.0	2.0	
				0		

078

＜参考例＞1階柱頭柱脚金物算定表

柱	方向	1階 柱状況	パターン	補正値	A1	B1	2.9/2.7	柱	2階 柱状況	パターン	補正値	A2	B2	L	2.8/2.7	N	接合金物 柱頭	柱脚
4	X	下屋/他柱	0.0 ＼2.0	0.5	2.5	0.5	1.08							0.6	1.04	0.65	(ろ)	(ろ)
5	X	下屋/出隅	2.0＼ 0.0	-0.5	1.5	0.8	1.08							0.4	1.04	0.80	(と)	(と)
5	Y	下屋/出隅	4.0× 0.0	0.0	4.0		1.08								1.04	2.80	(と)	(と)
8	X	下屋/他柱	0.0 ／2.0	-0.5	1.5	0.5	1.08							0.6	1.04	0.15	(ろ)	(ろ)
9	X	下屋/他柱	2.0／ 0.0	0.5	2.5	0.5	1.08							0.6	1.04	0.65	(ろ)	(ろ)
13	Y	下屋/他柱	0.0 ×4.0	0.0	4.0	0.5	1.08							0.6	1.04	1.40	(に)	(に)
18	X	出隅	0.0 ／2.0	-0.5	1.5	0.8	1.08	1	出隅	0.0 ＼2.0	0.5	2.5	0.8	1.0	1.04	2.20	無(通し柱)	(と)
18	Y	出隅	2.0＼ 0.0	-0.5	1.5	0.8	1.08	1	出隅	2.0／ 0.0	0.5	2.5	0.8	1.0	1.04	2.20	無(通し柱)	(と)
19	X	他柱	2.0 ×4.0	0.5	2.5	0.5	1.08	2	他柱	2.0＼ ／2.0	0.0	0.5	0.5	1.6	1.04	-0.35	(い)	(い)
20	X	他柱	4.0× 0.0	0.0	4.0	0.5	1.08	3	他柱	2.0／ ／2.0	0.0	0.5	0.5	1.6	1.04	1.65	(へ)	(へ)

準耐力壁の扱いについて

準耐力壁等を存在壁量として算入するしないにかかわらず、耐力壁のみで接合方法を確認すればよい。ただし、**壁倍率が1.5倍を超える準耐力壁等は、準耐力壁等の倍率（面材の基準倍率×0.6）を用いてN値計算を行う。**例1のように構造用合板片面張りは丁度1.5倍なので、それより倍率の高い面材や構造用合板の両面張りは使わないほうが無難であろう。

告示を使う方法

一方、告示の方も注意すべき点がある。まず、**階高は3.2m以下に限られる。**それを超える場合はN値計算か構造計算をすることになる。また、壁倍率が7倍まで使えるようになったが、**現時点で告示は4倍（45×90㎜たすき掛け）までしか対応していない。**そして、告示の拡大解釈は許されていない。昨今、構造用合板以外に石膏ボード系や火山性ガラス質系、ケイ酸カルシウム系の構造用面材の透湿抵抗が低く壁内結露防止に有効なことから広く普及してきているが、この告示で表記されている面材には該当しない。表中の「**構造用合板等**」は構造用合板の他は、**構造用パーティクルボード、構造用MDF、構造用パネル（OSB）**だけである。このように、告示を使おうとすると制限が多いので、N値計算に慣れることを推奨したい。2025年改正後は、使用金物について告示によるのかN値計算書を付けるのか申請図書に明示し、根拠を付けることになる。

例1） 片方が構造用合板2.5倍、他方が天井までの構造用合板2.5倍片面張り
「当該柱の両側の壁倍率の差」
　＝「2.5」－「0」＝「2.5」
　　　　　　　↑
　2.5×0.6＝1.5…「0」となる

例2） 片方が構造用合板2.5倍、他方が天井までの構造用合板2.5倍両面張り
「当該柱の両側の壁倍率の差」＝「2.5」－「（2.5＋2.5）×0.6」＝「-0.5」→「0.5」

柱頭・柱脚の接合部仕様（平12建告第1460号）

軸組の種類 ＼ 柱の位置	平屋または最上階 出隅の柱	平屋または最上階 その他の軸組端部の柱	2階建ての1階 上階:出隅 下階:出隅	2階建ての1階 上階:出隅 下階:平部	2階建ての1階 上階:平部 下階:平部
木ずり等を柱・間柱の片面又は両面に打ち付けた軸組	(い)	(い)	(い)	(い)	(い)
木材≧15×90の筋かい又は鉄筋≧φ9の筋かい	(ろ)	(い)	(ろ)	(い)	(い)
木材≧30×90の筋かい（筋かいの下部が取り付く柱）	(ろ)	(い)	(に)	(ろ)	(い)
木材≧30×90の筋かい（その他の柱）	(に)	(ろ)	(に)	(ろ)	(い)
木材≧15×90の筋かい又は鉄筋≧φ9の筋かいをたすき掛け	(に)	(ろ)	(と)	(は)	(ろ)
木材≧45×90の筋かい（筋かいの下部が取り付く柱）	(は)	(ろ)	(と)	(は)	(ろ)
木材≧45×90の筋かい（その他の柱）	(ほ)	(は)	(と)	(は)	(ろ)
構造用合板等※	(ほ)	(ろ)	(ち)	(へ)	(は)
木材≧30×90の筋かいをたすき掛け	(と)	(は)	(り)	(に)	(に)
木材≧45×90の筋かいをたすき掛け	(と)	(に)	(ぬ)	(ち)	(と)

※昭56建告第1100号別表第一（四）項又は（五）項に定める方法で打ち付けた壁

準耐力壁の取扱いについて
「確認申請・審査マニュアル」ではN値計算同様としているので「構造用合板等」片面張は算入しないが、両面張り（2.5×2×0.6＝3倍）の準耐力壁ならば、上の表に当てはめて柱脚・柱頭金物を決めればよいと解釈される。

step030
法改正に伴う申請図書仕様表の活用

　法改正に伴って記載すべき内容が大幅に増え、構造伏図の提出義務化が考えられていたが、最終的には伏図の代わりに仕様表の形式で構造上の安全性を確認できればよい事になった。

　以下に国交省住宅局が編集協力した「改正建築基準法　2階建ての木造一戸建て住宅（軸組構法）等の確認申請・審査マニュアル」で紹介されている仕様表の例を示すので、参考にするとよいであろう。

　こういった仕様表ではなく他の図面での記載や自社の特記仕様表を使って仕様表に代える等、申請図書での表記方法は自由だが、審査する側のチェック項目をこの仕様表は網羅しているので、自社の申請図書とよく照らし合わせて漏れがないようにしたい。

赤字：記載の例

住宅の名称	○○様邸（東京都○○市○○町○-○-○）
仕様が複数ある場合、必要最小限の仕様のもの、または仕様の範囲を以下に記載	

項目	小項目		仕様	備考
建築材料 （法第32条）	基礎コンクリート	JIS	設計基準強度Fc：24N／㎟以上 スランプ：18㎝以下"	
	基礎鉄筋	JIS	SD295	
令第2章第2節（居室の天井の高さ、床の高さおよび防湿方法）	居室の床の高さおよび防湿方法（令第22条）	床の高さ	640（直下の地面（BM+400）から）	
		防湿方法	ねこ土台（有効換気面積75㎠/m）	
令第3章第2節 （構造部材等）	構造部材の耐久 （令第37条）	構造耐力上主要な部分	腐食、腐朽、摩損のおそれのあるものに腐食等防止の措置	
	基礎 （令第38条）	支持地盤の種別および位置	砂質地盤（GL-0.5m）	
		基礎の種類	鉄筋コンクリート造べた基礎	
		基礎の底部の位置	地盤面からの深さ：GL-100、根入れ：GL-300）	
		基礎の底部に作用する荷重の数値・算出方法	地盤の許容応力度 30kN／㎡	
		木ぐいおよび常水面の位置	対象外（木ぐいなし）	
		鉄筋	主筋：D13、立上り・底盤・開口補強筋：D10	フック有
	地盤調査 （令第38条）	地盤調査	SWS試験	SWS試験結果に基づく地盤調査報告書
		地盤改良	該当なし	
	屋根ふき材等 （令第39条）	屋根ふき材の固定方法	平部：全数固定、棟部：ねじ固定、軒・けらば：ねじ3本固定	
		屋外に面する部分のタイル等の緊結方法	該当なし	
		太陽光システム等を設置した際の防錆処理	該当なし	
令第3章第3節 （木構造）	木材 （令第41条）	木材の規格（JAS）または等級	横架材、柱材、筋かい等、その他：無等級材 　耐力上の欠点がないこと	
	土台および基礎 （令第42条）	柱脚の固定方法	土台120×120（ヒノキ、無等級材）を設ける	
		土台の固定方法	アンカーボルト（M12）+座金（厚）4.5×40角欠ける14φにより緊結、柱から200以内に設置（設置間隔：2,700以内）	Zマーク表示金物または同等認定品
	柱の小径 （令第43条）	横架材間距離	1階：小径120㎜、横架材相互間の垂直距離の最大2,844㎜ 柱の小径と横架材間内法寸法の比率1／23.7 2階：小径120㎜、横架材相互間の垂直距離の最大2,730㎜ 柱の小径と横架材間内法寸法の比率1／22.8	
		柱断面の欠き取り（1／3以上）の有無	1／3以上欠き取る場合は適切に補強	
		2階建ての隅柱	通し柱または同等の補強（N値計算による）	
		有効細長比（最大値）	1階：座屈長さ2,844㎜、断面最小二次率判型34.64 柱の有効細長比＝82.1<150 2階：座屈長さ2,730㎜、断面最小二次率判型34.64 柱の有効細長比＝78.9<150	座屈長さ＝横架材相互間内法

項目	小項目	仕様		備考
令第3章第3節 （木構造）	梁等の横架材 （令第44条）	中央付近の下側の耐力上支障のある欠き込み	欠き込みなし	
	筋かい （令第45条）	筋かいの断面	45×90	
		筋かいの欠き込み	原則欠き込みなし （必要な場合）たすき部補強：両面から短冊金物（S）当て六角ボルト（M12）締め、スクリュー釘（ZS50）打ち	Zマーク表示金物または同等認定品
	構造上必要な軸組 （令第46条）	第1項	主要な梁せい：スギ（120×120～240）	
		第3項 床組・小屋ばり組の火打、構造用合板等、揺れ止め	床組：構造用合板（厚）24 小屋ばり組：火打ちばり（木製）、揺れ止め：設置 火打土台：スギ（45×90）ユニットバス、土間床部分は除く	
		第4項 壁量基準（耐震・耐風）	筋かい（45×90シングル、ダブル）、配置は壁量平面図による	
	継手・仕口 （令第47条）	筋かい端部	緊結方法：筋かいプレート（BP2等）	Zマーク表示金物または同等認定品
		耐力壁両側柱頭・柱脚	N値計算による	N値計算書
		その他の柱頭・柱脚	かど金物（CP-L）等	Zマーク表示金物または同等認定品
		小屋組の接合方法	耐風性向上のための接合部仕様 垂木-軒桁接合：ひねり金物ST-15 垂木-母屋接合：鉄丸くぎ2-N75 2本斜め打ち 小屋束-小屋ばり・小屋束-母屋接合：かすがいC120両面打ち	平12建告第1460号 基準風速：34m／s 樹種：J3（スギ） Zマーク表示金物または同等認定品
	防腐措置等 （令第49条）	鉄網モルタル下地等の防水措置	該当なし	
		構造耐力上主要な部分の柱、筋かい、土台	地面から1mの範囲で防腐・防蟻処理	
令第3章第4節の2 （補強コンクリートブロック造）	塀 （令第62条の8）	構造方法	控え壁なし	塀の高さ＝1,200
		材料の種別	建築用コンクリートブロックA種	
		壁の厚さ	150	
		補強筋	壁内部 縦横に80cm間隔にD10配置 横筋：壁頂点、基礎補強筋、縦筋：壁端部、隅角部D10	
		補強筋端部	端部はかぎ状に折り曲げ、交差する鉄筋にかぎ掛け	
防火構造 延焼のおそれのある部分	屋根 （法第22条）	仕上	粘土瓦（防災瓦）	瓦・不燃材料
		野地板	構造用合板特類（厚）12 鉄丸くぎN38 150ピッチで垂木に固定	
		防水紙	改質アスファルトルーフィング940（22kg）	
	外壁 （法第23条）	仕上	窯業系サイディング（厚）18 通気構造	準防火材料（認定番号XX）
	軒裏 （令第108条）	仕上	繊維混入ケイ酸カルシウム板（厚）10 EP	
居室の内装	内装材 （令第20条の7）	内装材（複合フローリング、集成材、ビニルクロス、化粧石膏ボード、襖紙、内装・収納ドア、洗面化粧台、キッチンセット、接着剤）	すべてF☆☆☆☆	すべての居室
居室の換気	換気設備 （令第20条の8）	機械換気設備の構造	第3種機械換気設備80㎥／h×2基（1、2階便所に設置）、各居室に給気口設置 台所はレンジフードによる（換気量○○㎥／h）	内装ドアにはアンダーカット H＝10、または換気ガラリ設置
		天井裏等（合板、構造用合板、収納内部、石膏ボード）	すべてF☆☆☆☆	すべての天井裏等
給排気衛生設備	建築設備の構造強度 （令第129条の2の3）	昇降機以外の建築設備の構造方法	建築物に設ける昇降機以外の建築設備の安全設置に関する平12建告第1388号および同左第5改正（平24国交告第1447号）の構造方法に従い設置	平25国住指第4725号（給湯設備の転倒防止に係る技術水準の改正 技術的助言）
	給水、排水その他の配管設備 （令第129条の2の4）	給水・給湯管材料	引込：ステンレス管 敷地内：耐衝撃硬質塩化ビニル管 住戸内：架構ポリエチレン管	
		排水管材料	排水桝：コンクリート製桝、硬質塩化ビニル製桝 排水管：硬質塩化ビニル製排水管 地中埋設管：防食テープにて処理 排水勾配：1／100以上 管径は上下水道局の基準による	
		水栓	吐水口空間を有効に確保する	
特定行政庁が条例、規則で定める規定	法第40条		─	
	法第41条		─	

081

step031
2025年からの省エネ基準適合義務

　2025年4月より、戸建て住宅においても、省エネ基準への適合が義務付けられる。その内容は、品確法に基づく住宅性能表示制度の断熱等級4（6地域の場合UA値=0.87かつηAC値2.8）、一次エネルギー消費量等級4（BEI≦1.0）である。基準適合義務施行と同時に、説明義務制度で活用されていた「モデル住宅法」や「簡易入力版Webプログラム」等は廃止される。また、省エネ適合が義務になるので、これまでの建て主への説明義務は無くなる。もっとも昨今の一般ユーザーは断熱のレベルを知りたがる（あるいは等級を指定してくる）傾向にあるので、法的義務はなくても、成果物の一つとして説明したほうがよいであろう。

省エネ性能の評価方法

　評価方法は、住宅の場合、1～8の地域ごとに設定されている「仕様基準」に適合させれば、各建材の断熱性能や外皮面積などを入力する必要はなく省力化ができる。また、省エネ適判の申請も不要なので審査関係の時間短縮も計れる。ただし、プログラムを使った標準計算と比べると、一般的な住宅ではオーバースペック側に働くが、開口率が外皮面積の15％を超えるような開放感の高い住宅ではアンダースペックになるケースが増えるようである。建設コストをできるだけ抑えたい場合や、開口率の高い住宅を断熱面で建主に安心してもらうには、プログラムを使った標準計算をして省エネ適判を受けたほうがよい。

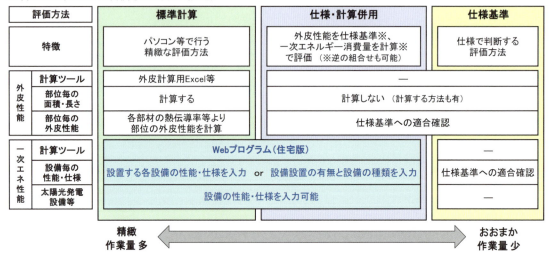

■省エネ基準に基づく評価方法ん概要（住宅）

既存建築物の取り扱い

　既存建築物は省エネ基準への適合は求められない。修繕・模様替えを行う場合も省エネ基準への適合は不要である。しかし、既存建築に対して増改築する場合、当該増改築部分についてのみ省エネ基準への適合が求められるので注意したい。

計算不要の仕様基準とは

　国土交通省のHP内「建築物省エネ法のページ＞資料ライブラリー」ページで、地域別の仕様基準ガイドブックと適否チェックリストがダウンロードできる。

　使い方は、断熱材の製品名と厚さと熱抵抗値（熱貫流率の逆数）を記入し「適・不適」のチェック、外部建具の製品名とガラスの種類・熱貫流率を記入し「適・不適」のチェック、設備機器は暖冷房・換気・給湯・照明の4項目で該当するものにチェックするだけである。断熱材と外部建具は「不適」が無ければよく、設備4項目は該当しない設備になっていなければよい。右下の省エネ基準適否の欄の「適合」にチェックを入れて終了となる。

「建築物省エネ法・木造戸建住宅の仕様基準ガイドブック」より

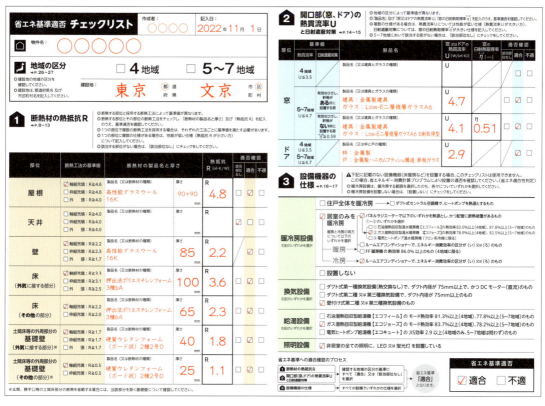

省エネ計算を行うタイミング

　見積り調整で減額案を作る時、断熱材の見直しが起こりがちだと思う。例えば、透湿抵抗比の検討や内部結露計算を行って気密フィルムを省略する、性能値を変えないで断熱材を変える、性能を少しだけ落とす等々、目に触れないところから減額案を考えがちである。サッシの性能を落とすこともの候補に挙がるであろう。等級5や等級6を建て主から要望されているときは、基本設計がまとまった段階でざっくり省エネ計算をしておきたい。そして正積算から減額する段階で省エネ計算を再度行い、目標値をクリアしない場合は、断熱に関する減額を建主と協議したい。その後、建築確認と省エネ適判を同時申請となる。義務である等級4が断熱の目標である場合は、仕様基準で入れておき、正積算の金額調整時に省エネ計算をして減額するというやり方が設計期間の短縮につながると思われる。

083

step032

確認申請手続きの流れを把握しよう

　2025年の法改正により、建築確認や申請後の計画変更は、時間も費用もより多くかかることになるであろう。省エネ計算は工事金額をFixさせるあたりから始めることになると思われ、そうすると確認申請は実施設計終了後ということになる。今回の基準法の改正は設計者はもちろんのこと審査側も手探り状態が当面続くであろうから、建築確認を出す時期が迫っていなくても、設計中の疑問を自己判断のままにせず、検査機関と事前協議を行って議事録にしておいたほうがよいであろう。

　性能表示制度、長期優良住宅、フラット35など、建築確認以外の検査も併せて受ける場合は、審査機関によって、また組み合わせによって、手続き、費用が異なってくる。

　建築確認申請自体には建築基準法上に検査期間の定めがあるが、その他の手続きには定めがないため、審査には思いがけず、数カ月もの時間がかかる場合もある。これらの所要期間についても、事前に指定検査機関に問い合わせると一般的な検査期間を教えてもらえるので、ヒアリングのうえ、着工までのスケジュールに影響が出ないように、時間的な余裕を持って取り組みたい。

　一方で、指定確認検査機関の整備によって遠隔地の業務でも確認申請およびその打ち合わせや図面修正のために、現地まで出かける必要のなくなったことは、設計者の負担が減ぜられたという点からは好ましいことである。

　それぞれの地域地区独自の規制があることも多いので、特に遠隔地の場合は、注意深く現地の情報を収集するように心がけるべきであろう。地方には市街化調整区域も多く、開発許可には多大な労力が必要である。自治体による独自の各種助成金などの制度のほか、風致地区、自然公園、浄化槽設置届け、建築協定など、申請前に協議を済ませておかなければならない地域も多い。風致地区や自然公園地域のように意匠上の制限が定められているケースもある。一度も敷地を訪れずに設計を進めることもまれではあろうが、必ず計画の早い段階で現地の役所に出向いてヒアリングを行いたい。

　確認申請のスケジュールを立てるうえでも、これらの手続きの中には、建築確認の前に済ませておかなければならないいわゆる事前協議の場合と、並行して手続きの進められるもの、またまったく単独のものとがあるので注意が必要である。

■事前協議リスト

その他地域・地区	関係諸申請	
□ 埋蔵文化財（包蔵地）	□ 中高層事前協議	□ ごみ置場協議
□ 風致地域（第　　種）	□ 下水道事前協議	□ 区画整理法76条申請
□ 宅地造成規制区域	□ 都計法53条許可申請	□ 開発行為
□ 土地区画整理区域	□ 法43条許可申請	□ 農地転用
□ 地区計画	□ ワンルーム規制	□ 開発指導要綱
□ その他	□ 既存宅地確認	□ 分家申請
	□ 狭あい道路申請	□ 緑化開発申請
	□ 建築に関する指導要綱	□ 受水槽事前協議
	□ 建築協定	□ 路地用敷地

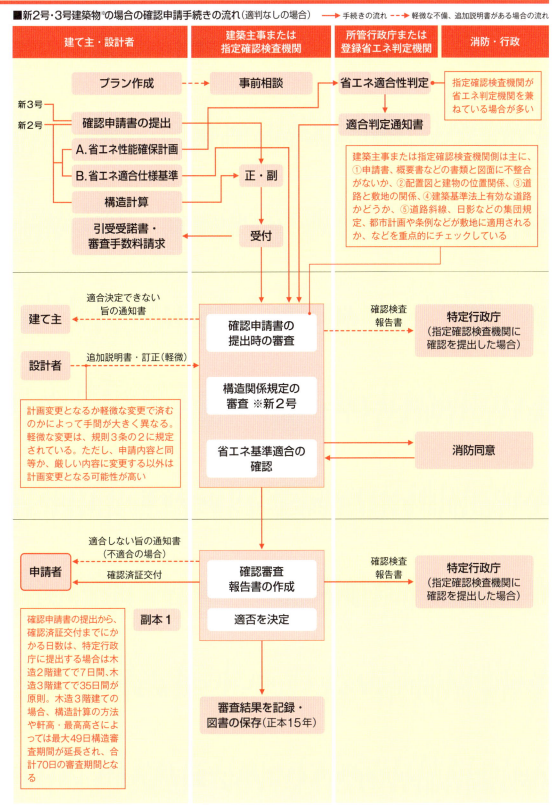

step033

確認申請時の添付図書を確認しよう

　確認申請に用いる図面は、あくまでも申請のための書類であるとの認識が必要と思われる。

　審査に必要な情報を、簡素に見やすく、漏れのないように記入し、逆に家具や植栽、壁下地の線など意匠上の表現や不必要な線は消しておいたほうがよい。また、図面間で室名に齟齬がないかを特に気をつけたい。審査対象でなくとも一度提出した図面は最後まで残るので、たとえ許可に関係のない内容であっても、完了検査の際に現状と図面とに異なる部位があると、変更届けを求められることさえある。

　工務店が図面から施工上必要な情報を読み取る場合や、建て主が意匠的な内容を読み取る場合とは異なり、審査は図面に記入されている言葉と数字に対して行われるとさえいってもよく、その部分に関してはより注意深く対処する必要があろう。

　準備すべき書類や資料内容は、確認審査機関によって若干異なるので注意が必要である。

■確認申請時の添付図書

確認申請図書	有無	主な記載事項
付近見取図	あり	□方位　□北側・高度斜線がかかる場合の真北決定の根拠　□隣地の建物用途
配置図	あり	□方位　□土地の高低　□擁壁など　□建築物高さ　□給排水経路など
各階平面図	あり	□各室の床面積　□延焼のおそれのある部分
敷地面積・建築面積・床面積求積図	あり	□建ぺい率・容積率にかかる事項
2面以上の立面図	あり・なし	□開口部（防火設備）の位置　□採光算定垂直距離など
2面以上の断面図	あり・なし	□前面道路の中心線　□道路斜線　□高度斜線など
地盤面算定表	あり	□平均GLの算定など
室内仕上げ表	あり	□使用材料表　□大臣認定書やJAS材などに対応した認定番号の記入
使用建築材料表（シックハウス）	あり	□使用材料表　□大臣認定書やJAS材などに対応した認定番号の記入
有効換気量およびその計算書	あり・なし	□地階における住宅等の居室など
日影関係図書	あり・なし	□30分ごとの日影形状　□日影時間　□等時間日影線　□日影形状算定表
天空率関係図書	あり・なし	□制限適合建築物の配置図　□制限適合建築物の2面以上の立面図　□天空率算定表
換気設備関係図書	あり・なし	□コンロなどの換気計算　□フードの位置・材料・種別　□給気口の位置など
給排水、ガスその他配管設備関係図書	あり・なし	□配管設備の材料種別　□経路　□防火区画貫通処理方法など
浄化槽関係図書	あり・なし	□人槽算定　□仕様書など
都市計画法等の許可または認定書の写し	あり・なし	□狭あい道路　□位置指定道路など　□開発許可
各種認定書の写し（別添含む）	あり・なし	□型式適合認定（法68条の10） □認定型式部材等に関する確認および検査の特例（法68条の20）
仕様表	あり・なし	80〜81頁参照（図面に記載していないものを文字情報で補足）
構造詳細図	あり・なし	□屋根　□外壁　□基礎
壁量判定兼耐力壁図	あり・なし	□耐力壁・準耐力壁等仕様一覧　□存在壁量算定　□必要壁量算定・壁量判定 □準耐力壁等の必要壁量に対する割合
四分割法判定	あり・なし	□側端部分の必要壁量　□側端部分の存在壁量　□四分割法判定
柱頭柱脚金物算定（N値計算法）	あり・なし	□N値計算表（各階）　□使用金物一覧
許容応力度計算	あり・なし	□壁量計算　□壁配置バランス　□水平構面　□柱頭柱脚の接合方法 □柱・梁・横架材などの部材検討　□基礎設計
仕様基準	あり・なし	□断熱材性能値　□開口部性能値　□設備ごとの効率値
省エネ計算書	あり・なし	□Webプログラム
設計内容説明書（省エネ）	あり・なし	□外皮の概要　□設備の概要　□一次エネルギー消費量
機器表（省エネ）	あり・なし	□空調設備　□機械設備　□照明設備　□給湯設備　□昇降機

■ 確認申請図（配置図）の記入ポイント

> 高さがデリケートな建物なので、チェックポイントを慎重に配置している

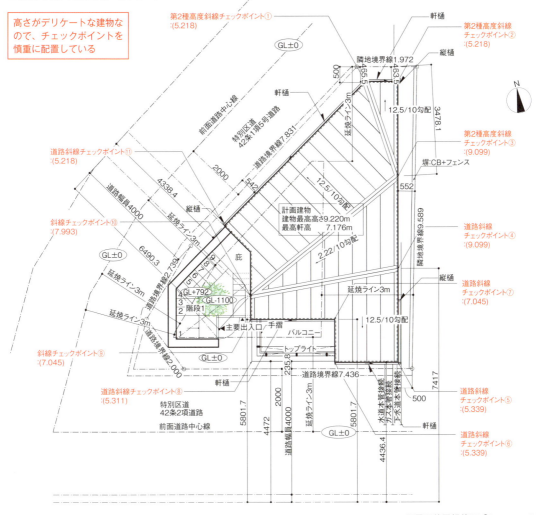

配置図兼屋根伏図［S＝1：120］

チェック内容

- 絶対高さ：規制なし
- 日影規制：建物最高高さ10m未満のため検討不要
- 隣地斜線：建物最高高さ20m以下のため検討不要
- 第2種高度地区：5m+1.25/1
  （北側斜線は、10m+1.25/1なので、規制の厳しい高度斜線で両方の検討とする）
  *チェックポイント①5.218：5+0.465×1.25+0.121＝5.702＞5.218m…OK
  *チェックポイント②5.218：5+0.463×1.25+0.121＝5.700＞5.218m…OK
  *チェックポイント③9.099：5+3.478×1.25+0.121＝9.469＞9.099m…OK

- 道路斜線：1.25/1
  *チェックポイント④9.099：7.417×1.25＝9.271＞9.099m…OK
  *チェックポイント⑤5.339：4.436×1.25＝5.545＞5.339m…OK
  *チェックポイント⑥5.339：4.436×1.25＝5.545＞5.339m…OK
  *チェックポイント⑦7.045：5.802×1.25＝7.232＞7.045m…OK
  *チェックポイント⑧5.311：4.472×1.25＝5.590＞5.311m…OK
  *チェックポイント⑨7.045：5.802×1.25＝7.253＞7.045m…OK
  *チェックポイント⑩7.993：6.490×1.25＝8.113＞7.993m…OK
  *チェックポイント⑪5.218：4.338×1.25＝5.423＞5.218m…OK

- 平均GL＝設計GL-121（別紙算定図による）

> 参考図は接道条件および建物形状共に複雑であるためチェックポイントの数が多くなっている。通常は四隅と最高点程度をチェックする程度である

step034

軽微な変更の内容を押さえる

　着工後に図面と現場の状況に何かしらの不整合が発生することがある。その場合、変更箇所の工事着手までに、計画変更の建築確認を行い、再度確認済証を受けるのが原則である。ただし「軽微な変更」の判断基準に該当するのであれば、計画変更手続きは不要になる。

　中間または完了検査時にその内容を説明書にて報告すればよい。

　現場で発生する変更は、その対応を即時に判断すべきであることが多いので、「軽微な変更」のあらましは覚えておいた方がよい。

■計画変更手続きを要しない軽微な変更（規則第3条の2抜粋）

規則第3条の2	対象	変更内容	備考
第1号	道路の幅員	大きくなる	敷地境界線が変更されない場合に限る
	接道長さ	全て	2m以上に限る
第2号	敷地面積	増加	—
	敷地境界線	位置の変更	敷地の一部が除かれる場合を除く
第3号	建築物の高さ	減少	最低限度が定められている場合を除く
第4号	階数	減少	—
第5号	建築面積	減少	日影規制対象で外壁が後退しない場合や最低限度が定められている場合を除く
第6号	床面積	減少	延べ面積の増加、容積率の最低限度が定められているものは除く
第7号	用途の変更	—	令第137条の18で指定する類似の用途相互間に限る
第8号	構造耐力上主要な部分の基礎ぐい・間柱・床版・屋根版・横架材（小梁などに限る）	位置の変更	変更に係る部材およびそれに接する部材以外に応力度の変更がないこと、かつ、構造計算によって安全性が確かめられるものに限る
第9号	構造耐力上主要な部分である部材	材料または構造の変更	建築材料の変更がなく、強度や耐力が減少しないこと、および第13号の表*に掲げる材料や構造への変更に限る
第10号（新設）	変更後も仕様規定のみで法適合を確認できるもの（構造耐力上主要な部分である部材）	材料や構造の変更位置の変更	変更後の建築材料が変更前の建築材料と異なる変更を除く。ただし、火打材、壁・筋かいの建築材料の異なる変更については、軽微変更に該当
第11号	構造耐力上主要な部分以外の部分で、屋根ふき材・内装材（天井を除く）・外装材・帳壁など建築物の部分、広告塔・装飾塔・その他建築物の屋外に取り付けるものやその取付け部分、壁または手すりや手すり壁	材料や構造の変更または位置の変更	第13号の表*に掲げる材料や構造の場合は、防火構造から防火構造、準耐火構造、耐火構造など、同等品以上への変更に限る。間仕切り壁にあっては、主要構造部であるもの、および防火上主要なものを除く
第12号	構造耐力上主要な部分以外の部分である天井	材料や構造の変更または位置の変更	第13号の表*に掲げる材料や構造の場合は、防火構造から防火構造、準耐火構造、耐火構造など、同等品以上への変更に限る。特定天井の場合、建築材料の変更がなく、強度や耐力が減少しないこと。特定天井以外の場合は、特定天井とする変更を除く
第13号	第13号の表*に掲げる材料又は構造（防火材料、シックハウス使用建築材料）	材料または構造の変更	第13号の表*の左欄から右欄への変更（F☆☆からF☆☆☆など、同等品以上への変更）に限る
第14号	井戸	位置の変更	くみ取便所の便槽との間の距離が短くなる変更を除く
第15号	開口部	位置および大きさの変更	直通階段や屋外出口までの歩行距離が長くなるものを除く。避難階段や特別避難階段にかかる開口部を除く。非常用進入口にかかる変更で、進入口の間隔や大きさ、床面からの高さが施行令で規定する範囲外のものは除く
第16号	建築設備	材料、位置または能力の変更	性能が低下する材料の変更や能力が減少する変更を除く
第17号	上記の他		安全上・防火上・避難上の危険の度や、衛生上・市街地の環境保全上の有害の度に著しい変更を及ぼさないものとして国土交通大臣が定めるもの

＊）第13号の表：建築基準法施行規則第3条の2第1項第13号に規定する表

■軽微な変更に該当する変更前後の仕様の組合せ　規則第3条の2第1項第13号に規定する表（抜粋）

変更前の仕様	左欄から変更可能な仕様
不燃材料	不燃材料
準不燃材料	不燃材料、準不燃材料
難燃材料	不燃材料、準不燃材料、難燃材料
準耐火構造	耐火構造、準耐火構造　（変更後の構造における加熱開始後構造耐力上支障のある変形、溶融、破壊などの損傷を生じない時間、加熱面以外の面（屋内に面するものに限る）の温度が可燃物燃焼温度以上に上昇しない時間及び屋外に火炎を出す原因となる亀裂その他の損傷を生じない時間が、それぞれ変更前の構造における加熱開始後構造耐力上支障のある変形、溶融、破壊などの損傷を生じない時間、加熱面以外の面（屋内に面するものに限る）の温度が可燃物燃焼温度以上に上昇しない時間及び屋外に火炎を出す原因となる亀裂その他の損傷を生じない時間以上である場合に限る）
防火構造	耐火構造、準耐火構造、防火構造
特定防火設備	特定防火設備
第2種ホルムアルデヒド発散建築材料	第1種ホルムアルデヒド発散建築材料以外の建築材料
第3種ホルムアルデヒド発散建築材料	第1種及び第2種ホルムアルデヒド発散建築材料以外の建築材料
第1種、第2種及び第3種ホルムアルデヒド発散建築材料以外の建築材料	第1種、第2種及び第3種ホルムアルデヒド発散建築材料以外の建築材料

　建築基準法改正による木造2階建ての構造関連の見直しに伴い、規則第3条の2第1項に、仕様規定の範囲で構造安全性を確認できる建築物についての判断基準が追加された。仕様規定が細やかになった分、**仕様規定に関する構造の変更については広範囲に軽微な変更とみなす**こととなった。厳しいことばかりではないので、以下の内容は覚えておくとよい。

具体的な事例

［事例1］耐力壁の位置・量等の変更（仕様規定）

　変更前後とも、**壁量基準の範囲で壁量が減少、壁倍率が小さくなる場合**でも、仕様規定のみで法適合を確認できる場合、以下の変更は軽微な変更になる。

> 耐力壁の位置・量の変更：増減、通りをまたぐ移動など
> 耐力壁の材料の変更　　：鉄筋筋かい ⇔ 構造用合板
> 接合金物の材料の変更　：　CP-T　　 ⇔ 山型プレート
> 　　　　　　　　　　　　　Zマーク金物 ⇔ Z 同等認定品
> 柱、梁の断面寸法、位置の変更
> 　　　　　　　　：柱の小径105　⇔　120 等

［事例2］間仕切壁の位置の変更

　主要構造部及び防火上主要なものに該当しない間仕切壁の位置の変更や、間仕切壁の一部の追加または取止めについては、左表第11号の「位置の変更」に該当する。

［事例3］開口部の位置や大きさの変更

　配管貫通口等の壁の小さな開口部の位置や大きさの変更、開口部にかかる変更で採光および換気の有効面積が変更になるもの、開口部の一部の追加または取止めは、同表第15号の「位置および大きさの変更」に該当する。
※開口部には、建築設備の躯体開口部も含まれる。

［事例4］ダクトの長さ等の変更

　ダクト等のルート変更と同時に換気ファンの能力等を調整し、ダクトの長さ等に変更が生じても換気システム全体として性能を低下させない場合、同表第16号の「材料、位置または能力の変更」に該当する。

Column

設計・監理業務の盲点に注意

監理業務とは

建築士法が改正され、工事監理で「工事を設計図書と照合し、それが設計図の通りに実施されていない時は注意を与える」とされていたのが、「当該工事を設計図書の通りに実施するよう求める。なお、それに従わない場合はその旨報告する」と監理の重要性が今まで以上に求められるようになった。

建築士の監理とは、設計図書と見積りに見合った工事がなされているかを現場で確認して、建て主に報告し金額に見合った建物を完成させられるかという業務なのだ。「言うことを聞かないときは言いつける」ということで少々みっともない感じもするが、工事を進めるためのお金は施工者が握っているので言いつけるしかないのだ。

また大事な監理業務に工程の監理もある。工事が遅れる理由は多々あるが、下請け業者との金額調整がつかず遅れてしまうこともある。そのような場合監理者側は遅れることによってどのような損害が起き迷惑を被るのかを施工者に説明することはできても、下請け業者決定権はまったくないのでただ見守るしかなくなってしまう。このとき間違っても施工者と一緒になって遅れていることを説明して建て主に理解してもらおうと思ってはいけない。建て主と一緒になって遅れている本当の理由と対策を問いつめるべきである。

以上述べたような監理業務は最低限の仕事であり、それ以上に時間がとられるのが、きれいな納まり、実際の施工ができる工事方法の検討である。このことはよい住宅を仕上げるためには当然のことである。

工事監理の範囲（工事契約への協力）

建設省告示の現場監理の標準業務にもきちんとうたっているとおり施工者選定についての助言や見積り書の調査は監理業務に含まれている。要するに実施図面ができあがるまでが実施設計の範囲で、それ以降どの業者に見積りを出すか、また出てきた見積り金額は適正であるかは監理業務になる。見積りを業者に出したとき実施設計業務は終了し、監理業務に移行するため、実施設計終了時の設計料の請求はこの時点で行える。

現場監理はここを押さえる

追加工事になる箇所は着手前にお互いはっきりさせよう。そのためには特記仕様や監理要項書で、原則追加工事になる箇所は見積り→承認→着手としておく。もちろん現場の進行状況から考え、正式な見積りが間に合わないこともあるが、最低限何万円になるのか何十万円になるのかを聞き出す必要がある。こちらが数万円の増加と思っていても下地や手順、新たな職人の手配など見えないところでかなりの増額になってしまうこともあるので注意する。そのような手順を踏まないと最後に追加工事が思った以上に高く出てくることは頻繁にある。

減額、増額のとき忘れてならないのは消費税分、諸経費分などを割合に応じて増減させることだ。出精値引き、端数処理などの項目で減額になっている金額は諸経費と差し引きし、工事金額に占める割合を計算しておく。

建て主と現場監督と設計者

意思の伝達経路をしっかりと確認しておこう。特に建て主が現場に頻繁に顔を出す場合、直接職人に変更の希望を伝えてしまうことがある。設計事務所の指示、現場監督の指示と異なると現場は混乱する。そのために建て主には変更の要望や施工で気がついた箇所があったときは必ず事務所の担当者に伝えるよう徹底しておく。また現場での指示は現場監督に直接行う。職人は基本的にはよいものを作ろうとするので金銭的な判断が欠け落ちてしまう場合がある。下請けへの支払いを行う現場監督なしの打ち合わせは絶対に避けたい。

議事録作成のポイント

議事録作成は現場サイドで行う。それを事務所が確認してお互いに持つ。それが基本だが、木造住宅の場合、規模にもよるが専任の現場監督がつくのはまれで、掛け持ちの現場監督はなかなかそこまで時間がとれない。そのようなときでも監理サイドで議事録は作るようにしよう。トラブルになったときは議事録だけでなく文書化した電話でのやり取りなどあると有利に事がはこぶ。

1 設計編 chapter8
見積り書の依頼

035
見積りの流れを押さえ、
施工業者を探す

036
見積りを一覧表で比較する

037
見積り書のチェックポイント、
VE減額案作成のポイント

038
監理要綱書を作成する

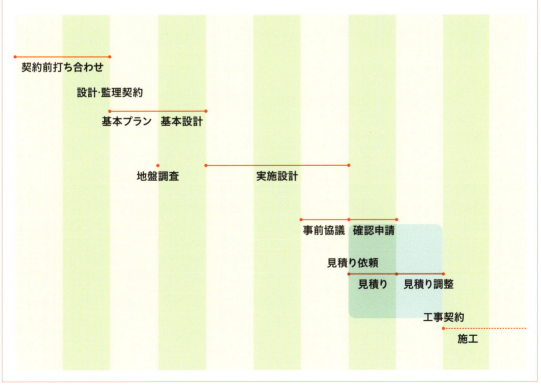

契約前打ち合わせ
設計・監理契約
基本プラン　基本設計
地盤調査　実施設計
事前協議　確認申請
見積り依頼
見積り　見積り調整
工事契約
施工

step035
見積りの流れを押さえ、施工業者を探す

　見積りを出す場合、大きく分けて2通りの方法がある。数社に同じ条件で見積りを頼み値段を比較しながら決める方法と、特命で工務店を1社に絞り見積りを発注する方法である。両者とも一長一短であるが、ここで比較してみよう。数社に頼む入札方式の場合、見積り期間が限定されるため十分に図面の内容を把握してもらえない場合がある。一方特命のときは見積りに出す前から施工上の打ち合わせができ、設計の概略を理解していることが多いので比較的正確にこちらの意図を読み取ってもらえる。金額的な問題でやはり数社に見積りを出すほうが安くなるのではないかと考えるのが一般的だが、何回か付き合っている工務店であればこちらの設計の意図も十分把握できているので、特命であっても極端に高く出ることも少ない。好景気で工事が多いときは高めに、逆に不景気で工事が少ないときは安めに出てくるのが一般的であるが、小さな工務店の場合、一概にはこの法則は当てはまらない。少なくとも数カ月前には工務店の仕事の混み具合などを打診して見積りに出すことを告げておくのがよいだろう。

発注のポイント
時間的な余裕を持って見積りに臨む

　平均的な木造住宅であれば2週間が見積り期間の平均的な数字であろう。狭小地や木造3階建てなどで見積り金額がいくらで出てくるか想像が難しい場合、盆や年末年始の休みが挟まる場合はその期間見積りが伸びてしまうのは見越しておこう。むしろ見積り期間よりその後の調整に時間を多くとられることが多い。構造体や建物規模まで変更しなくてはならない場合などは、確認申請の出し直しも考えておかなくてはならない。見積り調整期間は最低2～3週間は見ておきたい。大幅に減額が必要な場合など1

■見積り発注から着工までの流れと必要な期間

見積り用実施設計の完了

↓

2週間程度　見積りの発注
木造住宅の場合一般的に見積り期間は2週間程度。狭小地や木造3階建てなどでは、見積り期間も延長されることが多い。
施工監理要綱書を施工会社に渡す。

↓

2～3週間程度　見積り調整
最低でも2～3週間は見ておく。事前の概算見積りが不十分であると、調整額が大きくなるので注意しよう。

↓

（場合によっては確認申請の出し直し）
確認申請出し直しは最後の手段。費用、時間もかかる。

↓

施工業者の決定
減額変更などの箇所がきちんと反映されているか最終確認する。

↓

1週間程度　施工準備期間
契約書の作成、下請け業者と着工時期の調整など。

↓

工事契約
施工業者が決定後、着工まで最低でも1週間程度かかる。

↓

地鎮祭・着工
見積り用実施設計図面の完成から最短でも着工まで1.5カ月程度は期間を見ておきたい。

確認申請図面を用意し、申請を行う

↓

民間に出すか、事前審査を行っているかで異なるが、4週間程度で終了させ受理できるようにする。

↓

確認申請終了

カ月を超えることも多い。調整が終わりいざ契約となっても着工準備期間に1週間ほどとられるのが普通であるから、実施完了→見積り発注→見積り調整→工事契約→着工まで最短約1.5カ月かかることになる。

施工業者の選択

見積りの発注時に一番大切なことはどの業者に頼んだらよいかということであろう。予定している坪単価に見合った業者2～3社を本命にして、そのほか建て主関係、銀行関係など断り切れない業者を入れ、相見積りとなることが多い。

このほか施工業者を紹介することを業務としている紹介会社などを使うこともある。この場合事前に紹介会社に図面を送ると図面の内容、地域、規模、予算などを考慮し3～4社程度候補の業者を紹介してくれる。筆者がよく使っている紹介会社はこちらが独自に選び出した施工者も一緒に見積りを出すことができ、どの会社を選ぶかは設計事務所にまかされている。紹介会社に登録している工務店は契約が決まると数パーセントの手数料を取られるが、十分競争力はあるという。

筆者は知らない業者、初めての業者でも公平に見積りの査定をしている。どの程度の施工力があるか未知なところは多いが、見積り内容を詳細に見ることである程度の技術力の判断はつく。後でトラブルになりそうな業者の見積りは「勝手に判断して値段を入れてくる」のですぐに分かる。各項目で詳細見積りがなく一式で計上しているものが多い。下地の処理方法で値段が大きく変わるペンキの単価が極端に安いなどでも判断できる。何回か施工をお願いしてその会社の技術力、アフターケアの心配のないところに頼むのが一番である。次善策として知り合いの建築家からの紹介や建築家仲間で評判のよいところ、紹介会社を中に入れての選択であろう。

図面だけでなく口頭で説明も加える

独自に考え出した工法、工夫など図面に明記してあってもきちんと読み込めない、見積り担当者が意図を理解できないおそれのある場合がある。その場合はきちんと口頭で説明することも大事と考えている。もちろん図面なしで口頭だけでのやり取りは言った言わないのトラブルになるので、図面できちんと描いてあることの補足としての説明である。これが図面などよりよほどよく相手に意思が伝わる。

構造をきちんと構造設計者に出した場合、通常よりかなり柱の本数が減り、梁の大きさが小さくなる。これは経験から寸法を割り出している現場と、きちんとした力学的検討をした違いなのであるが、意外と見積りに反映されないことが多い。プレカット工場の場合、坪単価○○円、間柱、窓台まで加工すると○○円などいわゆる丼勘定で見積りをしているところもある。

■施工業者仲介のシステムの例

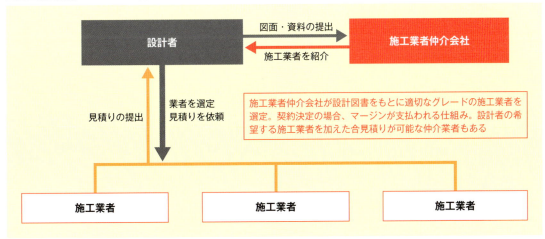

step036
見積りを一覧表で比較する

■ 見積り項目の細分化

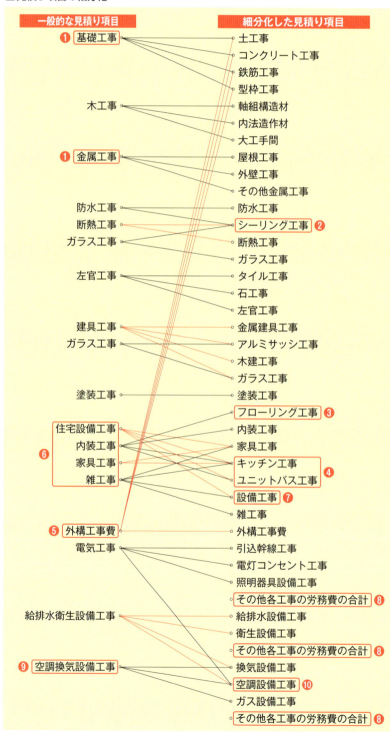

Point ❶
左のような項目で出てきた場合、細分化しないと比較できない

Point ❷
シーリング工事が断熱工事に入っていることがある

Point ❸
木工事に入っていたり材料費のみ内装工事費に含まれていたりするのでぬきだす

Point ❹
キッチンとユニットバスは単独で比較すると見やすい

Point ❺
コンクリート工事などの中に一式で含まれることがある。仕様書で外構工事の範囲をきちんと指定しておく

Point ❻
これらの項目は内容が各社錯綜していることが多いので細分化する

Point ❼
バスタブ、洗面器、水栓など設備工事に入ることも多いので統一する

Point ❽
労務費が別途計上されているときは集計して比べる

Point ❾
空調換気設備工事が給排水衛生設備工事に入っているときは分ける

Point ❿
空調設備工事は電気工事に入っていることがあるので細分化する

項目の整理・細分化

見積りが出てきて最初に行わなくてはならないのは各社バラバラの見積り項目や内容を統一させること、細分化させることである（94頁図参照）。住宅規模では見積りを頼むときに見積り項目をきちんと提示してあっても各社独自の分類で見積ってくることがほとんどといってよいだろう。そのままでは比較できないので各社同じ内容に組み替える必要がある。

よくあるのが金属工事、屋根工事、外壁工事などが各社内容がバラバラになっていること。鉄筋工事、コンクリート工事、土工事が基礎工事にまとめられているケースだ。このとき細分化して詳細項目に分けることを勧める。

基礎工事となっていた場合、土工事、鉄筋工事、コンクリート工事、型枠工事に分ける。どの項目に入れたらよいか判断の難しい項目も出てくるが、それらの金額はあまり大きくないので担当者の判断に任せても大勢に影響はない。

数量と単価を比較する

見積り項目を細分化した後、単に○○工事が高い、安いではなくその原因が数量なのか単価なのかを見極める。数量が他社より極端に少ない場合、見積り間違いの可能性が高く、指摘しておかないと工事に入ってからトラブルになりかねない。工務店が間違えたのでそちらで何とかしろというのも1つの手かもしれないが、必ずそのツケは回ってくると考えたほうがよい。

突出して高い（安い）工事項目を探す

たとえば他の工事が安いにもかかわらず、電気工事や給排水衛生工事などが他社に比べて突出して高い場合がある。時間切れで下請けの調整がつかないまま提出してきた可能性が高い。このようなとき再度他の下請けに見積りを出してもらうように催促することが望ましい。そのためにも見積りには十分な時間をとっておきたい。

共通仮設工事

仮設工事費と別に共通仮設工事費の項目が入っていることがある。大きな会社の場合このような傾向が強い。共通仮設費とは工事を行う下準備費のようなもので、仮囲費、光熱費、整理清掃費、試験調査費、現場警備員費、仮設便所費などを指し、一方仮設工事費は実際に工事を行うための費用で水盛・遣方費、墨出し費、原寸型枠費、一般養生費、発生剤処分費などをいう。国土交通省の「建築工事積算基準の解説」では工事費の構成として別図の表が示されている。特に今までは共通仮設工事費の見積りについて、直接工事費の○○％などと簡単に見積りをしていたケースが多かったが、昨今の厳しい工事見積りの中で見直される傾向にある。敷地の立地条件、工事期間、見積り条件などで値段が大きく変わることを頭に入れておきたい。

■工事費の内訳

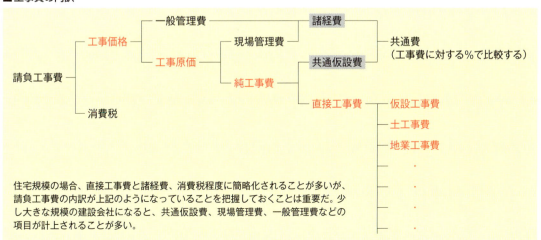

住宅規模の場合、直接工事費と諸経費、消費税程度に簡略化されることが多いが、請負工事費の内訳が上記のようになっていることを把握しておくことは重要だ。少し大きな規模の建設会社になると、共通仮設費、現場管理費、一般管理費などの項目が計上されることが多い。

step037
見積り書のチェックポイント、VE減額案作成のポイント

見積り書のチェックポイント

step27でも述べたが、独自の工夫を施した部分はなかなか相手に伝わらないことが多い。

・**下請け業者と詳細な打ち合わせを契約前に行っておく**

初めての納まりや技術的な困難が伴う箇所がある場合図面だけではなかなかきちんとこちらの意図が伝わらない場合が多い。契約前に下請け業者と直接打ち合わせを行いこちらの設計の意図をきちんと伝えておき、お互いに検討しておくと、後の施工図の段階でそのような難しい納まりになるのではこの金額ではできない、ということにならずに済む。

【例】筆者は2階の架工は大梁と根太だけにして小梁を省略し建て方の簡易化を図ることが多い。大梁から大梁まで40×240など背の高い根太で直接とばしてしまう方法だ。この方法だとかなり速く床が張れ手間が減るはずなのだが、なかなか見積りには反映しにくい。このようなとき、場合によっては口頭での説明が必要となってくる。

■見積りチェックのポイント一覧

確認項目	内　容	ポイント	適用・備考
工事項目	項目が脱落している	図面を見ていない、見落としている可能性がある	工事業者としては不適確
	項目の重複	見積り書のチェックが不十分な可能性がある	衛生機器と建築工事の重複が多い
	材料などの仕様が設計図書と違う	施工者独自の解釈は後のトラブルにつながりやすいので具体的に指示する	工事業者としては不適確
数量	数量の把握ができていない	一式で表現されている場合は単価設定の根拠を確認する	
単位	対象項目の単位が設計図書と違う	たとえば㎡なのかmなのか、坪なのか確認する	一覧表で比較する際に注意する
数量・単価	数量と単価を各社比較する	各工事の見積り額の違いが、単価によるものなのかを確認する	数量が他社よりも極端に少ない場合は見積り間違いの可能性があるので指摘する
単価	複合単価（材工）で記載されている	材料と手間代を問い合わせる。既製品は定価と比較する	単価が非常に安い場合は施工者と設計者の要求品質の確認にずれがないか確認する
経費	全工事費に対する比重が大きい	全体工事費の7～12％程度が一般的。経費が単価に乗せられている場合もあるので注意	出精値引きのある場合は相殺した後に％で比べる
値引き	値引率が大きすぎる	通常は値引きできる最低ラインがある	利益を減らしてでも仕事をとりたい熱意の表れの場合もあるので見極めが重要。工事に入ってからの苦労は覚悟する
項目別工事費	突出して高い工事項目を探す（工事別）	ほかの工事項目が各社横並びにもかかわらず、突出して工事費が高い場合は、下請けの調整が付いていない可能性がある	調整の余地がある。時間的に余裕があるときは再見積りで金額を調整させる

・工事の種別が見積りに反映されているか

特に家具工事と建具工事＋大工工事に分けた場合、見積りに反映されているかチェックする。仕上げ表などでどの収納が造作家具工事なのかを明記しておくと、見積り後に変更してもらうといった二度手間にならないで済む。

VE減額案作成のポイント

・家具工事を減らす

よくいわれているテクニックであるが、家具工事で見積もっていたものを建具工事＋大工工事に変更すると3～4割程度値段が落ちることがある。ただしすべての家具で有効な手段かといわれると種類を選ぶ。いわゆる箱物といわれるクロゼットや収納家具は表面に見える部分がすべて建具工事になるので建具工事＋大工工事に変更しても見劣りなく仕上がる。仕上がりの違いは棚板が両面フラッシュ仕上げからランバーコアなどの重くて少々ごついものに変わるだけで、扉を開けない限り違いは分からない。

引き出しなど細かな作りのもの、寸法精度が求められるものは大工工事では無理であるので家具工事で作るしかない。

・工事種を減らす

少ない数量ながらタイル工事、石工事、また一部造園工事などに分かれているものは、石をあきらめタイル工事にまとめると安くなる。石工事の手間代はタイル工事に比べ細かな技術が必要となるため割高である。

木製建具はデザイン的に影響がないものなどを吟味し、既製品を使うようにすると安くなる。

・設計段階で一部余裕を持った設計にしておく

減額案を作成しなくてはならないことを前提に一部過剰な設計を入れておく方法もある。また実施図面を作成している段階から減額で変更してもよいところを探しながら設計をすると、後で困らない。

・大幅に落とさなくてはならない場合は一時中止の項目も考える

変更では減額幅はたかが知れている。ブラインドやアクセサリー小物類を見積りから省き、施工期間中にインターネットなどで格安品を見付けるとかなり安く仕上がることが多い。ただし自分で取り付けられないものなどの取付手間賃はそのまま残すと現場で混乱しない。

・材料の寸法を吟味する

3×6版で済むのか、4×8版をカットして使わなくてはならないのか。幅が900㎜を超えたり、高さが1800㎜、2400㎜を超えたものがあるときは材料寸法以内に大きさを抑えると減額になる。施工者とよく打ち合わせて、効率的に減額しよう。人造大理石や集成材の甲板など値段のはるものは規格品寸法を押さえておくことが重要になる。

■VE減額案作成のポイント

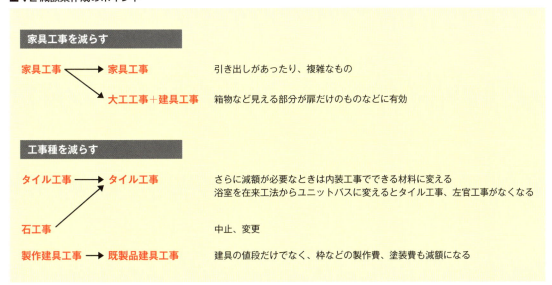

step038

監理要綱書を作成する

　設計図、仕様書、見積り書の優先順位をはっきりうたっておこう。細心の注意を払って見積り書、設計図書の食い違いを探したつもりでも必ず何カ所か食い違い、書き落としがある。そのためにも設計図、仕様書、見積り書の優先順位をはっきりさせておく。筆者の事務所では見積りを依頼するとき、監理要綱を渡すことにしている。監理要綱には設計図書の優先順位、設計図書と見積り書の食い違いがあったときどちらを優先させるか、追加を伴わない軽微な変更と請負金額の追加を伴う変更の区別、官公庁への手続きはどちらが行い、その金額はどちらが負担するかから始まり、見本提出の必要がある材料、施工図で確認が必要な箇所、検査の方法と必要な箇所などが細かく明記されている。これを契約後に出すと「だまされた！」となり、現場が初めからスムーズに動かなくなる。役所検査のチェックリストのようにしておくとお互いに忘れることがなくなる。

■一般共通事項・監理要綱書

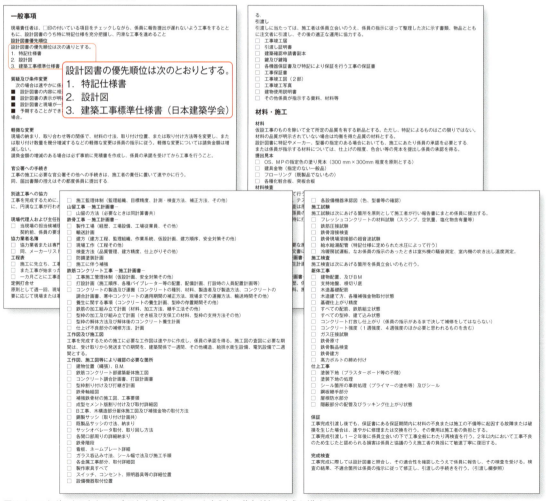

□はチェックボックスとして、完了した時点でチェックを入れ、落ちがないように進める

2 工事監理編 chapter1
着工・地業工事

039
地盤調査・地盤改良

040
水盛り・遣り方

041
土工事・地業工事

042
地下室の留意点

043
地鎮祭（起工式）

検査・その他	地鎮祭　根切底確認　配筋検査　上棟式		引き渡し　役所検査　竣工検査
	遣り方立会		
地盤改良			
仮設工事	地縄　遣り方		クリーニング
基礎工事	地業工事　配筋　立上り部　立上りコンクリート打ち　耐圧コンクリート打ち		
木工事		上棟　筋かい・間柱・床下地　木枠・間仕切・床　造作工事　プレカットチェック	
屋根工事 防水工事		屋根下地・ルーフィング・防水工事　屋根工事　断熱材　壁・天井下地・ボード張り	
左官工事		外壁下地　外壁仕上げ	内部左官工事
サッシ工事		サッシ確認　サッシ取付	
木製建具工事			建具工事
塗装工事		外部木部　内部	建具・床・外構
内装工事			クロス張り　畳
給排水設備工事		外部配管　床下配管　内部配管	器具取付
電気・空調設備工事		床下配管　内部配管	器具取付
外構工事			外構工事

step039

地盤調査・地盤改良

　基本設計が終わり平面図、配置図が確定した時点で地盤調査を行いたい。

　地盤調査は建築の構造によって方法が異なるが、木造の場合にはスクリューウエイト貫入試験が、RC造には標準貫入試験（ボーリング調査）が一般的な試験方法である。

　地盤調査費は5万円前後でできるものと建て主は思っていることが多い。確かにスクリューウエイト貫入試験はそのくらいが相場だが、標準貫入試験では深さ15mで資料を採取して30万円前後が相場と値段に大きな違いがあるので、事前に建て主に説明をしておいたほうがよい。

　また、建替えで新しく造る建物の位置に既存建物がある場合、敷地に余裕があれば事前調査を行うことになるが、住宅瑕疵担保責任保険ではスクリューウエイト貫入試験を原則として建築物の4隅付近を含め4ポイント以上の計測が必要とうたっているので、既存建物解体後に本試験を行う必要がある。

　地盤の状況によっては地盤改良が必要になり工事金額や工事期間に影響があるので、地盤調査が解体後になる場合は建て主に十分に説明をしておいたほうがよいだろう。

　地盤の状況が悪い場合、地盤改良を行う。地盤改良には小口径鋼管杭工法や深層混合処理工法（柱状改良）そして浅層混合処理工法（表層改良）といった方法があり、地盤の状況によって方法が選択される。地盤改良会社から地盤補強工事の保証（保証期間10年間）がある。

スクリューウエイト貫入試験
錐の先に荷重をかけその沈下量を荷重と回転数で計算し換算N値を算出する。

スクリューウエイト貫入試験には人力で行う方法もある。錐の先に最大100kgの錘をのせ、沈下しない場合は人力で錐の先を回転させ、回転数と沈下長さから計算で換算N値を算出する。

標準貫入試験（ボーリング調査）
重さ63.5kgの錘を75cmの高さから自由落下させたエネルギーでサンプラーを地面に貫入させて、地盤の強度や変形などの情報を得る試験。

■表層改良

地盤の状況が悪い場合、地盤改良を行う。基礎下の軟弱地盤の土にセメント系の固化剤を混ぜ強固な支持地盤に改良する。

固化剤を混ぜた後、ローラーで十分に転圧する。

スクリューウエイト貫入試験データの確認
通常、木造2階建ての住宅なら「換算N値3.0N以上」あれば支持地盤として評価し良いが、半回転数Naが自沈になっている。この場合、表層改良などの地盤改良を検討した方が良い。また孔内水位が-1.3mと高いので地下室の計画は慎重に行う必要がある。

■杭による地盤改良
表層改良では支持地盤として期待できない場合、杭を打って地盤改良を行う。

杭工事の打設状況
都市部では近隣への振動騒音問題が発生するので現場打込み杭はあまり行わない。

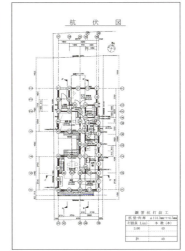

杭工事配置図
配置図で杭の位置を確認する。杭頭天端の高さはベタ基礎の高さに影響するので事前に確認しておく。

地盤補強工事保証書
地盤補強の施工会社からは、10年間の地盤補強工事保証がある。

step040

水盛り・遣り方

　地鎮祭が終わったらいよいよ着工である。
　現場監督をはじめ、施工者と連携を深めて、よりよい住宅ができるように打ち合わせを重ねながら、現場を進めていく。
　着工直後は敷地状況の確認をしたうえで、地縄張り、水盛り、遣り方など主に計画敷地内での建物配置の確認・決定、基準レベルの決定を行う工事が行われる。
　地盤改良も地鎮祭後からの工事となる。

着工前準備：水道引き込みがないと工事ができず、新設には時間がかかるので注意が必要。見積りを依頼する段階で敷地内に水道管が引き込まれているか否かを施工者に確かめておく必要がある。

地鎮祭：地鎮祭を行うかどうかは建て主の自由なので、それを確認するのも設計者の業務。神官にお納めする玉串料や所要時間、地鎮祭の流れ等の情報を建て主にあらかじめ伝えておく。

水盛り・遣り方：GLの設定、水盛り（基準となる水平を定めること）・遣り方（建物を建てる周囲に水杭を打ち、水貫を打ち付けること）は建物の位置や基礎の高さなど建物の基準を決める重要な作業だ。メジャーを使って設計図書どおりの配置になっているかしっかりと確認する。

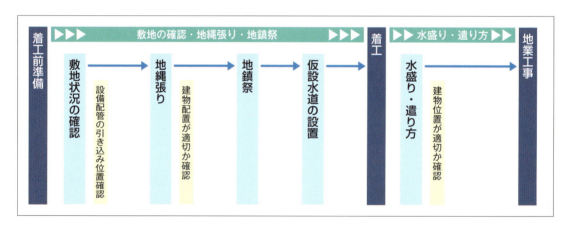

地縄張り：遣り方に先立って、縄やテープを張って建物の輪郭のだいたいの配置を示す。建て主にも実際に見て確認してもらったほうがよい。

GL設定：高低測量器を使い、マンホールの蓋などの基準となるポイント（ベンチマーク）からの高さを決めGLを設定する。

筋かい貫：水貫、水杭を固定する
水杭：建物の外周に沿って設置
水貫：水平を示す貫板

水盛り・遣り方：建物より一回り大きく水杭を打ち込み、水貫で水平をとる。

水糸
水杭

水糸

配置の決定：芯墨や水糸で、建物の配置、隣地境界、道路境界からの距離、建物の大きさが図面どおりになっているかを確認する。建物の配置や隣地境界線からの距離などは監理報告書でも使用することが多いため写真などの資料を残しておくとよい。

■ 建物位置・地盤・設備配管の監理チェックシート

確認項目	確認のポイント	関連図書	確認の方法
建物配置	□ 敷地境界杭からの距離	測量図・配置図	□目視　□計測　□図書の確認
	□ 配置の変更（あり・なし）　注：変更の場合計画変更届を出す		
地盤	□ 地盤の種類	地盤調査報告書	□目視　□計測　□図書の確認
	□ 地盤の支持力（　　　　kN/㎡）	地盤調査報告書	□計測　□図書の確認
	□ 地盤レベルの決定（　　　　）	地盤調査報告書	□目視　□計測　□図書の確認
	□ ベンチマークの決定	地盤調査報告書	□目視　□計測　□図書の確認
	□ 芯墨、水糸の確認	地盤調査報告書	□目視　□計測　□図書の確認
設備配管	□ 給水管の引き込み位置	給排水設備図	□目視　□計測　□図書の確認
	□ 排水桝の位置	給排水設備図	□目視　□計測　□図書の確認
	□ ガス管の引き込み位置	給排水設備図	□目視　□計測　□図書の確認

2 工事監理編　① 着工・地業工事

step041

土工事・地業工事

　地鎮祭、地縄張り、水盛り・遣り方が終わると土工事・地業工事が始まる。水糸を基準に根切りをして、砕石（割栗石）を敷き込み転圧する。地盤調査の結果によって地盤改良が必要な場合は、土工事・地業工事に先立って地盤改良工事を行う。

　監理者は、土工事が始まり根切り底が目視できる状況になったら現場で根切り底の状況を確認する。地盤調査では問題がなくても、土工事の段階で現場から防空壕の跡や殻が出てくるこ

ともある。現場から連絡があったら構造設計者にも同行してもらい対処法を至急検討、指示しなければならない。

　根切り底深さや基礎幅の確認後、現場では砕石（割栗石）を敷き込み、転圧をし、その後防湿シートを敷き込み、捨てコンクリートを打って地業工事が終了する。

　続いて捨てコンクリート上に通り芯を墨付けし、基礎工事配筋の準備が始まる。

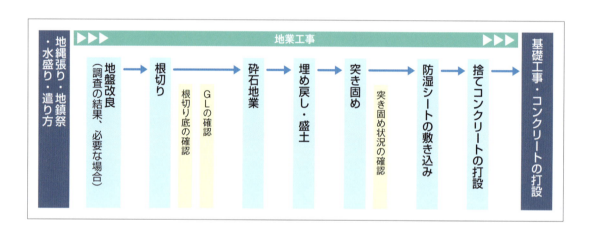

根切り底確認

殻や腐植土がないか目視で確認する。万一、殻や腐植土が出てきた場合、監督や構造設計者と相談のうえ臨機応変の対応が必要である。当然お金も絡むことなので建て主への説明も併せて行わなければならない。

根切り深さ・基礎幅：水盛り・遣り方で決定したGLを基準に根切りをする。基礎の根入れ深さや基礎幅が図面どおりとれているかを確認する。

根切りを行った後の様子。基礎幅、深さ、位置を確認しながら現場の作業を進めていく。

104

根切り深さを確認する：水糸を基準に根切り深さを確認する。写真は深基礎の部分。

転圧：根切り後、砕石（割栗石）を敷き込み突き固め（転圧）を行う。また必要な高さになるよう調整を行う。転圧後突き固め状況を確認する。転圧はランマーで3回以上行う。

鎮め物：地鎮祭のときに神官からいただいた「鎮め物」を建物中心の基礎下に埋め込む。

防湿シート：突き固め後に防湿シートを敷く。防湿シートの厚さは品格法の劣化基準によれば0.1mm以上である必要がある。防湿シートの敷き込みが終わると捨てコンクリートの打設となる。防湿シートの重ね幅が150mm以上とれているか確認する。基礎断熱の場合は300mmとし断熱材を防湿シートの上に敷き込む。

■地業工事の監理チェックシート

確認項目	確認のポイント		
地盤改良・杭	□ 地盤改良あり	□ 地盤改良・杭の方式（　　　　　） □ 杭頭の間隔（　　　　　）mm	
	□ 地盤改良なし		
地業	□ 根入れの深さ（　　　　　）mm		
	□ 転圧の状態（　　　　　）		
防湿シート	□ 敷き込み状況（　　　　　）		
	□ 材質（　　　　　）		
	□ 厚さ（　　　　　）mm		
	□ 重ね幅150mm以上（基礎断熱の場合は300mm以上）		
	□ 基礎断熱を行う	□ 断熱材の敷き込み状況	
		□ 断熱材の材質（　　　　　）	
		□ 断熱材の厚さ（　　　　　）mm	
捨てコンクリート	□ 打設状況の確認		

地下室の留意点

「住宅の地階（天井が地盤面より1m以下のもの）の床面積は、建物全体の延べ床面積の1／3を上限として容積率算定の床面積にされない」（建築基準法第52条第3項）という1994年の建築基準法改正により、容積率が緩和され、地価の高い都市部では地下室をつくる家が急増した。

だが地下室をつくるのにはさまざまなリスクがあるので、建て主に事前にリスクを説明し承諾を得ておくのは設計者の責任でもある（26ページColumn参照）。

地下室は容積率に含まれないというメリットがあるが、それ以外にも防音性が高く音楽室やホームシアターといった用途に適していることや、室温が1年を通して安定していて過ごしやすいといったことなどが挙げられる。

逆に注意すべき点としては、地下室は当然地上部分よりも建設費がかかること、建設中の近隣保証の問題、防水、結露、都市型洪水への対処などがある。

敷地周辺の地下水位を確認し、地下水位が浅い場合には地下水排出の困難さや工事費アップ、構造の不安定、周辺への影響を総合的に配慮し、地下室建設を断念する可能性もある。

このように地下室建設にはリスクが伴うので、安易に地下室をつくることには慎重を期したい。

地階とは？（建築基準法施行令第1条1項2号）

床が地盤面下にある階で床面から地盤面までの高さがその階の天井の高さの1／3以上のものをいう。

　すなわち
　　$h ≧ 1／3H$（地階）
　　$h < 1／3H$（1階）

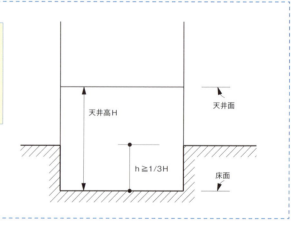

地下室設置の法的基準（平成12年5月31日建設省告示第1430号）

居室が面する土地の部分を掘り下げて設けるからぼり（底面が当該開口部より低い位置にあり、かつ、雨水を排水するための設備が設けられているものに限る）は外気に開放され、上部に開放されていること。
居室の外壁からからぼりの周壁までは水平距離1m以上でかつ開口部の下端からからぼり上端までの垂直距離の4／10以上であること。
からぼりの居室壁に沿った水平方向の長さは2m以上かつ開口部の高さ以上とする。
換気に有効な部分の面積が居室床面積の1／20以上であること。
居室の外壁等には、防水層を設けること。

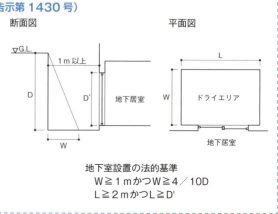

地下室設置の法的基準
$W ≧ 1m$ かつ $W ≧ 4／10D$
$L ≧ 2m$ かつ $L ≧ D'$

地階の容積率緩和（建築基準法第52条第3項）

住宅の地階のうち天井が地盤面から1m以下にある地階の床面積は建物全体の床面積の1／3を限度として容積に参入しない。

住宅の地下室の容積率の取り扱い
敷地面積　100㎡
容積率　　100％　の場合
建築可能な面積　150㎡
容積率　$\dfrac{(50×3)-(50×3)×1/3}{100} = \dfrac{150-50}{100} = 100\%$

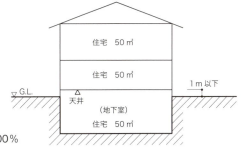

山留め工事の施工可能範囲

住宅地下室建設の山留め工事は親杭横矢板工法や鋼矢板工法などで行われることが多い。ソイルセメント柱列壁工法に比べると隣地境界線からの離隔距離よりは小さいが、それでもH形鋼の中心から450mmは最低必要だ。

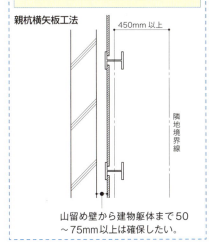

親杭横矢板工法
450mm以上
隣地境界線
山留め壁から建物躯体まで50〜75mm以上は確保したい。

敷地ぎりぎりに根切りをする場合、隣家の沈下による外壁のひび割れ等のクレームに対処するため、事前調査はしっかり行っておくべきである。

写真はドライエリアに設ける湧水ピット。湧水ポンプを設置する湧水ピットは基礎梁にも影響する場合が多いので、構造設計者ともしっかりと打ち合わせをし、構造図にも明記してもらう。

地下室を設ける際の注意点

●逆流浸水被害の防止対策
地下にトイレや浴室がある場合、ポンプ設備を設けずに宅地内に深い排水桝を設け直接下水道に排水すると、豪雨のときに下水道から下水が逆流して地下室に流入するおそれがある。地下室に水廻りがあるときはポンプ設備を設ける。

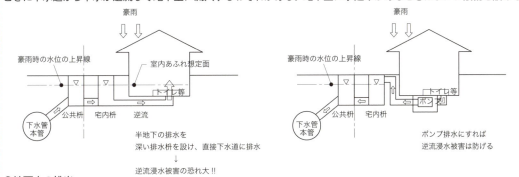

半地下の排水を深い排水桝を設け、直接下水道に排水
↓
逆流浸水被害の恐れ大!!

ポンプ排水にすれば逆流浸水被害は防げる

●地下水の排出
ピットを設け、地下湧水を集めポンプで排出する。ポンプの故障を考え2台設置し交互運転が望ましい。

●結露・湿気対策
地下室は湿度が高いので換気や除湿は必要。換気計画や、除湿器設置も併せて考えたい。

step043

地鎮祭（起工式）

　地鎮祭は工事に先立ち、土地の神様に家を建てることを報告し、工事の安全を祈願する儀式。神式の地鎮祭が一般的だが、建て主の宗教によって仏式やキリスト教式の地鎮祭の場合もある。最近では地鎮祭そのものを省略する場合もあるし、建て主自らが米、塩、酒で、建築地をお清めして地鎮祭に代える場合もある。

地鎮祭の流れ

① **修祓之儀**（しゅうふつのぎ）
　神官が参列者とお供え物をお祓いする

② **降神之儀**（こうじんのぎ）
　神様をお迎えするために神官が降神の詞をささやく

③ **献饌之儀**（けんせんのぎ）
　神様に祭壇のお供え物を召し上がってもらう

④ **祝詞奏上**（のりとそうじょう）
　神様に土地の場所、建て主の名前、設計者、施工者を報告し工事の安全と建物の無事完成を祈願する

⑤ **清祓い**（きよはらい）
　神官は敷地の四方、中央に御神酒、米、塩、白紙を撒きお祓いをする

⑥ **苅初之儀**（かりそめのぎ）
　設計者が斎鎌で砂山の笹を「エイ、エイ、エイ」と掛け声を発しながら草を苅る所作をする

⑦ **穿初之儀**（うがちぞめのぎ）
　建て主が鍬を持って同様に土を掘る所作を、続いて施工者が鋤で砂山を崩し着工を模した所作をし神様に報告する

⑧ **玉串奉てん**（たまぐしほうてん）
　神官、建て主、設計者、施工者の順で祭壇に玉串(榊)を捧げ工事の安全を祈念する

⑨ **撤饌**（てっせん）・**昇神之儀**（しょうじんのぎ）
　神官が昇神の詞を唱え神様に帰っていただく

⑩ **新酒配戴**（しんしゅはいたい）・**直会**（なおらい）
　参列者は祭壇の前に円陣を組み神官の酌んでくれる御神酒で乾杯する

祭壇
神饌品：神前に供える御神酒、塩、米、海の幸（鯛、スルメなど）、山の幸（野菜、果物など）、斎鎌（いみがま）、斎鍬（いみくわ）、斎鋤（いみすき）

まず、神官がお祓いをし、その後神様をお迎えする。神様に祭壇のお供え物をお召し上がりいただき、神様に土地の場所、建て主の名前、設計者、施工者を報告し工事の安全と建物の無事完成を祈願する。

その後、設計者が砂山の笹を「エイ、エイ、エイ」と掛け声をかけながら鎌で刈り取る仕草をし、続いて建て主が鍬を持って同様に土を掘る所作を、そして施工者が鋤で砂山を崩し、着工を模した動作をし神様に報告する。

そして、神官、建て主、設計者、施工者の順に祭壇に玉串（お榊）を捧げ、その後神様に帰っていただいた後、御神酒で乾杯をし、お開きとなる。

2 工事監理編 chapter2
プレカット図のチェック

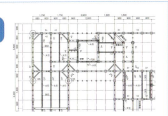

044
プレカット図のチェック ①

045
プレカット図のチェック ②

046
プレカット図のチェック ③

検査・その他	地鎮祭　根切底確認　　　　　　　　　　　　　　　　　　　　　　　　　引き渡し
	遣り方立会　配筋検査　上棟式　　　　　　　　　　　　　役所検査・竣工検査
地盤改良	
仮設工事	地縄　遣り方　　　　　　　　　　　　　　　　　　　　　クリーニング
基礎工事	地業工事　配筋　立上り部　立上りコンクリート打ち　耐圧コンクリート打ち
木工事	上棟　筋かい・間柱・床下地　木枠・間仕切・床　造作工事　プレカットチェック　断熱材　壁・天井下地・ボード張り
屋根工事 防水工事	屋根下地　屋根工事　ルーフィング・防水工事
左官工事	外壁下地　外壁仕上げ　内部左官工事
サッシ工事	サッシ確認　サッシ取付
木製建具工事	建具工事
塗装工事	外部木部　内部　建具・床・外構
内装工事	クロス張り　畳
給排水設備工事	外部配管　床下配管　内部配管　器具取付
電気・空調設備工事	床下配管　内部配管　器具取付
外構工事	外構工事

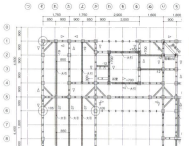

step044

プレカット図のチェック ①

　地業工事と並行するように施工者からプレカット図が送られてくる。

　以前は構造部材を大工職が手で刻む場合が多かったが、現在では工場で部材を加工する「プレカット」が主流になっている。実施設計図をもとに、プレカット工場が描いてきたプレカット図をチェックし、施工者、プレカット担当者の三者打ち合わせをし、行き違いのないように十分留意する。

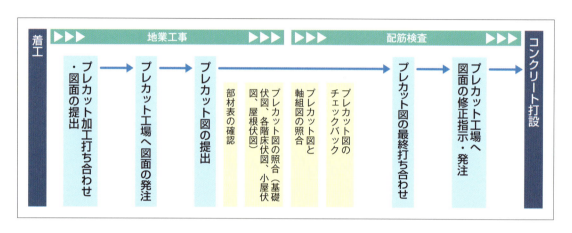

■ プレカットチェック事項

- □ 部材の材種・大きさ・乾燥度等の確認
- □ 階高・屋根勾配の確認
- □ 土台上端から2階梁上端までの高さ確認（床仕上げ厚の確認）
- □ 2階梁上端から桁上端までの高さ確認
- □ 各階床伏図で柱の位置、梁の大きさ、化粧部材の確認
- □ 土台継手位置の確認
- □ 屋根の出の確認
- □ 化粧金物の確認　等

構造部材の材種・寸法は適切か

　実施設計図で部材を指示していても、プレカット工場の在庫品で性能の高い部材がある場合、たとえば土台を米ヒバから、国産の目の詰んだヒノキに変更することもある。構造材の仕様書はしっかり確認しよう。

設計図書ではベイヒバを指定していたが、プレカット工場に在庫があったため、目の詰んだヒノキに変更した

● 構造材仕様の例

部　材		樹　種	等　級	寸　法	備　考
土台		ヒバ	KD	120×120	
大引		ヒノキ	KD	90×90	
胴差	梁（平角）	ベイマツ	KD	120×150	外周部　105幅
	桁（正角）	ベイマツ	KD	120×120	外周部　105幅
小屋	梁（平角）	ベイマツ	KD	120×150	外周部　105幅
	桁（正角）	ベイマツ	KD	120×120	外周部　105幅
母屋		ベイマツ	KD	120×120	
棟木		ベイマツ	KD	120×120	
通し柱	大壁	スギ	KD	120×120	
管柱	大壁	スギ	KD	105×105	化粧束ピーラー105□あり
小屋束	内部	ベイマツ	KD	105×105	化粧束ピーラー105□あり
	外周部など	ベイマツ	KD	105×105	
火打ち土台		ベイマツ	KD	90×45	
火打ち梁		ベイマツ	KD	90×90	

110

プレカット図をチェックする

構造図、床伏せ図、矩計図等をもとにプレカット図がつくられる。原設計では通り芯番号をX、Yで表現していても、プレカット図では「いろは」と「1.2.3」で通り芯をふってくるので、通り芯を間違えないように注意する。

基礎コンクリート打設後の様子。浴室など、土台レベルが異なる部分はプレカット図を入念にチェックすること。

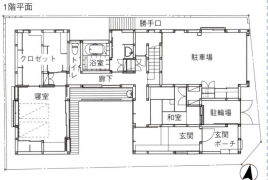

1階平面

プレカット図のチェック

プレカット加工図（土台伏図）部分抜粋 [S＝1：100]

Point ❶
床仕上げによって大引レベルが変わるのでレベルを確認する。事前に床仕上げ厚を知らせておくと手戻りが少ない

Point ❷
土台と大引の位置を原設計と照合しながら確認する。浴室などは土台レベルが異なるので、確認する

Point ❸
化粧材の確認とともに、化粧柱の背割りの向きを指示する（芯持材の場合）。せっかく化粧柱を使っても一番目立つ方向に背割りが出てしまうと、とても残念なことになる

Point ❹
土台継手の位置を確認。土台継手はアンカーの位置に関係するので、配筋検査の前にアンカー位置を施工者に指示する

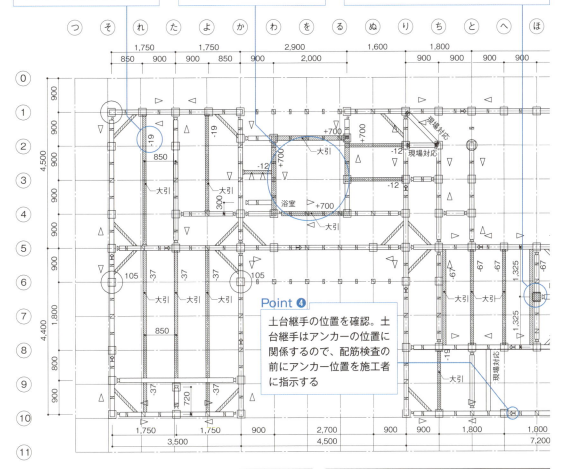

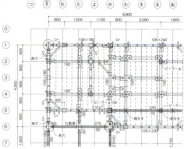

step045

プレカット図のチェック ②

各階伏図をチェックする

2階床を1階天井に兼用し床梁を化粧で見せる場合もあるが、その場合梁をつなぐ金物の処理が難しいので、このプレカット図の段階で検討しておく。化粧梁の継手位置も気になるので目立つ部分でなるべく継がないように検討しておく。

また剛床でない場合、火打ち梁も必要となるが、設備配管との取合いも再確認しておく。

小屋伏図では、階高の関係で火打ち梁が露出になる場合もあるので、化粧材になっているか再確認する。天井の形状で母屋束も化粧材になる場合があるが、プレカット図に反映されていないこともままあるので注意が必要である。

母屋伏図では屋根勾配に準じた母屋高さがとれているか確認する。

プレカット加工図(2階床伏図)部分抜粋 [S=1:100]

Point ❶
化粧梁・化粧柱の確認。化粧梁の継手はなるべく目立たないところで継ぎたい

Point ❷
床剛性を得るためには梁上端と根太上端をそろえたほうがより強い剛性が得られるが、床暖房の配管等でそうもいかない場合もある

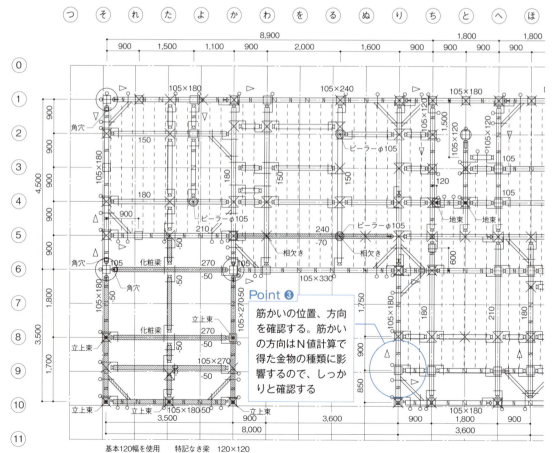

Point ❸
筋かいの位置、方向を確認する。筋かいの方向はN値計算で得た金物の種類に影響するので、しっかりと確認する

※凡例はstep44の土台伏図を参照

2 工事監理編 ② プレカット図のチェック

プレカット図をチェックする

梁の大きさを確認する。プレカット工場では経験則でプレカット図を作成していることがあり、安全率の考えの違いから原設計の寸法より大きくなっている場合がある。天井高さにも影響するのでしっかりとチェックする。

上棟直後の様子。床伏図の照合では筋かいの位置や方向のチェックが重要となる。

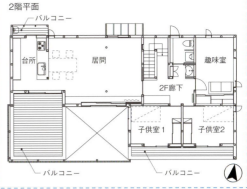

2階平面

小屋伏図 [S=1:150]

Point ④

面剛性をとるため火打ち材をつける場合があるが、勾配天井の場合など火打ち材が露出する場合がある。実施設計時に当然考慮していることだが、念のためプレカットの段階でも最終確認したい

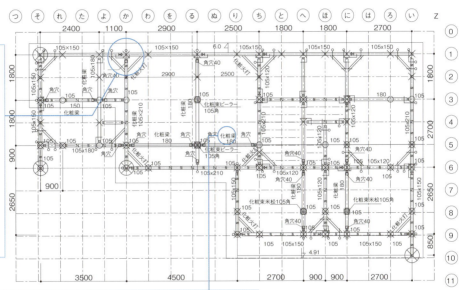

Point ⑤

実施設計図で化粧梁や化粧束と明記していても、プレカット図に反映されていない場合も多い。見落としのないようにしっかりチェックしよう

母屋伏図 [S=1:150]

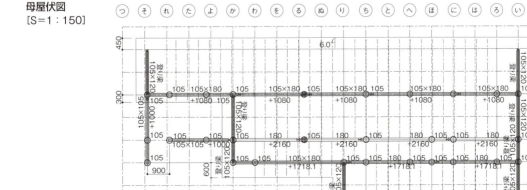

Point ⑥

母屋の高さを確認する。屋根勾配がなぜか実施設計図と変わっている場合もあるので、しっかりチェックする。母屋の寸法が変わっているとロフトの天井高さにも影響するので注意しよう

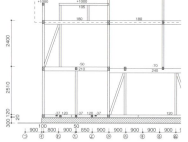

step046

プレカット図のチェック ③

軸組図のチェック

原設計の断面図ではGLから1階床までの高さ、1階床から2階床までの高さ、2階床から軒までの高さを明記しているが、プレカット図で軸組図を描き起こす場合は、土台上端から2階梁上端、2階梁上端から桁上端の数値を書くので数値を読み違えないように注意が必要だ。またプレカット工場に矩計図が渡されていない場合、土台から1階床までの高さや2階床仕上げ厚が分からないのでプレカット軸組図に反映されない。手戻りをなくすためにも矩計図は必須図面である。

屋根勾配も母屋伏図だけでなくこの軸組図でも再確認できる。下屋がある住宅の場合、下屋の桁レベルや軒桁のレベルも再確認しておこう。

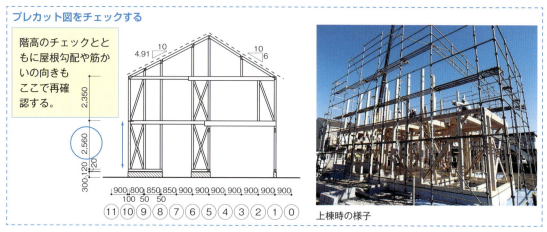

プレカット図をチェックする

階高のチェックとともに屋根勾配や筋かいの向きもここで再確認する。

上棟時の様子

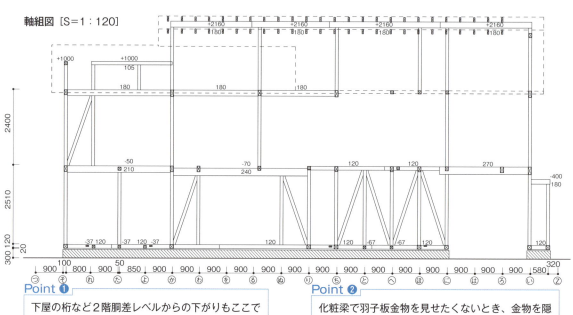

軸組図 [S＝1:120]

Point ❶ 下屋の桁など2階胴差レベルからの下がりもここで最終チェックする

Point ❷ 化粧梁で羽子板金物を見せたくないとき、金物を隠す方法をプレカット図の段階で確認する

在来軸組工法仕口の例

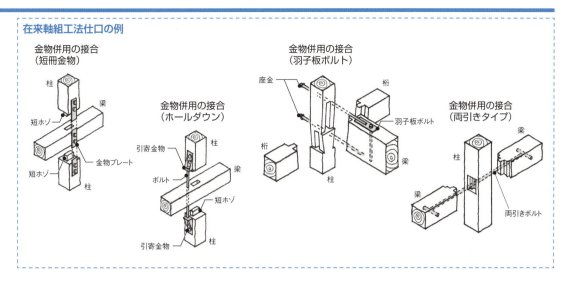

■プレカット図と設計図書の照合チェックシート

確認図面	確認個所	図面との照合内容・備考
基礎伏図	柱（通し柱、管柱など）	□寸法　□位置　□変更（あり・なし）
	大引	□寸法　□位置　□変更（あり・なし）
	床束	□寸法　□位置　□変更（あり・なし）
	土台・火打ち土台	□寸法　□位置　□変更（あり・なし）
	人通口・床下点検口	□位置（大引と干渉しないこと）
	継手	□位置（アンカーボルト位置）　□変更（あり・なし）
1階床伏図	柱（通し柱、管柱など）	□寸法　□位置　□変更（あり・なし）
	根太	□寸法　□位置　□変更（あり・なし）
	人通口・床下点検口	□位置（大引と干渉しないこと）　□変更（あり・なし）
	筋かい	□寸法　□位置　□変更（あり・なし）
	継手	□寸法　□位置（アンカーボルト位置）　□変更（あり・なし）
2階床伏図	柱（通し柱、管柱など）	□寸法　□位置　□変更（あり・なし）
	床梁	□寸法　□位置　□変更（あり・なし）
	化粧材	□寸法　□位置　□変更（あり・なし）
	胴差	□寸法　□位置　□変更（あり・なし）
	2階根太	□寸法　□位置　□変更（あり・なし）
	筋かい	□寸法　□位置　□変更（あり・なし）
	継手	□位置　□変更（あり・なし）
	筋かい	□寸法　□位置　□変更（あり・なし）
	その他	□天井高さ　□変更（あり・なし）
2階小屋伏図	小屋梁	□寸法　□位置　□変更（あり・なし）
	軒桁	□寸法　□位置　□変更（あり・なし）
	筋かい	□寸法　□位置　□変更（あり・なし）
	火打ち梁	□寸法　□位置　□変更（あり・なし）
2階屋根伏図	垂木	□寸法　□位置　□変更（あり・なし）
	小屋束	□寸法　□位置　□変更（あり・なし）
	母屋	□寸法　□位置　□変更（あり・なし）
	筋かい	□寸法　□位置　□変更（あり・なし）
	棟木	□寸法　□位置　□変更（あり・なし）
軸組図		□階高（プレカット図の階高は構造間の階高なので注意）　□変更（あり・なし）
		□屋根勾配　□変更（あり・なし）
部材表		□各部材の寸法　□部材の乾燥度　□部材の材種
		□ホルムアルデヒド放散等級（集成材を使用する場合）　□変更（あり・なし）

シロアリ

木造住宅にとってシロアリ対策は必須事項だ。ただ、なるべく薬剤に頼らないシロアリ対策をしたい。

シロアリは蟻の一種のように思われがちだが実は、ゴキブリ目シロアリ科ゴキブリでゴキブリの仲間なのだ（ちなみに蟻は蜂の仲間）。また、意外と知られていないがシロアリの天敵は蟻で、だから、蟻を殺虫剤で殺してしまうようなことは、家をシロアリから守るためにもしないほうがよい。

シロアリは家屋を食い荒らす害虫ではあるが、自然界ではセルロースを分解する大切な役目をしている。

シロアリを我々が目にするのは羽アリのときだが、シロアリと蟻の見分け方は、

シロアリは、ずん胴（蟻はくびれがある）で、4枚の羽が同じ大きさ（蟻は前の羽が大きく、後ろの羽が小さい）

というもので、シロアリの羽アリを見つけたら近くに巣があるので注意が必要だ。

日本に住む主なシロアリは、北海道の北部を除き日本全土にいるヤマトシロアリと、千葉県以西の海岸線に沿った温暖な地域にいるイエシロアリである。

ヤマトシロアリは普段枯れ木の中に巣を作って暮らしているが家の中に侵入した場合、湿潤した木材を好むので、浴室、洗面所、台所といった湿気のこもりやすい床下にいる場合が多い。また食害の速度は比較的遅い。

一方、イエシロアリは水を運ぶ能力があるので湿潤な木材部分だけでなく被害は建物全体に及ぶ。また食べる速度が速く被害も大きい。

日本のこれらのシロアリが土の中から建物に侵入するのに対し、まだ被害状況は少ないが、輸入家具と一緒に日本に到来した外来種のシロアリ、アメリカカンザイシロアリは飛来によって侵入し乾いた木材でも食べる。ただ食べる速度が遅いので、発見できれば被害は比較的抑えられる。

シロアリ対策として人間の健康にも影響を及ぼす薬害を使わないためにはシロアリの住みにくい環境をつくることが肝要だ。

シロアリの好きな環境は、

1. 日当たりの悪いところ
2. 暖かいところ
3. 湿気の多いところ
4. 空気が動かない場所

である。

1. 基礎をベタ基礎でつくり土中からの侵入を防ぐ
2. 床下をネコ換気等で通気をとり乾燥させる
3. シロアリが嫌いな木材、ヒバ、ヒノキ、クリなどの芯持ち材を土台に使う
4. 軒の出を深くして建物を雨や湿気から守る

といった建築的な工夫とともに、シロアリが基礎を伝って侵入しないように、基礎の近くには物を置かないように気をつけ、通風口を塞がないようにし、蟻道（シロアリの侵入通路）を基礎立上り部に見つけたらすぐに壊すこと。また屋根裏の通気にも注意して外来種シロアリの棲息を防ぐといったことがある。

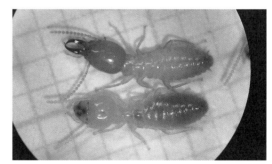

イエシロアリの兵アリ（上）と職アリ（下）。兵アリは長さ体長約6.5mm（大あごを含む）、職アリは約5.5mmである。

イエシロアリの羽アリ。羽を含めた体長は約14mmである。

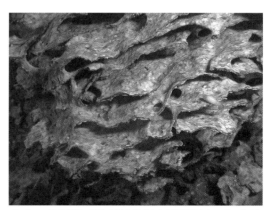

イエシロアリの巣片。巣は木質を多く含んだ薄板状となっていることが多い。

（写真：神谷忠弘）

2 工事監理編 配筋検査とコンクリート打設

047
基礎配筋の全体を把握する

048
アンカーボルト、コンクリートかぶり厚さを確認する

049
コンクリートの品質を確保する

検査・その他	地鎮祭 遣り方立会	根切底確認 配筋検査	上棟式				役所検査・竣工検査	引き渡し
地盤改良	● ●							
仮設工事	地縄 遣り方						クリーニング	
基礎工事	地業工事	配筋 立上り部 立上りコンクリート打ち						
木工事	耐圧コンクリート打ち	プレカットチェック	上棟 筋かい・間柱・床下地 断熱材	木枠・間仕切・床 壁・天井下地・ボード張り	造作工事			
屋根工事 防水工事		屋根下地・ルーフィング・防水工事	屋根工事					
左官工事				外壁下地 外壁仕上げ	内部左官工事			
サッシ工事		サッシ確認	サッシ取付					
木製建具工事							建具工事	
塗装工事			外部木部		内部	建具・床・外構		
内装工事						クロス張り	畳	
給排水設備工事		外部配管	床下配管	内部配管			器具取付	
電気・空調設備工事			床下配管	内部配管			器具取付	
外構工事						外構工事		

step047

基礎配筋の全体を把握する

　施工者から提出されたプレカット図をチェックしている頃、現場では基礎耐圧盤部の配筋や立上り部の配筋、ホールダウン金物の設置が行われている。

　設計監理者は基礎配筋が終わった段階で現場に行き、配筋検査やアンカーボルトの位置をチェックする。

　配筋検査では地中梁の配置、基礎の形状、基礎立上り高さの確認、主筋、補強筋の太さ、配筋ピッチ、定着長さの確認、かぶり厚さなどメジャーを使い、設計図書どおりか確認をする。

　特にコーナー部は主筋が複雑に入り組んでいるので、主筋の定着がとれているかをよく確認する。検査の前に土台継手の位置を把握し、アンカーボルトの設置位置を検討、最終確認しておき、追加や修正があれば当日現場で指示をする。

　配筋検査では上記のほかに人通口など貫通部の位置や補強も必ず確認する。

　設備配管が基礎立上り部を貫通する場合、補強筋の有無やコンクリートのかぶり厚さが確保できているかも確認する。

　構造設計を外部に依頼している場合、配筋検査には構造設計者にも同行してもらう。

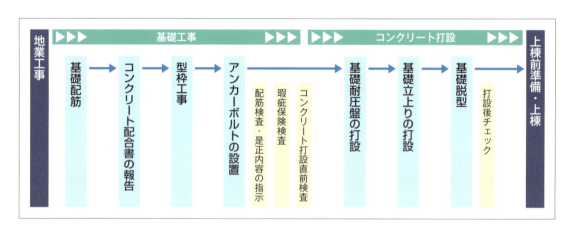

基礎配筋の全体像を把握する

検査の前にアンカーボルトの設置位置などを最終確認しておき、追加や修正があれば当日現場に指示する。基礎の形状、基礎高さ、人通口など貫通部の位置も必ず確認する。構造設計を外部に依頼している場合、配筋検査は構造設計者に同行してもらう。

アンカーボルトの追加指示は図面に描き込んだうえ、現場で追加する位置を明確に指示する。

アンカーボルト位置の追加を指示

配筋検査時の現場の様子。

118

浴室部分の高基礎、一般部の基礎高さが図面どおりか確認する。

地中梁の配置、基礎立上りの位置など全体を俯瞰する。配筋検査では基礎の形状、基礎高さとともに人通口の位置の確認も忘れずに行う。鉄筋表面のごく薄い赤さびはコンクリートとの付着に特に影響はなく、コンクリートがアルカリ性なのでさびの進行もないので特に心配はない。あまりひどい粉状の赤さびはコンクリート付着に影響があるのでブラシで除去してもらう。

基礎端部詳細図（ベタ基礎）［S＝1：25］　　　　基礎中央部詳細図（ベタ基礎）［S＝1：25］

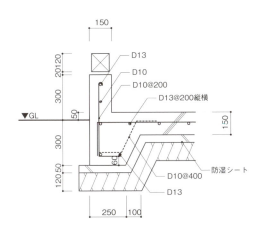
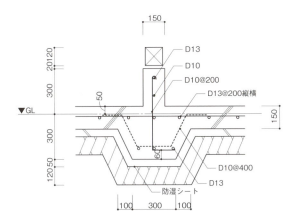

耐圧盤主筋の重ね継手の長さをメジャーで確認する。継手長さは40d以上（鉄筋径13mmの場合520mm以上必要）。

耐圧盤配筋のピッチを確認。この建物の場合は、縦横とも13D、200mmピッチ。

step048

アンカーボルト、コンクリートかぶり厚さを確認する

　通常は耐圧盤のコンクリート打ちの後、立上り部のコンクリートを打設する。しかし、ホールダウン金物は耐圧盤に埋め込むので、耐圧盤の配筋検査時にホールダウン金物の位置と埋め込み深さを確認しておく必要がある。

　通常のアンカーボルトはコンクリート打設のときに動きやすいので位置の確認とともにしっかり固定できているかも確認する。

　コンクリート打設前に、コンクリートのかぶり厚さが確保できているかを確認するのも重要なチェック事項だ。

　さらに、設備配管貫通位置や補強筋も確認しておく。

アンカーボルトの設置位置は設計どおりか

アンカーボルトはA60またはA70の場合、360mm以上の埋め込みが必要となる。そのため耐圧盤のコンクリート打設前、基礎配筋のときに固定しておく必要がある。

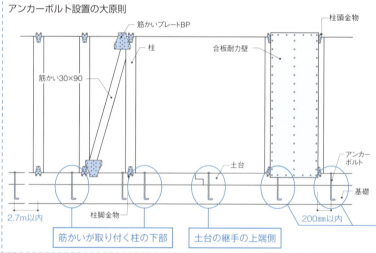

アンカーボルト設置の大原則

アンカーボルトの位置と埋め込み深さを確認する。

アンカーボルト固定：アンカーボルトはコンクリート打設時に動きやすいのでしっかりと固定する。

スリーブ位置：排水、給水等基礎立上り部を貫通するスリーブ位置を確認する。

鉄筋かぶり厚さを確認する

主筋や補強筋の定着長さやかぶり厚さ、継手の定着長さなどの要所を、コンベックスを使って測る。また、配筋のピッチなども計測する。なお、鉄筋表面にごく薄い赤さびが出ていることがあるが、これはコンクリートとの付着に特に影響はない。

基礎耐圧盤主筋のかぶり厚さ（60㎜以上）を確認する。かぶり厚さを確保しにくい部分はスペーサーを使ってかぶり厚さがとれるよう補正する。

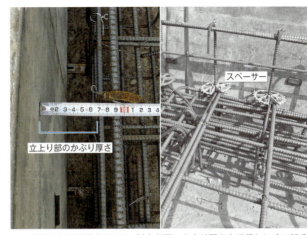

立上り部のかぶり厚さは40㎜以上必要。かぶり厚さを確保しにくい部分はスペーサーを使ってかぶり厚さがとれるよう補正する。

貫通口は適切に補強されているか

スリーブ補強において、設備配管などの立上り部に60㎜以上のスリーブを設ける場合は補強筋が必要。かぶり厚さを確保するため鉄筋より40㎜以上離すこと。

配管スリーブの密集箇所ではスリーブ間隔をスリーブ径の3倍以上離して設置する。なお、メンテナンスを考慮して、配管類は基礎下に埋め込み配管はせず、立上り部から抜くのが望ましい。

スリーブの補強

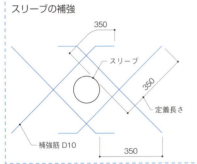
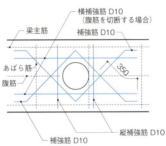
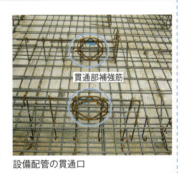

設備配管の貫通口

■配筋検査・コンクリート打設の監理チェックシート

項 目	内 容	記入欄・備考
耐圧盤配筋 （ベタ基礎の場合）	□配置	□基礎伏図、配筋図に適合
	□寸法	□　　　　㎜×　　　　㎜
	□径と配置	□ピッチ
	□継手・定着長さ	□　　　　㎜
	□かぶり厚さ	□　　　　㎜
基礎立上り部配筋	□配置	□特記仕様書などに適合
	□高さ	□　　　　㎜
	□かぶり厚さ	□　　　　㎜（40㎜以上とれているか）
	□スリーブ □補強筋の径とピッチ □変更（あり・なし）	□60㎜以上径は開口補強が必要 □スリーブどうしの間隔はスリーブ径の3倍以上 □　　　　@
	□人通口の配置と幅	□配置　□幅　　㎜×　　㎜　□補強筋の状況
	□アンカーボルトの位置・埋め込み深さ □変更（あり・なし）	□　　　　㎜

step049
コンクリートの品質を確保する

コンクリートの品質を確認する

　コンクリート打設に先立ち、施工者からコンクリート報告書（レディーミクストコンクリート配合報告書）を提出してもらい、コンクリートの品質について確認する。

　報告書では①コンクリートの種類、②呼び強度、③スランプ値などを確認する。後日、テストピースのコンクリート強度結果の報告を受ける。

　コンクリート打設時の天候は仕上がりに大きな影響があるので、3mm／h以上の雨量が予想される場合はコンクリート打ちを延期したほうが無難だ。

　気温2度以下が予想される冬季は、温度補正を行い、コンクリート強度を上げて対応する。夏季のコンクリート打設では、急激な乾燥を防ぐために散水等の養生が必要となる。

　なお普通コンクリートの場合、脱型までの養生期間は5日間を基本とし（早強ポルトランドの場合は3日以上）、アンカーボルト締め付けも5日目以降とする。

■コンクリート配合報告書

　施工者から提出してもらったコンクリート報告書（レディーミクストコンクリート配合報告書）は以下のポイントを中心に確認する。

呼び強度：冬季のコンクリート打ちでは呼び強度を上げて対応する。この現場の場合、呼び強度を27に上げている。

スランプ値：スランプを大きくすると一般に単位水量が増える。必要強度を確保するため水セメント比は一定なのでセメント量も増える。スランプ値を大きくするとコンクリートが分離しやすく、耐久性の低下、乾燥収縮の増大などいろいろな悪影響が出るので、スランプ値はできるだけ小さいほうがよい。だがあまり小さすぎるとジャンカが出やすくなる。木造基礎コンクリートの場合、通常18が基準となっている。

塩化物含有量：塩化物含有量は通常0.30kg／m³以下と規定されている。コンクリート中に一定量以上の塩分が存在すると鉄筋が錆びやすい状態になる。鉄筋が腐食するとその体積は元の2.5倍に膨張しコンクリートのひび割れが生じる。ひいてはコンクリートの剥落が起こりコンクリートは劣化してしまう。

■コンクリート品質確保の確認ポイント

- □ コンクリート打設面にゴミが落ちていないか
- □ コンクリート呼び強度・スランプ値
- □ コンクリート打設時の天候・温度
- □ コンクリート養生方法等
- □ 打ち継ぎ面の不純物の撤去

スランプ試験：スランプ試験はコンクリートの軟らかさを測る試験。建築現場では、スランプ値が15〜18cmのコンクリートがよく用いられる。

テストピース：現場でスランプや空気量などを計測しコンクリート配合報告書と合致しているか確認する。後日テストピースのコンクリート強度がとれているかの報告を受ける。

コンクリートミキサー車からポンプ圧送されたコンクリートを隙間がないようにバイブレータをかけながら打ち込んでいく。

打設が終わったところから天端を平らにならしていく。底盤コンクリート打ち完了の2〜3日後、立上り部の型枠、アンカーボルトを設置し、立上り部のコンクリート打ちとなる。

■配筋検査・コンクリート打設の監理チェックシート

項　目	内　容	記入欄・備考
コンクリート打設	□ 打継ぎ面	□ ゴミや木片の清掃状況
	□ 養生	□ 状況（夏季は急激な乾燥に注意。冬は保存する場合もある）
	□ 型枠	□ 型枠のとおり（良好・不良） □ コンクリートの付着（あり・なし） □ 剥離材の塗布
	□ 配筋	□ 配筋図に適合（隅部、立上りや人通口廻りなどのスラブ貫通部分を重点的に確認する）
	□ アンカーボルトの位置・埋め込み深さ	□ 位置　　□ 深さ

Column
コンクリート杉板型枠塀のポイント

門扉まわりのデザインによって建物全体の印象が大きく変わるため、設計者にとってはこだわりたいポイントの一つであろう。

一般的にコンクリート塀は、型枠にコンパネ（パネコート）を用いて打設することが多い。型枠とPコンの割り付けを美しく整えることが、設計者に求められる作法と言える。打ち放しコンクリートは、素材そのものの質感や重厚な表情が魅力だが、杉板を型枠として使用すると、コンクリート表面に美しい木目が浮かび、より繊細な印象を生み出す。

ここでは、杉板型枠を採用する際のポイントについて解説する。

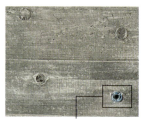
青い樹脂がチューブコン。節とほぼ同サイズになる

チューブコンを使用するとよい。通常のPコンはΦ29.5mmだが、チューブコンはΦ21mmと小さく、節と同化しやすくなる。コストはやや高くなるものの、それに見合う仕上がりが得られるため、採用する価値は十分にある。

施工時の注意点
塀の角部の木目を通す

塀の角部分も木目が連続するようにしたい。施工者が塀の小口部分に杉板を貼り忘れることがあるため、事前に指示を徹底しておくことが重要だ。

釘の処理

杉板を固定する釘の頭は、美しく整列させるのが基本である。さらに、釘は少し沈み込ませる程度に打ち込むのが理想だ。釘が飛び出していると、脱型時に釘がコンクリートに飲み込まれてしまう可能性がある。

打設前の型枠処理

杉板は、パネコートと比べてコンクリート中の水分を吸収しやすい。そのため、打設前に型枠へ十分な散水を行うことで、より美しい木目を得ることができる。

杉板型枠の基本

杉板型枠は、通常コンパネの上に杉板を貼り付けて作られる。杉板には実（さね）加工の有無があるが、一般的には実付きのものが採用されることが多い。

杉板の幅は仕上がりの印象に大きく影響を与える。同様に、材料の面取りの有無も注意すべきポイントだ。面取りが施されると、コンクリート表面に凸部ができ、印象が変わる。横方向のラインをどの程度強調するかは、設計者の求めるデザインによるため、慎重に検討して決めたい。

節の有無による違い

木材の節の有無も、仕上がりの印象を左右する重要なポイントである。筆者は、あえて節の多い材料を指定することが多い。コンクリート塀では、型枠を固定するPコンが規則的に並ぶが、節が多いとPコンが目立ちにくくなり（Pコンが節の一部のように見えるため）、美しい木目が強調される。

さらに、Pコンをより目立たなくしたい場合は、

バイブレーターは注意が必要

杉板は柔らかい。バイブレーターを使用する際に型枠を傷つけないよう注意が必要だ。また、型枠の隙間からコンクリートのノロが漏れると、表面が粗くなり、美しい木目が再現されない。型枠の固定には、「サンクランプ」を採用するのも有効な対策となる。

浮造り加工による木目の強調

より力強い木目を出したい場合は、杉板に浮造り加工を施すとよい。

浮造りの方法としては、バーナーで杉板の表面を軽く炙り、その後ブラシで擦り取る。この工程を3回程度繰り返すことで、木目の凹凸が生まれる。

2 工事監理編 chapter4
上棟前調整・上棟

050
上棟前調整 ①

051
上棟前調整 ②

052
上棟準備

053
上棟

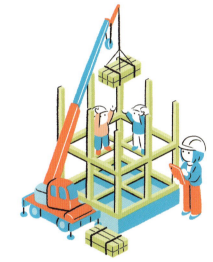

検査・その他	地鎮祭　根切底確認　配筋検査　上棟式　　　　　　　　　　　　　　引き渡し 　　　　遣り方立会　　　　　　　　　　　　　　　　　役所検査・竣工検査
地盤改良	
仮設工事	地縄　遣り方　　　　　　　　　　　　　　　　　　　クリーニング
基礎工事	地業工事　配筋　立上り部 　　耐圧コンクリート打ち　立上りコンクリート打ち
木工事	上棟　筋かい・間柱・床下地　木枠・間仕切・床　造作工事 プレカットチェック　　　　断熱材　壁・天井下地・ボード張り
屋根工事 防水工事	屋根下地　屋根工事 ルーフィング・防水工事
左官工事	外壁下地　外壁仕上げ　内部左官工事
サッシ工事	サッシ確認　サッシ取付
木製建具工事	建具工事
塗装工事	外部木部　内部　建具・床・外構
内装工事	クロス張り　畳
給排水設備工事	外部配管　床下配管　内部配管　器具取付
電気・空調設備工事	床下配管　内部配管　器具取付
外構工事	外構工事

step050

上棟前調整 ①

　現場では、上棟に先立って基礎立上り部の型枠を外した後に、基礎天端均しをし、土台の敷き込みが行われている。上棟を終えると、現場の指示に必要な詳細図を作図する必要があるので設計業務が著しく増加する。そのため、コンクリート打設後から上棟までの間に、上棟以降に必要になる詳細図などの準備をしておくことが望ましい。

　また、上棟後、屋根工事が始まればアルミサッシの発注もあるので、事前に建て主に屋根材の材種や色、アルミサッシの色やガラスの種類を再確認しておきたい。

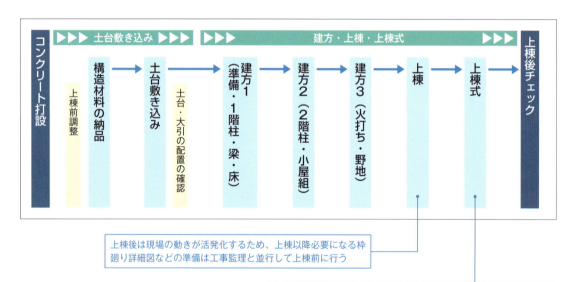

上棟後は現場の動きが活発化するため、上棟以降必要になる枠廻り詳細図などの準備は工事監理と並行して上棟前に行う

上棟式は棟上げ式ともいわれ、木造の場合は、棟木が取り付いたときに、工事の1つの区切りとして行う。建て主が施工者をねぎらうという意味もあるが、現在では施工者と建て主の顔合わせといった意味合いが大きい。建て主に当日の流れなどを事前に説明しておく

アルミサッシの取り付け位置を指示する

上棟後の金物検査、サッシ下地等の作業後にアルミサッシ取り付けが始まる。そのため、施工者は上棟前後にアルミサッシの発注を行わなければならない。
　変更がある場合、設計者は速やかに施工者に伝えなければならない。

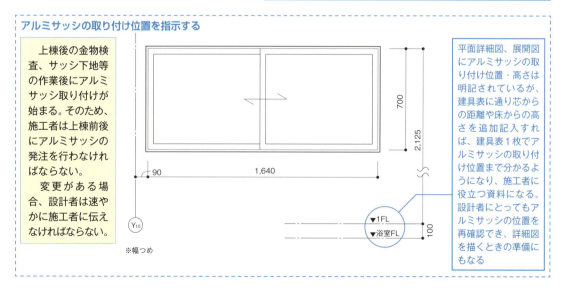

平面詳細図、展開図にアルミサッシの取り付け位置・高さは明記されているが、建具表に通り芯からの距離や床からの高さを追加記入すれば、建具表1枚でアルミサッシの取り付け位置まで分かるようになり、施工者に役立つ資料になる。設計者にとってもアルミサッシの位置を再確認でき、詳細図を描くときの準備にもなる

照明・コンセントの位置を指示する

上棟後、大工工事と共に設備工事が始まる。特に電気工事は数が多いので照明位置やコンセント・インターネットLAN位置等を展開図・立面図・天井伏図に明記し、電気設備業者に説明のうえ、渡しておく。

特に天井照明の位置を早めに渡しておくと、大工工事の天井下地工事とのバッティングも防げる。

■電気設備図で照明・スイッチ・コンセントの位置を確認 [S＝1：100]

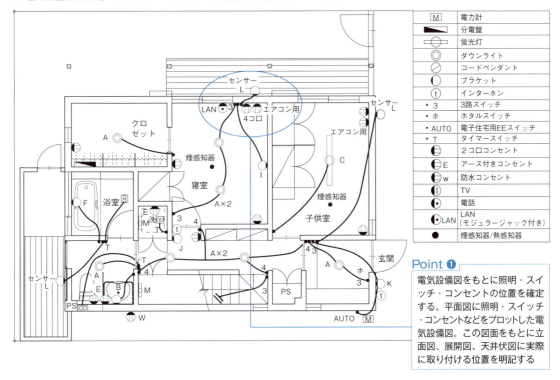

Point ❶
電気設備図をもとに照明・スイッチ・コンセントの位置を確定する。平面図に照明・スイッチ・コンセントなどをプロットした電気設備図。この図面をもとに立面図、展開図、天井伏図に実際に取り付ける位置を明記する

■立面図で外部照明・インターホンの位置を確認 [S＝1：120]

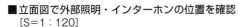

■展開図で照明・スイッチ・コンセントの位置を確認 [S＝1：40]

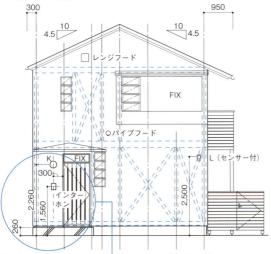

Point ❷
立面図で外部照明・インターホン等の位置を確認する。筋かいの位置を描き込んだ立面図に、外部照明・インターホン位置などを描き加える

Point ❸
展開図で照明・スイッチ・コンセントの位置を確認する。電気設備図は平面図にだいたいの位置を描いたプロット図なので、電気設備業者には、筋かい位置を考慮した、照明器具・コンセント等の電気設備を描き込んだ展開図を作図して渡すとよい

Point ❹
筋かいの位置を描き加え、照明器具やスイッチ・コンセント類と干渉しないことを確認する

127

step051

上棟前調整 ②

枠廻り詳細図を作成する

アルミサッシの取り付けが終わると現場では枠廻りなどの工事が始まる。施工者が余裕を持って材料の発注、加工作業ができるように、上棟後なるべく早い段階で枠廻り詳細図を現場に渡しておくのが理想的だ。また、枠廻りは家具造作にも絡んでくるので、枠廻りと一緒に家具も考えておくと家具図面を描く準備にもなる。

■枠廻り詳細図［S=1:10］

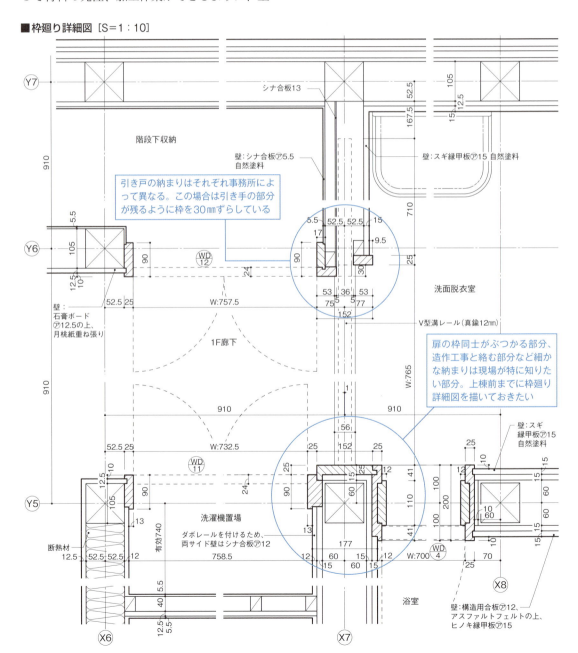

引き戸の納まりはそれぞれ事務所によって異なる。この場合は引き手の部分が残るように枠を30mmずらしている

扉の枠同士がぶつかる部分、造作工事と絡む部分など細かな納まりは現場が特に知りたい部分。上棟前までに枠廻り詳細図を描いておきたい

軒先の納まり、トップライトの位置を指示する

垂木はプレカットでなく、大工職が加工する場合が多いが、上棟後屋根下地工事を引き続き行うので、プレカット打ち合わせ時に、鼻隠し・破風など軒先の納まりを現場に指示しておく必要がある。

また、屋根にトップライトがある場合、その納まりや位置を、上棟に先立って現場に指示を出すことも忘れないようにしたい。

■軒先通気のある垂木部分詳細図［S＝1：10］

上棟前に、加工が必要な垂木部分の打ち合わせをする。

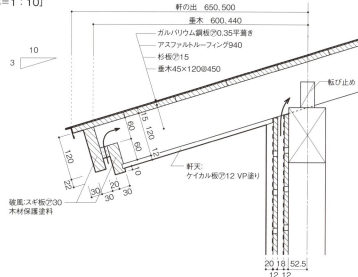

■トップライト配置図［S＝1：40］

屋根にトップライトがある場合、その位置を現場に指示する。垂木との関係が分かる図面を明示する必要がある。

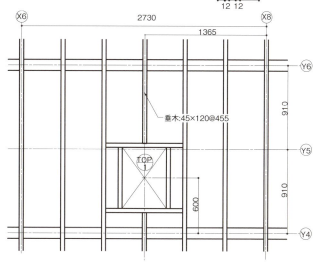

■上棟前のデスクワーク完了チェックシート

確認項目		確認のポイント	備考
設計	屋根材	□色	・建て主がイメージしやすいよう、上棟時に現場でサンプルを見せ、再確認するとよい
		□破風・軒裏の仕上げ	―
	アルミサッシ	□色・大きさ	―
		□取り付け位置	・建具表に描き込む
		□ガラスの種類	―
	開口部	□内部枠廻り詳細図の完了	・家具も併せて検討する
	電気設備関係（位置の決定）	□スイッチ・コンセント	・詳細な位置を決定し、展開図、立面図に描き込む
		□照明器具（ダウンライト含む）	
		□インターホン	
		□CATV	
		□LAN	
		□住宅用火災警報器	

step052

上棟準備

　上棟に先立ち、基礎立上りの脱型と土台敷きが行われる。基礎立上り部の脱型は、普通コンクリート打設後5日を基本とし、3〜4日で脱型する場合は散水等で保湿に心がける。

　基礎の遣り方は施工時に狂いが出ていることが多いので、新たにレベル調整をした後に土台を敷き込む。

　土台継手位置、アンカーボルトの位置は図面で確認済みだが、継手位置が人通口の上にきていないか、継手オス側にアンカーボルトがあることを再度確認する。

　土台の水平と矩（かね）の精度がこれ以降の工事のでき具合に大きく影響する。土台敷きが終わると翌日以降いよいよ上棟作業が始まる。

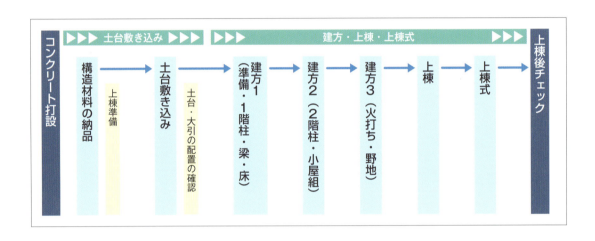

基礎レベル調整：以前は基礎立上り脱型後、左官職人が水平調整をしていたが、現在では、脱型前に「基礎レベラー」を約1cm厚程度流し込み、セルフレベリングで水平を取る方法が多い。

基礎立上り部脱型：基礎水平調整後、立上り部の型枠を脱型する。この後順次土台を敷き込んでいく。

上棟前に搬入された部材：現場に搬入された木材はシート養生をして雨に濡れないようにする。建方後、木材が少々雨に濡れた程度では木材の含水率に影響はない。

土台敷き：上棟に先立ち、前もって土台敷きが行われる。土台の矩（かね）をしっかり確認しながらの作業となる。

アンカーボルトの締め付け確認：土台アンカーボルトの締め付け状況を確認する。座金が土台に若干めりこみ、ねじ頭が2山以上出ていることを確認する。

土台継手とアンカーボルト：土台継手がある部分は、オス側（上木側）にアンカーボルトがきていることを確認する。施工誤差でアンカー位置がずれてしまった場合はケミカルアンカーで補強する。

■ 上棟前の確認ポイント

項　目	確認ポイント
□ 構造材材種の確認	土台・柱・梁等が指定した材種であるかを確認する
□ アンカーボルトの締め付け状況	木材に若干座金がめり込む程度の締め付けで、ねじ頭が2山以上出ていることを確認する
□ 土台継手とアンカーボルト位置	土台継手部分にアンカーボルトがきていないか確認する。もし万一継手部分にアンカーボルトがある場合は、土台継手上木にケミカルアンカーを追加する
□ 土台とネコ土台	ネコ土台が柱下、アンカーボルト位置、土台継手下、1mピッチ以内で設置されているか確認する
□ 土台および地盤の防腐、防蟻	土台や柱に檜やヒバ等の材種を使う場合、防腐防蟻処理は義務づけられていないが、シロアリが発生しそうな場合防蟻処理を行う場合がある。人体に害のあるクロルホピリホスといった防腐防蟻材は禁止されているが、その他の化学物質であっても人体に影響がある場合があるので使用には十分注意が必要である

step053

上棟

　上棟当日、設計監理者は建て主同様敷地外から大工職や鳶職の作業を見るほかはない。作業中に建物内に入って怪我をすることが最も現場や建て主に迷惑をかける行為だからだ。

　上棟後のチェックは金物が取り付いた金物検査時になる。

　前日までは土台までしかなかった現場に、一日にして骨組みができ上がる様は感動的ともいえる。ただ劇的に工事が進むのはこの日だけで、在来工法の場合はここからが本格的に工事が始まるといっても過言ではない。

　棟木が上がった状態、あるいは作業が進んだ場合は屋根下地まで工事をする場合もあるが、工事のきりのよいところで上棟式となる。上棟式は建て主が職人をねぎらう行為だが、今では建て主と職人たちとの顔合わせの意味合いが強い。

　上棟の予定が立った段階で建て主に上棟式の段取りや出席人数、用意してもらうもの、ご祝儀の相場などを知らせておいたほうがよい（134頁Column参照）。

建方：クレーンを使い、建方を行う。当日は大工職、鳶職の職方が協力して作業が進んでいく。道路の関係等でクレーン車が使えない場合は人力での作業になるが作業として大変なので手間代は割高になる。

柱を建てる：柱を土台ホゾ穴に差し込んでいき、掛矢（大型の木槌）で打ち込む。

2階梁設置：クレーンを使い、梁を柱に設置し、梁同士の継手を掛矢で打ち込み、その後金物で緊結する。

垂直・水平確認：柱梁が組み上がった段階で下げ振り、水平器を使い、建物の垂直・水平を確認し、ターンバックルを用いて建物の垂直を調整する。

仮筋かい：垂直・水平を確認後、仮筋かいで建物を固定する。

小屋組：小屋束、母屋、棟木、といった小屋組を施工する。

上棟：棟木が載った段階で上棟となる。時間があれば垂木、屋根下地といった作業を行い上棟式になる。

■上棟前の確認ポイント

確認項目		確認のポイント	備考
監理	基礎	□ 基礎高さ	—
		□ 天端均しの状態	—
		□ コンクリート打設時の天候と気温	—
		□ 養生期間	・施工者より報告を受ける
	土台・大引	□ 配置	・居室によって床高を変えている場合などは注意が必要
		□ 継手位置	—
		□ アンカーボルトの位置	・最終確認を行い、修正が必要な場合は接着系のアンカー（ケミカルアンカー）を設ける
	土台の防腐・防蟻	□ 処理方法の確認	・薬剤によるものか、樹種によるものかなど
	床下換気・防湿措置	□ 床下換気口の位置と寸法	・床下換気の場合に限る

Column

上棟式

　上棟式は大地を司る神に守護を感謝し、家屋の棟を司る神々に事の成就を願う祭事。現在では建て主が職人の労をねぎらい、建て主と施工者との顔合わせ、紹介といった意味合いが強い。建方の当日、棟上げ後の夕方から行うケースが一般的だ。棟が上がった段階、あるいは工事のきりのよいところで上棟式になる。

　戸建て住宅の場合は特に神官は呼ばずに、鳶職の親方が仕切る場合が多い。建て主、鳶職の親方、大工職の棟梁の三者で塩、米、酒で建物の四隅のお清めをし、棟に幣串を建てる。その後、直会（なおらい）として現場で御神酒で乾杯し歓談、職人の紹介がある。

　最近は上棟式（直会）を行わないかあるいは簡略化して行うことが多い。上棟式の流れや、用意するものをあらかじめ建て主に伝えておくことが肝要だ。

上棟式の流れ
① **建方** 鳶職、大工職など現場に施工者が集まり協力しての作業が始まる。通常1日で組み上がるが、劇的に工事が進むのはこの日だけで在来工法の場合ここから本格的に木工事が始まるといっても過言ではない
② **上棟式の準備** 施工者が中心となり現場の合板や角材を使って仮設のテーブル、ベンチなどを用意する。そこに建て主の用意した軽食、飲み物を並べる
③ **上棟式** 魔除けの幣串を棟木に立てる。建て主も棟梁と一緒に屋根に登り拝礼をする地方もある。建物の四隅の柱、土台に塩・米・酒を撒きお清めをする
④ **直会** 御神酒で上棟を祝し乾杯する。職人の紹介などを通じて、建て主、設計者、施工者の交流を深める。歓談後、鳶職の親方の手締めでお開きとなる。途中、鳶職の親方の木遣りがある場合もある。施工会社、地方によって流れは異なる。最近は直会を行わず、ご祝儀と赤飯、三合瓶の日本酒のお土産を渡す場合が多い

上棟式四方払い：地鎮祭と違い神官は呼ばず、鳶職の親方が仕切り、建て主、大工職の棟梁の三名で建物の四隅を塩・米・酒でお清めをし二礼二拍手一礼の拝礼が一般的。

上棟式直会：建て主の挨拶、乾杯、軽食をつまみながら歓談、各施工者の紹介がある。車で来ている施工者に酒を勧めることは厳禁。施工会社によっては紅白の幕を張って式を演出してくれるところもある。

魔除けの幣串（へいくし）：棟木にとりつける幣串。

2 工事監理編 chapter5
軸組工事

054
アンカーボルト・ホールダウン金物の芯ずれに注意

055
柱頭柱脚金物のチェックと一覧表

056
柱頭柱脚金物の接合取合い一覧

057
梁の接合金物のチェック

058
構造用面材による耐力壁と床剛性

059
上棟後の金物チェックシート

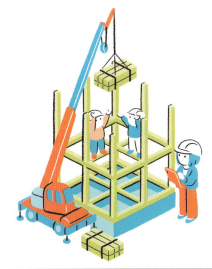

検査・その他	地鎮祭　　根切底確認　　　　　　　　　　　　　　　　　　　　引き渡し
	遣り方立会　配筋検査　上棟式　　　　　　役所検査・竣工検査
地盤改良	
仮設工事	地縄　遣り方　　　　　　　　　　　　　　　　　　　　クリーニング
基礎工事	地業工事　配筋　立上り部　　立上りコンクリート打ち
	耐圧コンクリート打ち
木工事	上棟　筋かい・間柱・床下地　木枠・間仕切・床　造作工事
	プレカットチェック　　　　断熱材　壁・天井下地・ボード張り
屋根工事 防水工事	屋根下地　屋根工事
	・ルーフィング・防水工事
左官工事	外壁下地　外壁仕上げ　内部左官工事
サッシ工事	サッシ確認　サッシ取付
木製建具工事	建具工事
塗装工事	外部木部　　内部　建具・床・外構
内装工事	クロス張り　畳
給排水設備工事	外部配管　床下配管　内部配管　器具取付
電気・空調設備工事	床下配管　内部配管　器具取付
外構工事	外構工事

step054

アンカーボルト・ホールダウン金物の芯ずれに注意

　上棟が終わると軸組工事のチェックとなる。まずは、土台と基礎が金物でちゃんと緊結されているか確認する。

　アンカーボルトが適切な間隔で入っているかを確認する。土台の長さ2mに1本以上のアンカーボルトが入っているかを確認しよう。

　土台の継手部分では継手の両側に入っていることが望ましい。継手が鎌継ぎの場合には、最低でもオス側にアンカーボルトが入っていることを確認しよう。

　基礎伏図とプレカット図の両方にアンカーボルトの位置をあらかじめ描き込んでおけば、チェック漏れもなくなるだろう。

　次に、土台の中心に対してアンカーボルトがずれていないか確認する。アンカーボルトは土台の中心に入っていることが基本だ。アンカーボルトの芯ずれについては、土台の中心から土台幅の3分の1の範囲よりもずれていないかどうかを判断の基準としたい。

　アンカーボルトの間隔が2mよりも離れている場合、土台の継手部分にない場合、土台の中心から大きくずれている場合には、アンカーボルトを追加する。アンカーボルトの追加はケミカルアンカーなどを利用する。

アンカーボルトの芯は土台の中心にあることが基本だが、中心ぴったりにはいかないことも多い。中心よりも土台幅の3分の1以上ずれている場合はアンカーボルトを追加するなど補強対策を検討すること。

基礎と土台の接合部

　最後は、アンカーボルトと土台がしっかりと緊結されているかを確認する。必要ならば増し締めをしてもらう。

　アンカーボルトは土台にナット締めをしてねじ山が3山以上残っていることを確認。ただし、根太レス工法で構造用合板を直接土台にビス止めして剛床とする場合には、ねじ山が土台天端から飛び出さない専用の金物があるのでそれを使うと床との取り合いの施工がやりやすい。

根太レス工法用のねじ山が土台の天端から出ないような金物を使用。

ホールダウン金物で、基礎に直接打ち込み土台を貫通させて柱と緊結するタイプのものは、上棟の前に柱との位置関係をチェックすること。柱の芯からずれている場合や柱からの距離が離れてしまっている場合、専用の金物で対応できることがある。

　また、あってはならないことだが、基礎に打ち込むタイプのホールダウン金物が不足している場合には、引き抜き強度が出るケミカルアンカーも市販されているので構造設計の専門家に相談のうえ検討してみるのもいいだろう。

■アンカー・ホールダウン金物の芯ずれへの対応

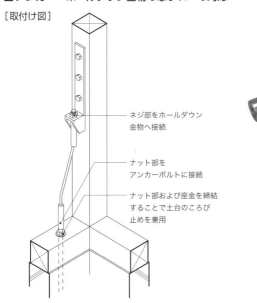
[取付け図]

[耐震Jケーブル]

耐震Jケーブルの取付け例
（写真：テザック）

■ケミカルアンカーの施工

①追加するアンカーボルトとケミカルアンカー。

②アンカーボルトを追加する箇所にドリルで穴をあける。

③ケミカルアンカーを注入する。

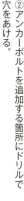
④アンカーボルトを入れてケミカルアンカーをならす。

step055

柱頭柱脚金物のチェックと一覧表

　工事現場の流れとしては梁材の接合金物の取り付けが先行するが、柱頭柱脚金物は他の接合金物との取合いが出てくるのでチェックを優先したほうがよいだろう。N値チェックで柱頭柱脚金物の選定を事前に行っておき、伏図もしくは軸組図に金物の指定を描き込んでおくこと。

　また、プレカット図のチェック時に筋かいの仕様・位置や方向が変更になっていれば、N値の再チェックをしておくことも忘れずに。

　現場では、指示した金物がちゃんと取り付けられているかを全数確認する。使用されているビスや釘が正しいものかどうか、ビスや釘の本数、接合部の施工状況など総合的にチェックすること。

　できる限り全数全箇所の写真を撮っておくことが望ましい。

柱頭柱脚金物は複雑な取合いに注意

柱頭柱脚金物、ホールダウン金物とともに筋かい金物と交差することがよくあるので、筋かいの位置にも注意が必要だ。また、浴室を在来構法でつくる場合に基礎の立上りを設けることが多いが、土台の段差や柱との取合いが複雑になるケースもあるので、現場での確認と対応により問題点の早期発見を心がけること。

薄型の柱頭柱脚金物は構造用面材を使った耐力壁の場合に利用する。

筋かい金物と柱頭柱脚金物の干渉への対処

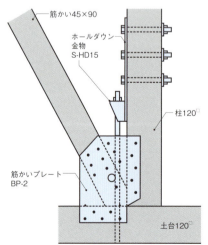

筋かい金物とホールダウン金物など、2つ以上の金物が交差する部分は取り合いが複雑になる。図面どおりに施工されているかしっかり確認する

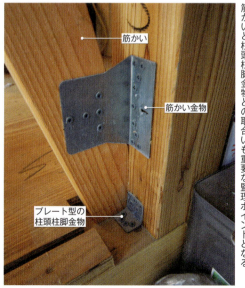

筋かいと柱頭柱脚金物との取合いも重要な監理ポイントとなる。

柱頭柱脚金物の一覧（Z金物）

　ここでは一般に市販されている柱頭柱脚金物を一覧にして紹介する。

　注意しておきたいのは、告示の表で「と」以上の引き抜き力がかかる柱の脚部には、基礎に直接打ち込んだホールダウン金物が必要であることだ。基礎工事の準備にもかかわる事項なので「と」以上の金物が必要な箇所については十分注意して事前に確認しておくこと。

　また、「い」に該当する接合部では短ほぞ差しでよく、「ろ」に該当する接合部でも長ほぞ差し込み栓打ちで認められており、金物を使わずとも対処できるということも知っておくとよいだろう。

告示表1	Z金物
い	かすがい　※短ほぞ差しが同等
ろ	Zかど金物　使用接合具　太めくぎZN65　※長ほぞ差し込み栓打ちが同等
は	Zかど金物　使用接合具　太めくぎZN65　Z山形プレート　使用接合具　太めくぎZN90 8本
に	Z羽子板ボルト　Zかど金物（スクリュー釘なし）
ほ	Z羽子板ボルト　使用接合具　スクリューくぎ1本　Z短ざく金物　使用接合具　スクリューくぎ3本
へ	ホールダウン金物　10kN用

告示表1	基礎に打ち込んだZ金物が必要
と	ホールダウン金物　15kN用
ち	ホールダウン金物　20kN用
り	ホールダウン金物　25kN用
ぬ	ホールダウン金物　15kN用×2

「と」以上の引き抜き力が生じる箇所は基礎からのホールダウン金物が必要

※「ぬ」以上の金物が必要となる場合は、第三者機関による性能試験済みのビス留めホールダウンを使うとよい

2　工事監理編　⑤　軸組工事

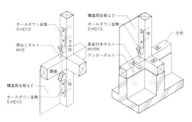

step056
柱頭柱脚金物の接合取合い一覧

ここでは、「い」から「ぬ」までの柱頭柱脚金物が柱や筋かい、梁・土台とどのように取り合うのか一覧にしてみた。現場での確認に役立ててほしい。

■いの仕口
かすがい打ち（C120、C150）

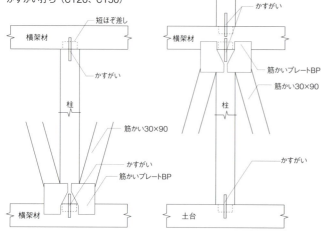

■ろの仕口
長ほぞ差し込み栓打ち

かど金物（CP・L）
柱、横架材にそれぞれ5-ZN65

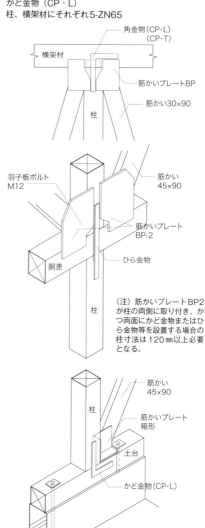

（注）筋かいプレートBP2が柱の両側に取り付き、かつ両面にかど金物またはひら金物等を設置する場合の柱寸法は120㎜以上必要となる。

■はの仕口
かど金物
CP・T
柱、横架材にそれぞれ5-ZN65

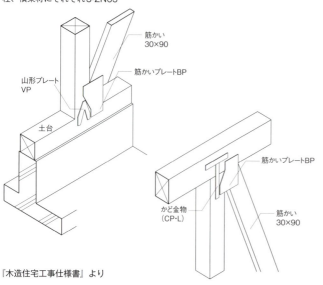

『木造住宅工事仕様書』より

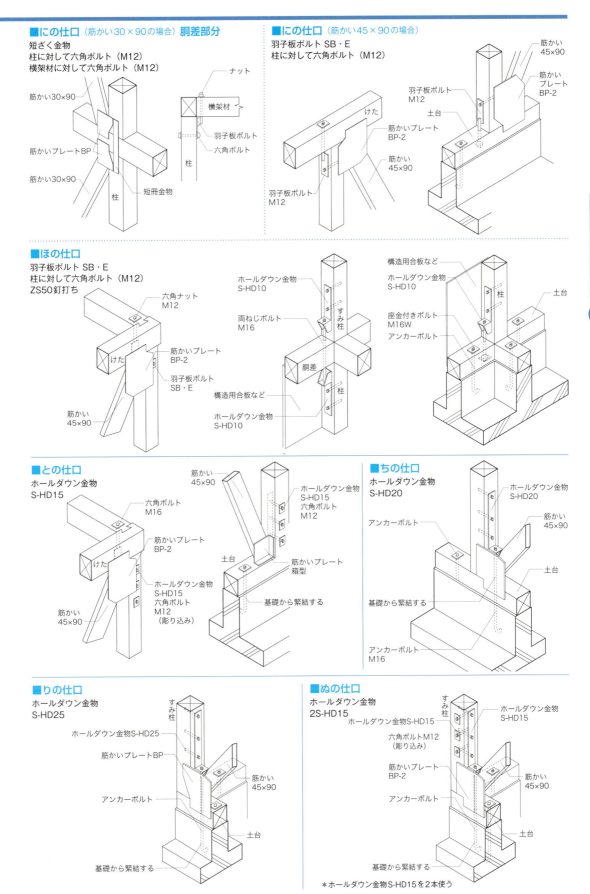

step057

梁の接合金物のチェック

　梁の接合金物の取り付けは、上棟の作業の中で、速やかに行われる。基本は羽子板ボルトで梁の接合部の全箇所を緊結する。上棟後に金物の締めつけを行うが、2度締めを基本として、本締めは屋根工事が終わり、外壁工事が始まる前、もしくは天井下地を組む前に行う。作業が前後するので本締めがしっかりと行われたかどうかの確認を怠らないようにする。

羽子板ボルトの注意点

梁成が300mm以上ある場合には羽子板を上下2本が原則とする。取り付け忘れがないかしっかり確認しよう。

羽子板ボルトがしっかりと接合されているか、ナット締めも確認する。時間を置いて2度締めするなど現場への指示と作業がちゃんと行われたかも確認したい。天井の石膏ボードを張る前にナットがゆるんでいないか確認する。

梁を化粧で見せる場合に接合金物を隠したいときは、柱、梁、桁などを相互に繋ぐ金物が見えぬよう箱掘りして隠しボルトで緊結する。以前は手加工でしかできなかったが、最近はプレカット加工でも対応できるようになった。

火打ち梁のチェックポイント

火打ち材はボルトが梁を貫通してきちんと接続されているか確認する。

火打ち梁については、木材を使う一般的なものから、最近では作業性を考慮して金物によるものへ移行してきている。火打ち金物には意匠性を考慮したパイプ火打ちのようなものもあり、塗装もできるので、吹抜けなどで火打ち梁を化粧で見せるときなどに利用するとよい。

（写真：タナカ）

パイプ火打ちの施工例。意匠性を考慮して使う場合もある。

142

床の水平剛性を確保するための火打ち梁の取り付けを確認しておくこと。step51で触れるが、最近では厚みのある構造用合板を梁に直接止めることで床合成を確保する根太レス工法もあり、その場合には火打ち梁は不要となる。

　水平剛性については瑕疵担保保険の関係からシビアな判断が求められるようになってきている。たとえば、吹抜け部分で意匠的に火打ち梁を入れたくないときにも水平剛性をどこで確保するのか設計者の判断根拠が求められる。事前の検討と確認が必要だ。

　以下、梁の取合いを一覧で図解しておく。

■梁の取り合いの施工例

①スリム羽子板ボルト取り付け図

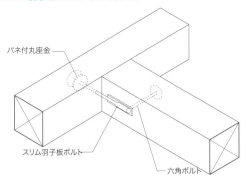

②ビス羽子板金物取り付け図

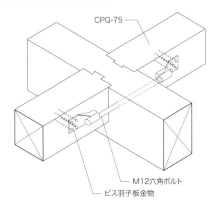

③L型羽子板金物取り付け図

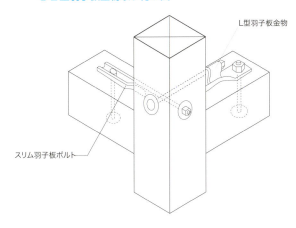

④両引き羽子板金物取り付け図

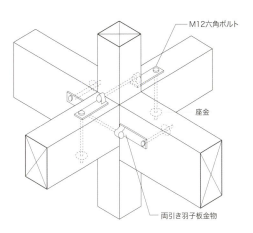

⑤釘止め短ざく金物取り付け図

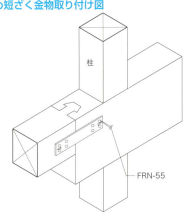

⑥フラットかね折り金物取り付け図

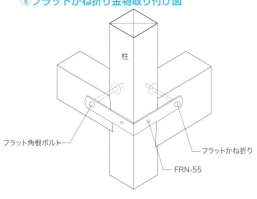

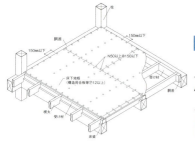

step058

構造用面材による耐力壁と床剛性

　軸組の接合部が問題なく施工されたのを確認してから、構造用面材の取り付けに進む。

　外周部に構造用面材を取り付ける場合は、サイディングなどの外壁の下地としての役割も果たす。

　また、断熱材の充填が容易になり気密性・断熱性の確保という点でも優れる。そのため近年では、耐力壁は外周部に構造用面材を張るものが多くなった。

耐力壁

　構造用面材を取り付ける釘の打ち方・種類・間隔などを確認。釘のめり込みについては使う材料により仕様が決められているので注意すること。

　軸組の補強金物を使う場合は、構造用面材が浮かないよう、薄型の金物を使うなど金物の選定には注意が必要だ。

■一般的な構造用面材の張り方（大壁耐力壁の場合）

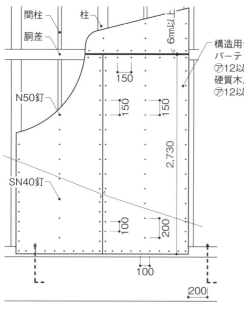

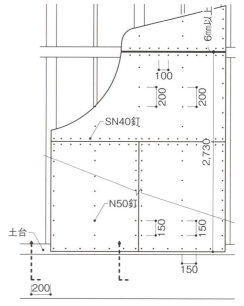

構造用面材としては各社から数種類のものが商品として出ている。外壁下地として壁内結露対策を考えると吸湿性能、透湿性能についても考慮して選びたい。

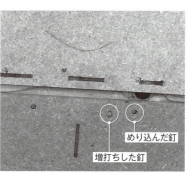

釘頭のめり込みが構造用合板の厚さの1/3を超えると耐力の低下が顕著になる。めり込みが見られる個所には釘の増打ちが必要となる。

144

床剛性をもつ剛床

床剛性をもつ剛床としては根太組によるものと根太レス工法によるものがある。根太組による方法では設備の配管経路が確保できる利点があるが、根太レス工法に比べ手間がかかる。どちらの工法にするか、設計段階からしっかりと検討しておきたい。耐力壁と同様に、床剛性を確保するためには釘の打ち方・種類・間隔などをしっかりと確認しておくこと。

■根太組による剛床

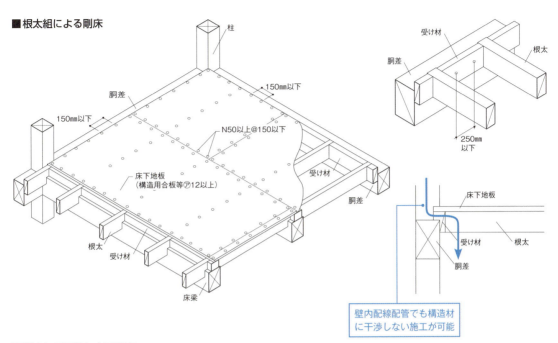

■根太レス工法による剛床

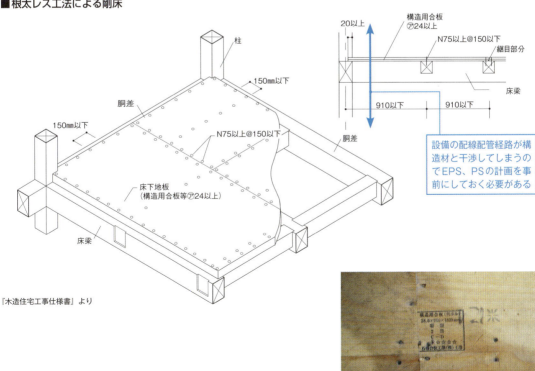

『木造住宅工事仕様書』より

構造用合板の印字確認を忘れずに。厚み、シックハウス表示など、表示部分を写真に収めておくこと。

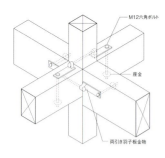

step059

上棟後の金物チェックシート

　軸組工事の金物チェックでは、設計時に選定された金物が実際に問題なく施工することができるかどうかの現場状況の確認と、正確に取り付けられているかの施工状況の確認が主な作業になる。現場での施工不良がある場合には速やかに現場に伝え対策を検討する。監理者は、なるべく早めの問題発見に努め、現場の進行がスムーズになるように心掛けること。下のフローは金物チェックの流れを示しているが、実施設計時に加えて上棟直後にも再確認することが望ましい。

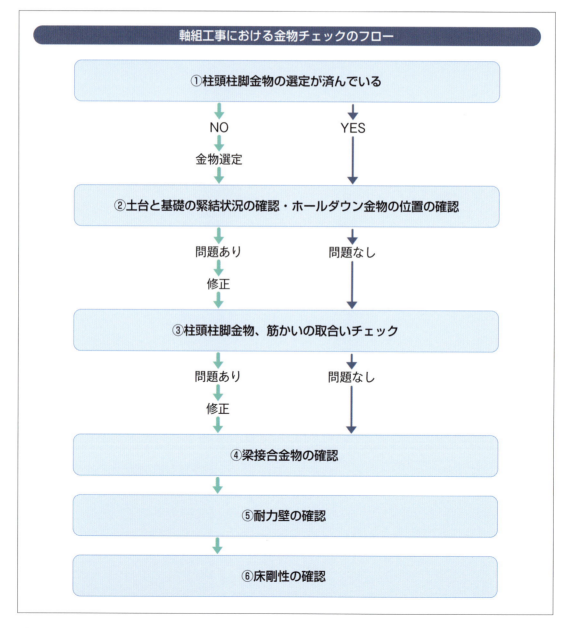

軸組工事における金物チェックのフロー

■上棟後の金物チェックシート

	確認の箇所	確認のポイント
土台・大引	基礎とのずれ	基礎と土台がずれていないか 　→土台がずれている場合の対処 　→基礎がずれている場合の対処
	継手位置	床下換気口、人通口と重なっていないか 　→重なっている場合の対処 継手位置の両端にアンカーボルトは入っているか 　→入っていない場合の対処
	アンカーボルト	図面で指示した位置に入っているか 土台2mに1本以上あるか 　→アンカーボルトが不足している場合の対処 土台の中心に入っているか 　→中心に入っていない場合の対処 締め付け状況は適切か ねじ山を残して締めているか 　→締めなおしの指示は必要か 根太レス工法の場合には土台天端から出ていないか 　→出ている場合の対処
	ホールダウン金物	柱との位置関係は適切か 　→修正が必要な場合の対処
	大引	ピアノなど荷重がかかる箇所の補強はできているか 　→補強が必要な場合の指示
耐力壁	配置	耐力壁の配置は設計図どおりか 　→修正の指示が必要な場合の対処
	柱頭柱脚金物	金物の選定は済んでいるか 　→告示によるか、N値計算によるか 筋かい金物との取合い 　→変更が必要な場合の対処
	筋かい	スイッチボックス、換気扇などとの取合い 　→必要ならば筋かい方向の変更 　→N値計算をしている場合には再チェックが必要
	筋かい金物	筋かい金物はしっかりと付いているか 　→修正が必要な場合の対処
	構造用面材	指定の材料が使われているか 　→修正が必要な場合の対処 指定の釘、打ち方、間隔の確認 　→修正が必要な場合の対処 釘のめり込みの程度の確認 　→修正が必要な場合の対処
	剛床	根太組によるか根太レスか 指定の材料が使われているか 　→修正が必要な場合の対処 指定の釘、打ち方、間隔の確認 　→修正が必要な場合の対処 釘のめり込みの程度の確認 　→修正が必要な場合の対処
梁	接合金物	箱掘りの隠しボルトにするか羽子板ボルトにするか 柱頭柱脚金物との取合い 　→修正が必要な場合の対処 筋かいとの取合い 　→修正が必要な場合の対処 筋かい金物との取合い 　→修正が必要な場合の対処 梁成が300mm以上ある梁はボルトが2本
	火打ち梁	水平剛性の考え方の確認 位置は設計図どおりか 　→修正が必要な場合の対処 木製か火打ち金物を使うか パイプ火打ちを使う場所はあるか 梁との取合いの確認 　→修正が必要な場合の対処

2 工事監理編 ⑤ 軸組工事

Column
軸組躯体の精度と根太レス工法と直張り工法

　軸組加工の作業は大工の手刻みではなくプレカットが主流になっている。木材の乾燥技術・加工技術の劇的な進化でプレカットによる加工精度が飛躍的に向上したためである。同時に、基礎工事の天端水平レベルを正確に出す施工技術も進化しており、木造軸組工法の躯体精度が驚くほど向上した。

　従来の木軸躯体の精度はほどほどであった。水平も垂直も、根太や胴縁で調整して大工職の手で上棟後に調整して作るものであり、水平と垂直を作ることが大工職の仕事だといえるほどだった。これは、どんどん収縮しながらねじれてゆく未乾燥材を使うことを前提とした、大工職の高い技術と経験が必要な難しい仕事でもあった。それが、木材の乾燥とプレカット技術の革新的な向上で、大工職の水平と垂直を作り出す技術はプレカットの技術に取って代わったのだ。

　その結果生まれたのが根太レス工法という工法だ。プレカットのおかげで水平は土台と梁・胴ざしでちゃんと出ているため、根太で調整して水平を出す必要がなくなり、厚い構造用合板を梁に釘打ちして止める根太レス工法が可能になったのだ。

　根太レス工法と同様に、軸組の精度が上がったために、室内の壁の作り方も変わった。それが直張り工法だ。直張り工法は木材の乾燥技術の向上で収縮などの変形が激減したことと、加工技術の向上で柱のサイズを均一に加工できることによって可能となった。少し前までは材木屋で売っている柱は、3寸5分の大きさとはいっても、1つは108㎜、1つは104㎜とばらばらであった。また、買ってきたときはよくても、少しおいておくと1本1本の乾燥収縮の程度が異なるために大きさはさらにばらばらになっていた。それをカンナで削ることが大工職の仕事だったが、削っても削っても何十本もある柱のサイズをすべてそろえることは不可能であった。だから、垂直な壁を作ろうと思えば胴縁で寸法の差を調整しながら作るしかなかった。それが、プレカット工場のモルダーという精密加工機械と高度な乾燥技術で、均一なサイズの柱を作ることが可能になったのだ。

　プレカットの精度が高く垂直もしっかりと出ているうえに柱のサイズがそろってくると、今まで胴縁を当てて垂直を出そうと調整していた作業はいらなくなる。よって、石膏ボードでも縁甲板でも柱に直接張り付けることができるようになったのだ。

　根太レス工法と直張り工法への移行で現場監理の考え方も大きく変わってきている。

土台の上に床下地として構造用合板を直張りして、その上に床仕上げ材を張り込んでいる。

精度が上がったために胴縁で壁の下地を調整する必要がなくなった。

2 工事監理編 chapter6
防水工事

060 外壁・屋根の防水工事

061 開口部・ベランダの防水工事

検査・その他	地鎮祭　根切底確認　　配筋検査　　上棟式　　　　　　　　　　　　　　役所検査・引き渡し 　　　遣り方立会　　　　　　　　　　　　　　　　　　　　　　竣工検査
地盤改良	
仮設工事	地縄　遣り方　　　　　　　　　　　　　　　　　　　　　　　　　クリーニング
基礎工事	地業工事　配筋　立上り部 　　耐圧コンクリート打ち　立上りコンクリート打ち
木工事	上棟　筋かい・間柱・床下地　木枠・間仕切・床　造作工事 プレカットチェック　　　断熱材　壁・天井下地・ボード張り
屋根工事 防水工事	屋根下地　屋根工事 ・ルーフィング・防水工事
左官工事	外壁下地　外壁仕上げ　内部左官工事
サッシ工事	サッシ確認　サッシ取付
木製建具工事	建具工事
塗装工事	外部木部　内部　建具・床・外構
内装工事	クロス張り　畳
給排水 設備工事	外部配管　床下配管　内部配管　器具取付
電気・空調 設備工事	床下配管　内部配管　器具取付
外構工事	外構工事

step060

外壁・屋根の防水工事

　瑕疵担保保険の重要検査項目でもある防水工事では、正しい設計施工基準を踏まえたうえでの工事監理が欠かせない。建て主も関心のあるポイントでもあるので、設計者としても十分理解することが望ましい。

　外壁については、通気層を取るのが基本である。モルタルやタイルなど、湿式の場合と板張りやガルバリウム鋼板などの乾式で構成が異なるので、適宜検討を行う。

　屋根防水のポイントは、下葺きと使用材料に応じた勾配の確保である。同じ屋根材でも葺き方によって勾配は異なる。たとえば同じガルバリウム鋼板を使用した場合でも、長尺立ハゼ葺きの場合は最低勾配が0.5/10であるが、瓦棒葺きだと1/10、横葺きだと3/10となる。コストや意匠的な意図で決まることが多いが、屋根の防水措置という観点からも再度見直してみたい項目だ。

　関連項目であるが、トップライトを設置する際にも、屋根勾配によっては取り付けの基準を満たせない場合があるので注意が必要だ。

Point ❶　乾式でも湿式でも通気工法が基本

　外壁の仕上げが異なっても防水の基本は同じだ。モルタル仕上げの湿式もガルバリウム鋼板のような乾式も通気工法が原則となり、透湿防水シートで防水を確保することになる。初歩的なことであるが、注意する。

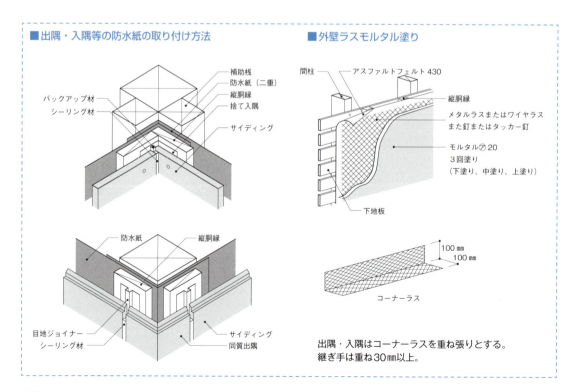

Point ❷ 屋根は下葺き材（ルーフィング）の施工が大事

屋根防水は、ロール状の下葺き材（ルーフィング）を横張りとし、下から上へ張り進める。タッカーを打ったところには防水テープで補修する。トップライトを設ける場合は、ルーフィングの立上りを十分にとり、適切な処理をすること。

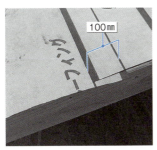

上下方向の重なりは100mm以上確保する。

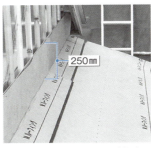

立上り寸法は250mm以上確保すること。

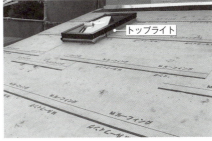

ルーフィングはタッカーで野地板に留める。打ち込み間隔が300mm以内であるか確認する。

Point ❸ 使用材料と加工の種類による勾配に注意

屋根材として、ガルバリウム鋼板、コロニアル、瓦等の材料に加えて、立ハゼ葺き、瓦棒葺き、横葺き等の加工、葺き方の種類もあり、各材料・葺き方によって対応する勾配が異なる。一般的に金属系の材料では、0.5/10〜1/10のような緩い勾配が可能であるが、瓦は、4/10以上の勾配が必要であり、緩勾配にすると雨漏れの原因になるので、注意が必要である。

施工中のガルバリウム鋼板の金属屋根。この事例の屋根勾配は0.5/10である。

Point ❹ 軒先部分の納まりを確認

雨が流れる先端が軒先部分。防水紙から流れてくる雨が屋根下地に回り込むことがないように、水切部材の上まで適切に延ばされているか確認する。

step061
開口部・ベランダの防水工事

陸屋根やベランダのFRP防水は、瑕疵担保責任保険の現場検査で、特に重点的にチェックが行われている。それだけ雨水の浸入の起こりやすいポイントでもあるので、設計者も施工内容のチェックを行う必要がある。設計に際しても、水勾配が確保でき、防水の立上りが適正に確保できるだけの余裕を持った内容にしたい。大きなルーフバルコニーを計画した場合などは、構造躯体（梁・桁）の高さなど、工事の初期段階でクリアしておかないと、納まりにも影響する内容なので、特に注意したい。

Point ❶ 開口部の施工状況をチェック

開口部のサッシ防水は、防水テープの張り方が重要。防水シートとの取合いが指示どおりか確認する。危険箇所はシーリングでの処理も指示する。防水シートは指定のものを使っているか確認。納品書や出荷証明なども保管しておく。

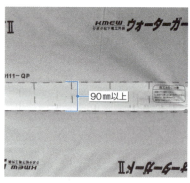

外壁の防水シートの重ね代は原則として90mm以上。ただし、横方向の重ね代は外壁の仕上げによって異なるので注意。留め方はタッカーによる場合はその間隔を100mm以内とする。

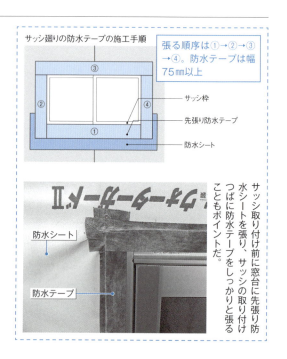

サッシ廻りの防水テープの施工手順

張る順序は①→②→③→④。防水テープは幅75mm以上

サッシ取り付け前に窓台に先張り防水シートを張り、サッシの取り付けつばに防水テープをしっかりと張ることもポイントだ。

Point ❷ 板金の納まりを検討

サイディングなど、既製品の外壁仕上げ材の場合は、メーカーの仕様に従って納めることになるが、ガルバリウム鋼板の波板や、横葺きなどの仕上げの場合は、窓廻りの雨押さえを板金加工とするため検討が必要だ。特に、サッシ上部の板金は、水の流れを考えた折り方を検討したり、水抜き穴を設けたりとその都度、加工方法を検討する。

現場で水切形状の打ち合わせをしているところである。板金の折り方だけでなく、シールの位置なども検討を行った。

Point ❸ ベランダ防水は立上り寸法の確保が重要

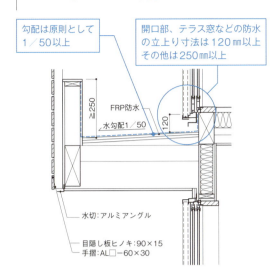

勾配は原則として1/50以上

開口部、テラス窓などの防水の立上り寸法は120㎜以上その他は250㎜以上

瑕疵担保保険では排水勾配や防水立上り寸法に制限がある。壁の入隅にサッシが取り付く場合には入隅からの雨水の浸入も考えられるので、防水対策を立てておく。

排水経路に問題が生じた際の緊急用のオーバーフロー管の位置と高さを確認する。雨水を集める排水溝の位置、その先の排水ドレンの位置、さらには地上部での配管経路の確認も大切だ。ベランダ内部の配管は、部位によっては結露対策も必要となる。

Point ❹ FRP防水は防火認定に注意する

バルコニーにFRP防水を使用する場合、防火認定に注意する。準防火地域はもちろん、法22条地域でも屋根とみなされ、不燃材料での施工が必要となる。

■FRP防水 住宅ベランダ防火仕様

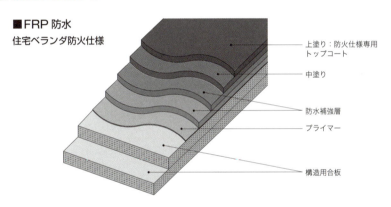

■防水工事監理チェックシート

確認箇所		確認のポイント
屋根	施工状況	ルーフィングの上下方向の重ね代は100㎜以上
		ルーフィングの横方向の重ね代は200㎜以上
屋上・ベランダ	勾配	原則として1/50以上
	防水立上り寸法	開口部、テラス窓の立上りは120㎜以上
		上記以外は、250㎜以上
	排水経路	図面どおり
	排水経路の変更	あり・なし
開口部	施工状況	防水シートの施工手順
		防水テープの施工状況
	品質	納品書や出荷証明
外壁	施工状況	防水シートの重ね代は、原則90㎜以上 ただし、横方向は、金属系サイディングで180㎜以上
		窯業系サイディングで150㎜以上

Column

バルコニー笠木の下地処理と壁内結露対策

　バルコニーの笠木部分の防水処理の方法がアップデートされていない現場が多くあるのでここで紹介しておく。実際に笠木廻りからの漏水事故は意外と多いので現場監理のポイントとしてきちんと押さえておく必要がある。

　同時に建物の高気密高断熱化に伴い、ルーフバルコニー内の結露問題が顕著化してきている。小屋裏換気と同様に防水層の下の換気を考えておくようにしたい。

防水下地のピンホール処理

　バルコニー笠木における防水上の弱点はバルコニー角と外壁際に集中する。防水シートを貼る時の角部分に出来るピンホールからの漏水が原因になる。防水水役物を先貼りするか、伸縮性のあるストレッチガード（デュポン）でピンホールが起きない様に防水補強しておく事をお勧めする。

ルーフバルコニーの床下部分の通気

　ルーフバルコニーの床水勾配下地内の通気確保を確保する。ここでは床下から手摺り壁内に通気を繋げて、壁通気から抜いている。温度差があった方がドラフト効果による効率的な換気が出来るので外部側の壁通気に開放した。

排水口部分のメンテナンス

　ウッドデッキを設ける場合は、排水口付近のデッキは簡単に取れる様にしておき、落ち葉などの清掃が簡単にできるようにしておく必要がある。ウッドデッキがある事で掃除がしにくいデメリットがあるものの、防水層（FRP）が紫外線から守られるメリットはある。

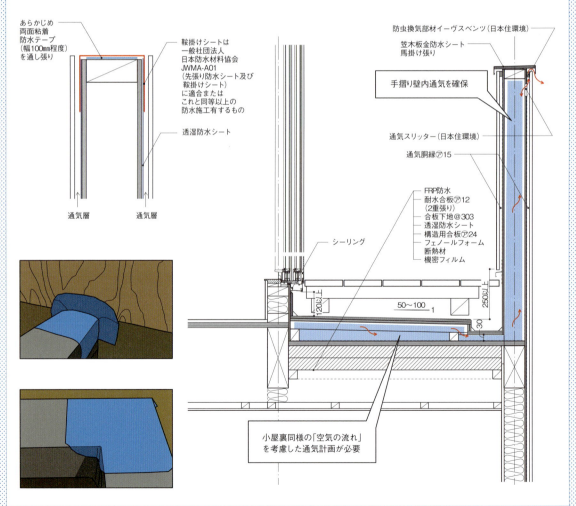

2 工事監理編 chapter7
断熱材の施工

062
断熱部位を再確認する

063
充填断熱工法のポイント

064
外張り断熱工法のポイント

065
ブローイング工法

066
床・基礎断熱について

067
断熱材の特性から見た
適切な使い方

検査・その他	地鎮祭 / 遣り方立会 / 根切底確認 / 配筋検査 / 上棟式	役所検査・竣工検査 / 引き渡し
地盤改良		
仮設工事	地縄 遣り方	クリーニング
基礎工事	地業工事 配筋 立上り部 / 耐圧コンクリート打ち / 立上りコンクリート打ち	
木工事	プレカットチェック / 上棟 筋かい・間柱・床下地 / 木枠・間仕切・床 / 造作工事	
屋根工事 防水工事	屋根下地 / ルーフィング・防水工事 / 屋根工事 / 断熱材 / 壁・天井下地・ボード張り	
左官工事	外壁下地 外壁仕上げ / 内部左官工事	
サッシ工事	サッシ確認 サッシ取付	
木製建具工事		建具工事
塗装工事	外部木部 内部	建具・床・外構
内装工事	クロス張り	畳
給排水設備工事	外部配管 床下配管 内部配管	器具取付
電気・空調設備工事	床下配管 内部配管	器具取付
外構工事		外構工事

step062

断熱部位を再確認する

　断熱工事の現場監理にあたり、最も大切なことは、住空間を包み込む「熱的境界面」の位置について、正確に確実に現場に伝え理解してもらうことだ。「熱的境界面」がきっちりと閉じられておらず住空間を包み込むことなく隙間が空いていると、建物の断熱性能が一気に低下してしまう。また、「熱的境界面」で結露が生じるため、その中と外では、素材や工法に求められる性能が異なってくる。監理者としてはその点をよく理解して現場に臨むこと。

　また、「熱的境界面」の位置については、設計図書だけでは伝わりにくいので、現場での確認を現場の代理人と確実に行っておくことが大切だ。

■充填断熱の場合（step63 参照）
断熱工事の監理は、外気に通じている小屋裏や、外気に接する床などに断熱する部分、断熱材の隙間が生じやすい部分を把握し、注意深く行うこと。

[熱の境界を確認する]

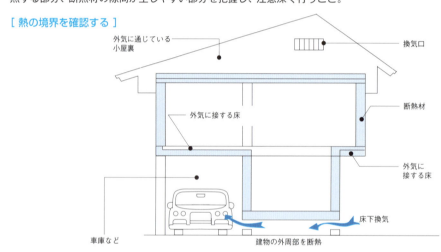

1階床面は床断熱と基礎断熱で考え方が変わる。図は床面で断熱している床断熱を示している。

[断熱材の施工不良による影響]

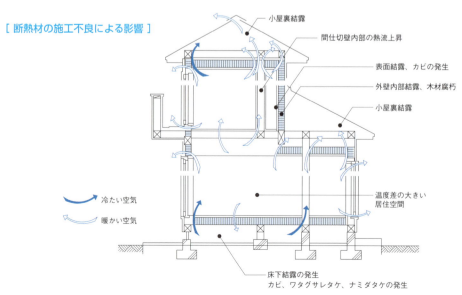

■外張り断熱の場合（step64 参照）

　外張り断熱工法は、構造材の外側に断熱材を施工し、建物を隙間なくくるむ工法である。気密層の連続性を確保することがポイントとなる。部位ごとに断熱材が入る場所を見てみると、屋根は構造垂木の外側になり、2重垂木が基本である。壁は、柱の外側で、外部仕上げの内側になる。基礎については、コンクリートの外側に張り付ける場合と、コンクリートの内側に張り付ける場合に分かれるが、地域の特性を検討し決定することになる。ただし、ベタ基礎とすることが基本である。

　地中に接していない、外気に面した2階床部分などは、梁の下に外壁・屋根と連続して施工することになる。

[断熱構造とする部分]

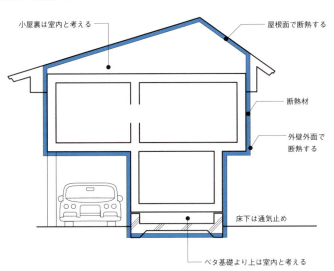

> 外張り断熱の場合は、断熱材が建物を一筆書きでくるんでいることが重要で、断熱材の継目に隙間がないように施工することがポイントとなる。屋根は小屋裏の外側が断熱場所となり、小屋裏も室内と考える。壁は、躯体の外側が断熱材の位置であり、床下は基礎で断熱することから、室内と考えなければならない。

[施工不良の影響（外張り断熱の場合）]

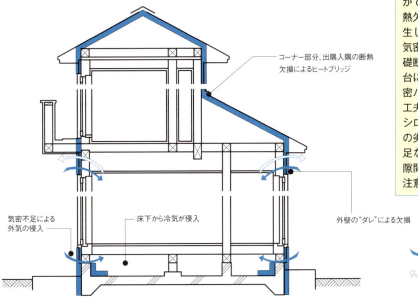

> 断熱材が途切れたり、隙間ができている所があると、断熱欠損となり結露等の問題が生じるので特に注意が必要。気密も注意が必要で、特に基礎断熱部分の、基礎天端と土台に隙間ができないように気密パッキンを使用するなど、工夫が必要だ。基礎断熱ではシロアリの食害による断熱材の劣化、外壁はビスの耐力不足などで、断熱材が下がり、隙間ができることがあるので注意する。

step063

充填断熱工法の
ポイント

　ここでは、マット状の充填断熱工法の工事監理のポイントについて解説する。

　在来軸組工法の場合、マット状の充填断熱材は柱と間柱の間、間柱と間柱の間に隙間なく入れるが、マットのサイズが1尺5寸の間柱のピッチにちょうど入るようになっているため、柱に合わせて施工することで基本的には問題がない。問題は、筋かいや開口部、コンセント・スイッチのなどのボックスや配管・配線、上下水の配管が壁内にある部分だ。それらが断熱材を充填するときの障害物となり隙間が生じてしまうので十分に注意する。他の部分でも、施工不良により隙間が生じていないかどうか、「熱的境界面」の形成がしっかりとできているかどうか、現場での入念なチェックを行うことが大切だ。

Point ❶
天井断熱の場合には小屋裏空間をできるだけ大きくとり、小屋裏換気が十分にできるように空気の流れなどを考慮する。最近は小屋裏空間を有効活用するために一部にロフトを設けるケースが増えているが、ロフト部分が小屋裏換気の妨げになっているケースもある

Point ❷
屋根断熱をする場合には屋根面に通気層を設けること。屋根通気が上手に計画されていると夏場の小屋裏空間の排熱効果をえることができる

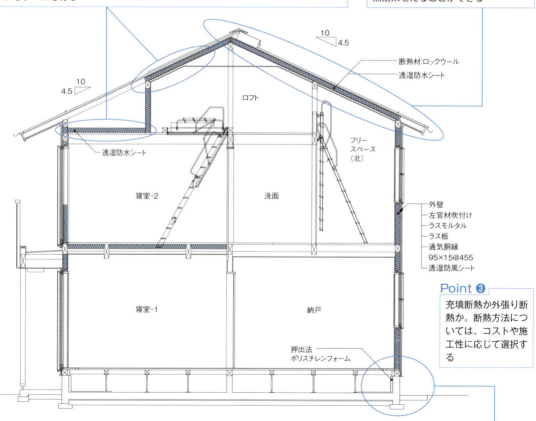

Point ❸
充填断熱か外張り断熱か。断熱方法については、コストや施工性に応じて選択する

Point ❹
基礎断熱は立り部に断熱材を施工する方法。基礎コンクリートの熱容量を最大に利用できる。立り部の外側に断熱材を施工する場合シロアリの被害を受けやすいので、施工個所の防蟻対策に留意する

　なお、最上階の部屋では天井面を熱的境界とする天井断熱と屋根面を熱的境界とする屋根断熱がある。両者はstep64で触れる小屋裏換気・屋根通気の方法に違いがある。

■充填断熱工事監理のポイント

　グラスウールやロックウールなどは、室内側に防湿シートの付いている袋入りのものを使うのが一般的だ。これを間柱の間に入れてゆくが、室内側から入れるためにどうしても外壁側に押し付けるような入れ方になってしまう。施工者によっては、後で膨らんでくるのを避けるために押し込め気味のほうがよいということをいう人もいるが、最終的に室内側に隙間が生じると、壁内で気流が発生し断熱性能の低下を招くばかりか壁内結露の原因にもなる。写真はリフォーム工事の現場で断熱材を入れなおしている例だが、マット状断熱材は室内側にふくらみ気味で入れるほうがよいだろう。

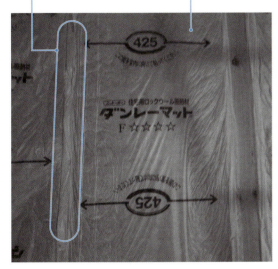

耳の部分の重なりを確認　　防湿シート付きの断熱材

■開口部廻りの隙間の処理

　開口部との隙間にもきちんと断熱材が施工されているか確認する。

断熱材（防湿シート施工前）　開口部

■基礎断熱工法の場合のポイント

床断熱の場合には根太と根太の間に隙間ができないように断熱材を入れていく。

室内側
立上り部分
脱型後に張り付けた断熱材

　温暖地では、基礎の立上り部分は室内側に断熱材を施工することが多い。断熱材の継目の処理を確実に行うことがポイントだ。なお、耐圧盤部分は基礎の立上り外周部から室内側に1m程度断熱材を覆うように張り付ける。

step064

外張り断熱工法のポイント

　外張り断熱工法の施工ポイントを解説する。外張り断熱工法は躯体全体を断熱材でくるむ工法なので、簡単にいってしまえば、断熱材が途切れないよう注意することが一番のポイントになる。万が一断熱材が途切れる箇所がでてきた場合、その部分が熱橋（ヒートブリッジ）となり、結露などの原因になるので、気をつけたい。

　建物に出窓があったり、形が凸凹していたり、単純な形状でない場合は断熱材の「切れ」が生じないように特に施工時に注意が必要になる。

　また、外断熱は構造壁（壁・合板）の外側に断熱材・通気層・仕上げ外壁となるため、内断熱の仕様に比べて、壁厚が厚くなる。これは同時に、仕上げ外壁を支えるためのビスに負担がかかることを意味している。仕上げ外壁にどのような材料を選択するかによって、考え方も異なるが、固定ビスの仕様と施工要領に従った方法を確認する必要がある。この部分を怠ると、経年変化や地震の際に外壁にダレが生じて問題となるので、慎重に行うことが必要だ。

Point ❶　凹凸の多い家は要注意／出隅・入隅の処理に注意

　外断熱工法の主旨は断熱材でスッポリと建物をくるむことにある。柱・間柱・筋かいに関係なく断熱材が均一に入り性能が確保される。よって、建物に凹凸が多い場合は注意が必要である。出隅部分・入隅部分に断熱材が適切に入っていることを現場で十分に確認する。また、計画段階で凹凸ができるだけないような間取りを検討することも必要と思われる。

　同じような理由から、出窓などの凹凸の生じるデザインには注意が必要だ。

垂木や母屋の凹凸部分にもていねいに断熱材を施工する。

Point ❷　固定ビスの長さと打ち方に注意

　外断熱工法の場合は、発泡系の柔らかい断熱材を挟んで外壁を施工するため、外壁材を固定するためのビスが重要なポイントになる。外壁材の㎡当たりの重量からビスの仕様とピッチを決定するなど、施工に際して事前の検討が必要だ。

　長期的な経年変化によって、また地震や風の影響で、ダレが生じないよう仕様と施工と2面からのチェックが必要になる。

ビスの長さやピッチを確認する。

Point ❸ テープ処理の確認

外断熱工法の場合、断熱材と断熱材の継目部分に張る「気密テープ」が重要だ。

現場では、この「気密テープ」が適切に施工されているかを確認する。サッシ廻りにもこの「気密テープ」が施工されていることを確認する。断熱材の隙間が生じないようにするための重要な工程であるので、注意する。「気密テープ」の施工後に透湿防水シートを施工することになる。

断熱材と断熱材の隙間ができないように目地部分に気密テープを張る。写真は屋根（左）と軒下（右）の施工例である。

Point ❹ 狭小敷地では壁厚に注意が必要

充填断熱工法の場合は、柱や梁の間に断熱材を施工することから問題はないが、外断熱の場合は、柱・梁の外側に断熱材を施工することになり、躯体の外側に壁が大きくふけることになる。都心の狭小敷地の場合などは、民法の規定や、外壁後退ラインなどに抵触しないように注意しなければならない。通気層を取る場合はさらに大きくなるので注意が必要だ。

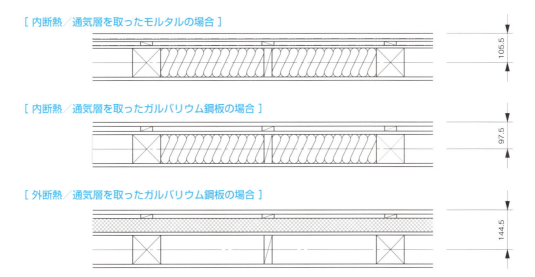

[内断熱／通気層を取ったモルタルの場合] 105.5

[内断熱／通気層を取ったガルバリウム鋼板の場合] 97.5

[外断熱／通気層を取ったガルバリウム鋼板の場合] 144.5

step065

ブローイング工法

　ブローイング工法の代表的な例として、最近よく耳にする「セルローズファイバー」を例にとって紹介する。分類としては、繊維系の断熱材、その中でも天然繊維系断熱材という位置づけになる。新聞古紙などを再利用し、綿状にした断熱材で、形状はマット、ボード状ではなく、現場にて専用機械で吹込み施工を行う。

　木質繊維の特徴でもある、調湿作用と断熱作用がある。ムク材が呼吸をしたり、調湿作用があることを利用した断熱材といえる。

Point ❶　セルローズファイバーの長所・短所について

　セルローズファイバーの長所を列挙する。

　新聞古紙等を利用していることから、環境負荷については有利な材料といえる。

　現場で吹き込む、ブローイング工法のため、隙間等の問題に対しては有利な特性があるといえる。

　断熱性能に加えての付加要素となるが、施工密度が高いため、防音性能が高くなる。上下階の音対策としても有効といえる。防音性能の必要なＡＶルーム等に採用されることも多いようだ。

　自然素材のため、火災の際に有毒ガスや多量の煙が出にくいことから安全性は高いといえる。

　一方、短所については、グラスウール、ロックウールに比べると施工費が高いという点が挙げられる。

　多くはメーカーの責任施工となることから、材料＋工事費の金額となる。

　また、経年による沈下の問題が指摘されている。この点に関しては、各メーカーがそれぞれの工夫をしているので、採用に際して、比較検討をするとよい。

（写真：マツナガ）

新聞紙を利用して作られたセルローズファイバー〈左〉

MSシート施工

吹込み施工

施工完了

Point ❷ 押さえネットの施工状況を確認

現場でのチェックポイントとしては、押さえネットが適切に張り込まれているかが重要になる。また、吹込みについては、筋かい部分などの細かい部分に十分な密度で施工されているかをチェック。沈下の原因にもなるので、十分な確認が必要。

吹込みに際して筋かい部分などは十分に注意する。

押さえネットの施工状況を確認する。

Point ❸ 現場乗り込みのタイミングに注意

ブローイング工法の場合、施工のタイミングに注意したい。押さえネットの施工は、他の業種とリンクしても特に問題はないが、吹込み時には細かなセルロース繊維が舞うことになるため、他業種の作業はしづらくなる可能性が高い。工程の問題を含め、十分余裕を持った調整をお薦めする。

セルローズファイバー施工時には、現場の場所も取ることから工期調整がポイントになる。

有害物質ではないが、埃が多く、他の業種は作業しづらい。

Point ❹ 電気配線の変更は難しいので要注意

現場施工のブローイング工法のため、電気配線や設備配管を行った後に吹込み作業を行う順序となる。よって、電気配線等は吹き込まれた断熱材に隠蔽されることになり、その後の変更は困難になるので注意が必要。通常の電気配線のチェックは、プラスターボードを張る前のタイミングとなるが、ブローイング工法を採用する場合は、断熱材施工の手前がチェックポイントとなる。また、柱間に高い密度で施工されるため、施工後の変更は基本的に不可能となることから、建て主への確認も特に慎重に行う必要がある。

step066

床・基礎断熱について

　床・基礎の断熱ポイントは、基礎断熱を行うか行わないかで考え方が異なる。外張り断熱の場合は基本的に基礎断熱を行うが、内壁充填断熱の場合は、基礎部分で断熱を行うか土台部分で断熱を行うか、判断が必要になる。基礎断熱を行う場合は、断熱と同時に気密にも配慮しなければならない。ユニットバスを採用する場合などは、ユニットバス下部で断熱する方法と、基礎断熱とする場合と2通りの方法がある。見落としがちな場所なので、図面に記載したうえ、現場でも確認を行いたい。

Point ❶　気密パッキンを確認

　基礎断熱を行う場合、床下は「室内・内部」扱いになる。よって床下への外気の侵入を抑えない限り、断熱材がいくらよくても断熱性能は発揮されない。外気侵入を抑える一番のポイントは、基礎と土台の隙間を埋める「気密パッキン」である。この「気密パッキン」が外周部全体に入っているか確認する。隙間部分には、防蟻性能のある、現場発泡ウレタンなどを充填する。基礎天端のレベル精度に注意することもポイントである。

気密パッキンの施工例　（写真：城東テクノ）
気密パッキンの幅は基礎や土台に合わせて102㎜、120㎜、140㎜がある。

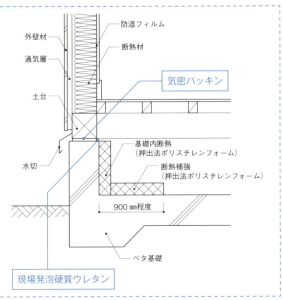

Point ❷　断熱材の性能を間違えない

　長期優良住宅の認定を受けるためには「断熱等級5」が要求される。基礎断熱部分についても基準が設けられているので気をつける。早見表では「土間床などの外周部」「外気に接する部分」の項目を参照し、適合した断熱材に応じて厚さを確保する。外見が似たような形状をしているので、念入りに確認すること。

Point ❸　基礎断熱部分でも内断熱か外断熱かの検討を

　基礎断熱工法を採用した場合でも、基礎の立上りの内側に断熱材を施工する「内断熱」と、基礎立上がりの外側に断熱材を施工する「外断熱」との２種類に分かれる。断熱性能の大きな差はないようだが、劣化の違い、シロアリ対策について検討を要する。劣化については、外周部を断熱材で覆う「基礎・外断熱」がコンクリートの中性化の軽減などの面でメリットがある。しかし、シロアリ対策に配慮した断熱材の選択が必要となる。

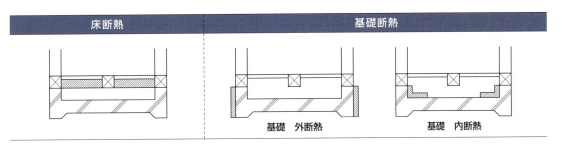

Point ❹　シロアリ対策のできた断熱材を使用

　外断熱の弱点とされているのが、断熱材のシロアリの食害からの影響だ。基礎断熱は、地面に近い部分であり、シロアリ対策は十分な検討が必要といえる。押出法ポリスチレンフォームなどで、シロアリ対策用に薬品を添加した製品もある。また、基礎内側に施工する場合には薬品を添加するのではなく、もともとシロアリに強い「グラスウール」をボード状にした製品も開発されているようだ。施工部位によって、材料の特性を検討し選択するようにする。

基礎の外側に断熱材を施工した例。シロアリ対策が施された材料を使用した。

Point ❺　寒冷地では「スカート断熱」も検討

　「スカート断熱」とは、基礎の立上り部分とは別に、建物の外周部に水平に断熱材を設置する方法である。基礎立上り部分の外側地中部に入れるものだが、凍結深度の深い寒冷地では導入を検討してみてもよい。検討理由は、床下の熱が基礎の下を伝わって逃げていくのを防ぐためのものである。外周部の地表面から冷気が侵入しないための方策でもある。凍結深度が深いエリアでは、有効な方法だといえる。

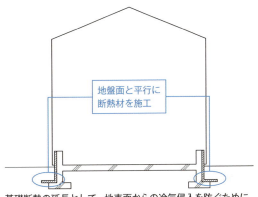

基礎断熱の延長として、地表面からの冷気侵入を防ぐために、地表面と平行に断熱材を施工する。

step067

断熱材の特性から見た適切な使い方

断熱材の種類と特徴

　断熱材というカテゴリーに分類される建材は、他の建材と比べると熱伝導率の桁が違う。断熱性があるといわれる木材よりも一桁小さい。熱伝導率0.12W/mKの天然木材と比べると、0.036W/mKの高性能グラスウールは同量の熱移動に3.3倍の時間がかかる。断熱材は気体と熱伝導率の低い固体を混在させてパッケージしたものだが、固体部分は熱の伝わる経路が幾つにも分かれて移動量が小さくなり、曲がりくねって距離が長くなっている。気体部分は対流が起こると短時間に熱が伝達するので輻射しか起こらない程度までに固体で埋め尽くしている。その仕組みによって熱移動に時間がかかるのである。熱の伝わりやすい金属が、気体の入り込む余地もなく均質な分子配列であることを思えば理解しやすい。

　断熱材の特徴を把握するのに素材として**繊維系**と**独立気泡系**に分け、工法を**現場吹付系**と**プレファブ系**に分けて考えると、場所に応じて適切な素材・工法の選び方が見えてくる。

素材上の区分…

繊維系｜　「透湿抵抗値が低い」のが繊維系断熱材の特徴である。繊維で構成された断熱材は、水に触れると毛細管現象で水分を吸い上げやすい。その水分が隣接する繊維の水分と接してしまったら、繊維による曲がりくねったルートは水分によってショートカットしてしまい、水の熱伝導率で熱が伝わってしまう。独立気泡系と比べ極端に性能が落ちるので、水分を含んでも外に逃げやすい仕組みをつくることが重要である。

　具体的には、充てん断熱の外側に透湿抵抗の低い構造用面材を選び、透湿防水シートを張って、外壁を通気工法とするのがよい。透湿抵抗の高い構造用合板を面材に使う場合は、室内側にもっと透湿抵抗の高い気密フィルムを張ればよい。

例）グラスウール・ロックウール・天然ウール・セルロースファイバー吹込等

独立気泡系｜　独立した気泡を持つ断熱材は、水に触れても接している面の気泡のところで水分が留まり、その奥へは浸入しにくい。つまり多湿な環境※でも性能が落ちにくいという特徴を持つ。これまで、ポリスチレンフォームやウレタンフォームが広く使われていたが、昨今の高断熱化の動きでフェノールフォームが急拡大しつつある。

　スタイロエースⅡ（押出法ポリスチレンフォ

繊維系断熱材の拡大写真

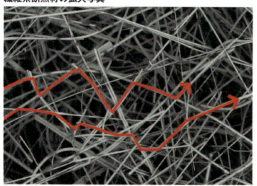

独立気泡系断熱材の拡大写真

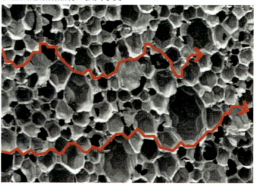

ーム）0.028W/mKとネオマフォーム（フェノールフォーム）0.020 W/mKを比較すると、同じ厚みなら1.4倍ネオマフォームのほうが優れている。断熱性能の優れている理由は、独立気泡体が細かくなっていることにある。固体の熱伝導以外に気泡内のガスに触れる面積が多くなり、時間のかかる固体から気体への熱移動の割合が増えるからである。

　ネオマフォームが出てきた当初はかなり高価であったが、最近では同じ熱貫流率（ネオマはスタイロエースⅡの0.71倍の厚み）で比較すればほぼ同じ値段になってきている。

※）アルカリ性であり長期にわたって水に触れる土中での使用は、メーカーに問い合わせたほうが良い

例）ビーズ法ポリスチレンフォーム・押出法ポリスチレンフォーム・ウレタンフォーム・フェノールフォーム等

工法上の区分・・・

現場吹付系｜　シームレスとなり木下地との間に隙間が起きにくく、隙間での内部結露は少ない。また、熱伝導率はさほど良くなくても、隙間なく充填できるため、居住者の評判が良いことが多い。専門の断熱業者が施工するので割高感がある。

例）発泡ウレタン吹付・セルロースファイバー吹付等

プレファブ（弾性）系｜　素材自身は信頼性が高い。455幅・303幅で商品ができているので、間崩れをしていると現場対応となり、雑な工事になってしまうリスクがある。またコンセントボックスのところでも隙間が空きやすい。

　弾性系の良いところは大地震があっても構造体が破損しなければ復元してくれるところである。また、吹抜けの壁など高さ方向に連結する場合、塑性系に比べ断熱上の欠陥にはなりにくい。ただし防湿については別個に気密フィルムを張ったほうがよいであろう。

例）グラスウール・ロックウール・天然ウール等

プレファブ（塑性）系｜　独立気泡系がこのグループであり、素材自身は信頼性が高い。しかし素材の連結部分は気密・断熱とも欠陥が出やすい。一度変形を起こすと回復しないので、大地震の後や経年による木材の変形・やせで隙間が発生する可能性がある。そのことから、ＲＣ部分で使ったり、付加断熱（充填断熱＋外張り断熱）の外張り部分で使ったりするのが好ましい。

例）ビーズ法ポリスチレンフォーム・押出法ポリスチレンフォーム・フェノールフォーム等

防湿フィルム付きグラスウール施工時の工事監理のチェックポイント

　大工でも施工できることからグラスウールによる断熱が安いことは広く知られているが、担当する大工が正しく施工してくれるとは限らない。以下にチェックポイントを列挙する。

■ チェックリスト

□ フィルムの耳は、柱・間柱・横材・床下地材に対して30mm以上かぶせているか。

□ 筋かいのある場合は、防湿フィルムを筋かいに干渉する部分まで剥がしグラスウールを筋かい廻りに隙間なく充填、その後フィルムを筋かいごと包むようにしているか。

□ コンセントには気密ボックスカバーを使っているか。

□ 防湿フィルムは気密ボックスカバーで一旦剥がし、グラスウールを気密ボックスの裏に充填しているか。また、ボックスカバーごとフィルムで覆った後のボックスなりに切り欠いた部分は、フィルムとボックスを気密テープでつないでいるか。

□ 開口部廻りのすき間は、補修用ウレタンスプレーで埋めているか、またはグラスウールの端材を詰めて気密テープで覆っているか。

2 工事監理編

⑦ 断熱材の施工

Column

高断熱の最終形？付加断熱について

付加断熱の概要

　G2グレードまたは等級6にしようとすると、サッシや断熱材の性能を上げても、4寸の柱内に納まる充填断熱では達成できない場合がある。その際、充填断熱の屋外側、もしくは屋内側に断熱を加えることになる。これを付加断熱と呼んでいる。屋内側の付加断熱は基準法の床面積より内法の実面積が小さくなるので、通常は屋外側の付加断熱を選択する場合が多い。ただし、以下のことを検討したい。

通気層について

　付加断熱は内部結露のリスクが少なく通気層は必須ではない。

通気層なし…通気層がない分コストも浮くのだが、仕上げ材は限られてくる。外張断熱のEPS材に直接仕上げ材を塗る東邦レオのエコサーム、Sto（シュトー）のホルツサーモ等がある。この場合、壁内で露点温度以下にならないことを必ず確かめたい。それには、住宅性能評価・表示協会に登録している検査機関の「内部結露計算シート」を使うとよい。

通気層あり…外装の選択肢が増える。外断熱にメーカー指定の通気金物で施工すれば、タイル張りが可能なものもある。外装が木の羽目板やガルバリウム鋼板程度ならば、木製の通気胴縁で施工したほうが安く抑えられる。ただし、外張断熱材が厚くなるほど、胴縁を留める釘にモーメントがかかるので、横架材の位置に断熱材と同じ見込幅の横胴縁を流して、外装＋断熱材の荷重を梁に伝えた方が良い。

サッシ廻り

　通気層がある場合は、図3のように受材を入れてサッシの位置を外側に持ち出せばよい。通気層がなく、サッシの取付ツバより外側の寸法以上に断熱材を厚くする場合は、四周を金属カバーで回すことになる。図4は木下地を入れ、ガルバリウム鋼板で巻くというやり方である。

基礎廻り

　土台パッキンに換気タイプを使うと、室内床下の付加断熱が難しいので、基礎断熱方式にしてRCの立ち上がりには外壁に見合った断熱材を内外に張ったほうが良い。外部側は防蟻仕様の押出法ポリスチレンフォームが前提となる。

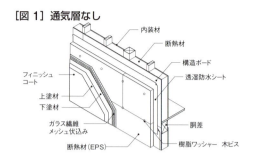

[図1] 通気層なし

[図2] 通気層あり

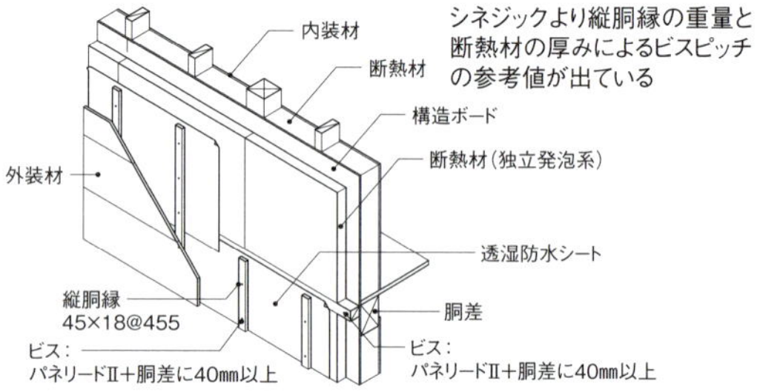

[図3] サッシ廻り（通気層あり）

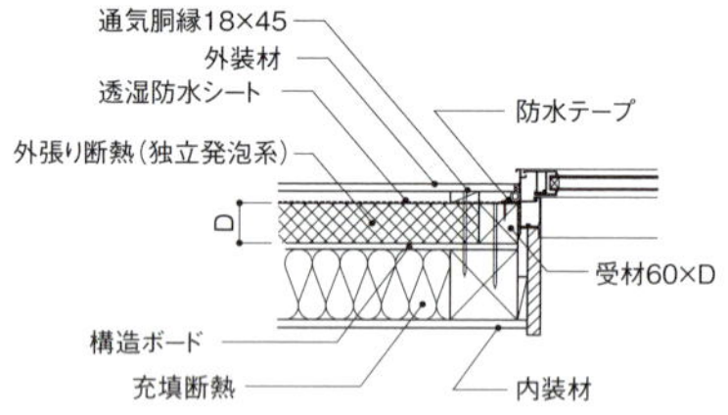

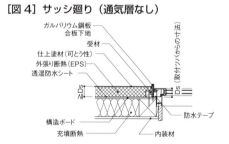

[図4] サッシ廻り（通気層なし）

[図5] 基礎廻り

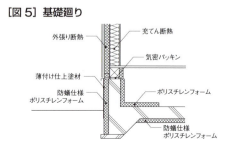

2 工事監理編 chapter8
外壁通気・小屋裏換気工事

068
壁内結露の原理と
防湿層・透湿防水層

069
外壁通気（入口と出口）

070
外壁通気（開口部廻り）

071
小屋裏換気・屋根通気

072
外壁通気・小屋裏換気・
屋根通気チェックシート

検査・その他	地鎮祭　根切底確認　配筋検査　上棟式				引き渡し 役所検査・竣工検査
地盤改良					
仮設工事	地縄　遣り方				クリーニング
基礎工事	地業工事　配筋　立上り部　立上りコンクリート打ち　耐圧コンクリート打ち				
木工事		プレカットチェック	上棟　筋かい・間柱・床下地　断熱材	木枠・間仕切・床　造作工事　壁・天井下地・ボード張り	
屋根工事 防水工事		屋根下地・ルーフィング・防水工事	屋根工事		
左官工事			外壁下地　外壁仕上げ	内部左官工事	
サッシ工事		サッシ確認	サッシ取付		
木製建具工事				建具工事	
塗装工事			外部木部	内部	建具・床・外構
内装工事				クロス張り	畳
給排水設備工事		外部配管	床下配管　内部配管		器具取付
電気・空調設備工事			床下配管　内部配管		器具取付
外構工事				外構工事	

step068

壁内結露の原理と防湿層・透湿防水層

　ここからstep63まで、現場監理の最重要項目の1つである壁内結露対策をとりあげる。

　まず、step61では、壁内結露の原理と防湿層・透湿防水層の位置と施工状況の確認ポイントについて解説する。ここで、しっかりとした監理ができていないと、壁内結露を発生させる原因をつくることになる。監理者として壁内結露対策の原理を理解して、明確な方針を立てて現場に臨もう。

結露の原因

　壁内結露が大きな問題となるのは冬季だ。暖房された湿気をたくさん含んだ室内の空気が外壁側で冷やされることで結露が発生する。窓ガラスに付く結露が分かり易い例だが、室内と室外の温度差が大きい場合には室内仕上げの表面にも結露が発生する。この湿気を含んだ室内の暖かい空気が仕上げ面を通過して断熱材に達すると断熱材のところで結露を起こす。これが壁内結露だ。これを防ぐためには断熱材の室内側に防湿層が隙間なくしっかりと施工されていな

壁内結露を起こして黒カビの発生した断熱材

いといけない。監理の目を十分に光らせないといけないところだ。

マット状断熱材の壁内結露対策としての施工ポイント

　グラスウールやロックウールのマット状になっている既製品の断熱材では、室内側に使う面に防湿効果のある素材が使われており、表と裏があることに注意すること。各メーカーの説明書の指示に従う。また、マット状断熱材では防湿素材が余分に伸びている「耳」と呼ばれる部分があり、隣同士の耳を重ね合わせることで防湿効果を高めることができる。断熱材の施工と関係し、防湿面の施工がしっかりとできているかも重要なチェックポイントとなる。さらには断熱材は室内仕上げ面に密着するように充填すること。室内仕上げとの間に空隙が生じていると、気流が発生し、断熱性能の低下を招くとともに、その部分で結露が発生することがある。

防湿層を別途設ける場合

　防湿面をさらにしっかりと施工したい場合には、ポリエチレンフィルムなどの防湿材を使い防湿面を施工する。防湿面は断熱材の室内側のどこにあるのかを熱的境界の位置とともに現場へ徹底して認知させること。

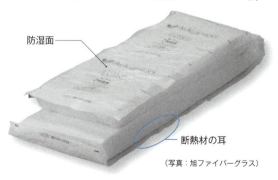

防湿面 ／ 断熱材の耳
（写真：旭ファイバーグラス）

防湿材の施工

防湿材として最もよく使われるのはポリエチレンフィルムで、住宅用プラスチック系防湿フィルムのJIS規格（JIS A 6930）に相当するものを使う。張り方のポイントとしてはできるだけ継目をつくらないように寸法の大きなもので張ること。

NO!

OK!
寸法の大きいものを用いる

防湿シートを施工した事例
屋根面では吊木廻りの防湿処理を確認する。吊木などが断熱材を貫通する部分は防湿シート部分の補修が的確か確認をする。天井と断熱材との間には防湿シートを施工する。

外壁通気の考え

どんなに防湿面を完璧に施工しても湿気の壁内への流入を完全に止めることはできない。そのため、湿気の流入により生じてしまった壁内結露をいかに速やかに排出できるかを考えることが重要になる。これが外壁通気の考えだ。外壁通気では、断熱材の外壁側に湿気を通す透湿シートを使い外壁の通気層から湿気を外に逃がす。

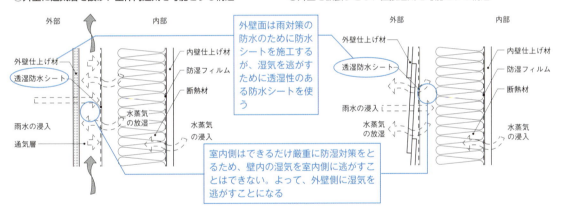

①外壁に通気層を設け、壁体内通気を可能とする構造

②外壁を板張りとし、直接通気を可能とする構造

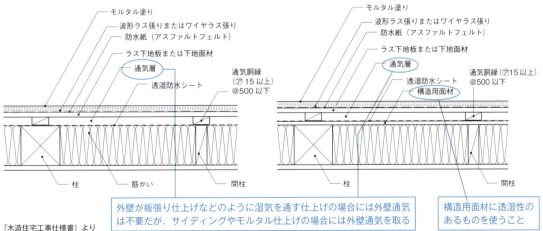

（a）筋かい耐力壁の例

（b）面材耐力壁の例

『木造住宅工事仕様書』より

step069

外壁通気（入口と出口）

　外壁通気は、通気層内の温度差・気圧差により下から上に空気が流れることを利用して壁内の湿気を外部に排出する。ここではまず、外壁通気の空気の流れを解説する。

外壁通気の流れ

　外壁通気の流れとしては、大きく3つになる。土台水切部分から入るのはどれも同じであるが、1つは軒下で外部に逃がす方法、2つ目は外壁通気層をそのまま小屋裏に開放して小屋裏換気と同時に行う方法、そして3つ目は外壁通気層が屋根通気につながり一緒に棟部分から排気する方法だ。屋根通気に関してはstep64で解説する。また、2つ目と3つ目の方法を組み合わせた方法もある。どの方法で行うか空気の流れを設計図書でうたっておくべきであるのはもちろんのことだが、現場に設計の考え方をしっかり伝えるとともに施工のポイントも一緒に確認しておくとよい。

　また、効率的な外壁通気を第一に考え、現場状況に応じて設計変更も踏まえた臨機応変な対応を心がけること。

（1）軒下で外部に逃がす

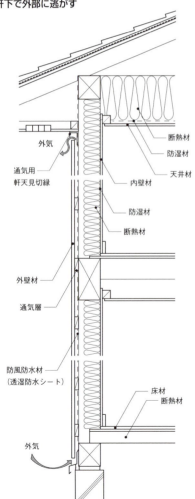

（2）小屋裏に開放する

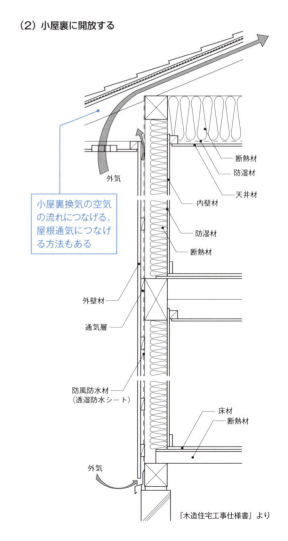

『木造住宅工事仕様書』より

■ 建物が複雑な形状の場合の外壁通気の考え方
下屋がある場合

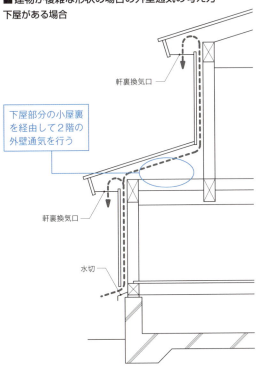

ベランダがある場合

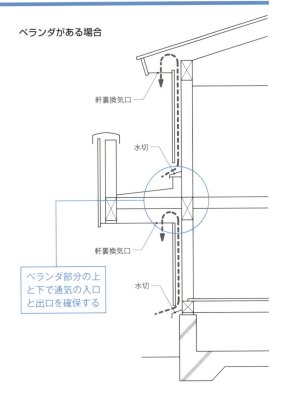

土台水切り部分

土台水切と透湿防水シート、通気用胴縁の関係は、まず土台水切がありそこにかぶせて透湿防水シートを張り、その上に胴縁を取り付けることになる。外壁の仕上げによっては仕上げの下端に別途水切を付ける場合がある。また、蜂などの虫が侵入して通気層に巣をつくることがある。土台水切部分の外壁通気の入口には防虫網を取り付けるなど対策が必要だ。

■ 通気層と土台水切

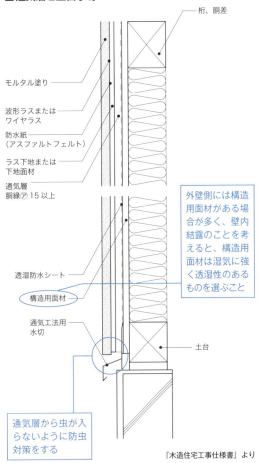

『木造住宅工事仕様書』より

基礎の形状が複雑になると土台水切の納まりにも注意が必要だ。

step070

外壁通気（開口部廻り）

外壁通気の流れを知る

外壁通気では通気層内を流れる空気の流れが阻害されると壁内に生じた湿気を逃がすことができなくなり、通気層内に湿気溜まりが生じる。ここでは、通気層内の空気をスムーズにするためのチェックポイントを解説する。

縦胴縁か横胴縁か

外壁通気層は外壁下地となる胴縁を用いて確保するため、外壁仕上げによっては縦胴縁であったり横胴縁となる。たとえばサイディングや板張りでは、横張りならば胴縁の方向は縦、縦張りならば胴縁の方向は横となるし、木摺りモルタル仕上げならば木摺りは横張りなので胴縁は縦方向となる。

胴縁方向の違いによる通気の考え方を右に図示する。

開口部廻りの通気を確保する

縦胴縁の場合には開口部の上下で空気の流れが確保できるような配慮が必要だ。設計図書では指示しきれない部分も出てくるので現場での指示が重要になってくる。

図1では開口部の上下に空気が流れるような隙間を開けている。

横胴縁の場合には空気の流れを確保するために図2のように一定の間隔で胴縁に隙間を開けておくことが必要になる。

ただし、胴縁に設ける隙間の大きさや間隔などについて、通気量が確保できているかどうか瑕疵保険会社より独自の基準がある場合があり、施工会社に事前に確認しておかないと保険の適用にならないことがあるので注意が必要だ。

図1｜縦胴縁を用いた開口部廻り施工例

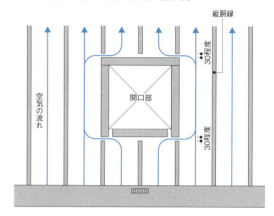

図2｜横胴縁を用いた開口部廻り施工例

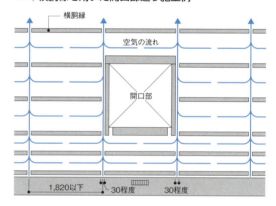

■横胴縁の通気確保の例

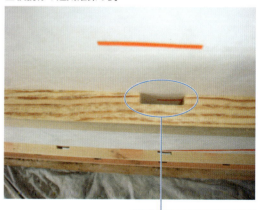

横胴縁に欠き込みを入れて通気を確保する方法もある

外壁通気は開口部廻りがウィークポイント

開口部廻りは防水テープで確実に処理したうえで、コーキングも使いながら雨水の浸入を防止するが、外壁通気を行う場合には通気層を確保することで防水仕舞がしっかりと施工できない場合がある。ここがウィークポイントとなって、通気層に雨水が浸入する。また、開口部廻りは雨水が入った場合を想定して、雨水が速やかに流れ落ちるような納まりも考えておかなくてはならない。

通気胴縁は防水層の外側にあり、特に開口部廻りの通気胴縁は雨水にさらされる危険性が高いので、この部分の通気胴縁については二重に防水テープを張るなどのしっかりとした対策を立てることも考えておくこと。

■ 開口部廻りの防水処理

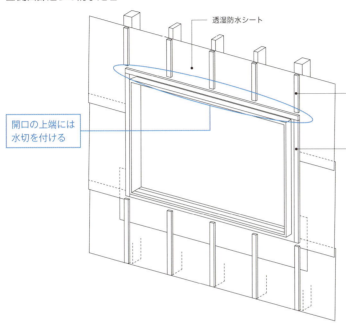

透湿防水シートは湿気は通すが水分は通さないという素材でできており、2004年に改定されたJIS A：2004の規格がある。「透湿防水シート協会」がさまざまな情報を公開している。施工にあたっては重ね代など各メーカーが定めた基準に従うこと。

『木造住宅工事仕様書』より

■ サッシの取り付け納まり例（半外付けサッシの場合）

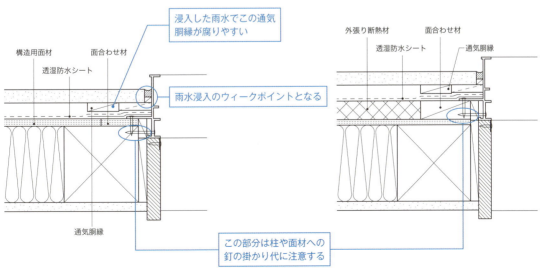

開口部廻りの防水処理を施したうえで、さらに通気胴縁を保護するために防水テープを二重三重に施工するなどの対策を考えること。

『木造住宅工事仕様書』より

step071

小屋裏換気・屋根通気

　夏場の暑さ対策を考えるときに特に最上階では屋根面からの負荷が大きい。この負荷を軽減させる工夫として、小屋裏換気と屋根通気が有効である。設計図書でも対策をうたうとともに、排熱の考えが実現できているか現場監理に目を光らせること。step55で触れた熱的境界面の位置により換気・通気の考え方が変わるので注意したい。小屋裏換気は天井断熱の場合に必要になり、屋根通気は屋根断熱のときに必要になる。屋根断熱の場合には小屋裏換気は必要ないが、逆に、天井断熱の場合でも屋根からの負荷を軽減する意味で屋根通気は有効であり、小屋裏換気と屋根通気を併設する場合がある。

■ 小屋裏換気の4つの方法

小屋裏換気の方法としては、妻面に換気口を設ける（①）、軒裏に換気口を設ける（②）、軒裏と妻面に換気口を設ける（③）、軒裏と棟に換気口を設ける（④）の4つのパターンに大別される。どの方法で小屋裏換気を行うのか現場に確実に伝えておくこと。数字は屋根面積に対する換気口の必要面積の目安である。

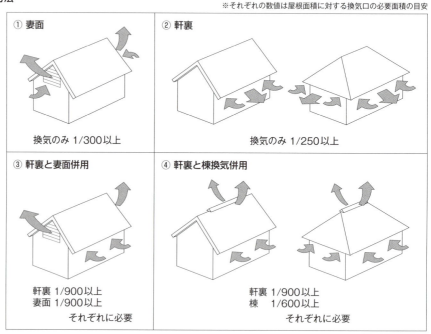

■ 棟換気の考え方

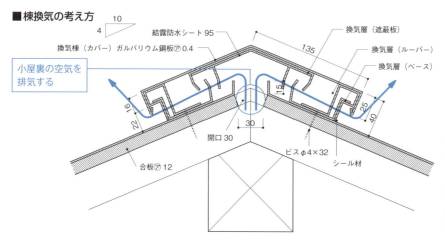

棟換気部分は強風時に雨が吹き込みやすいところだ。雨対策を万全に行うこと。既製品も各種出ているので選択肢の1つとして考えてみよう。

■屋根通気の考え方

屋根断熱の場合、断熱材を厚くすれば遮熱対策ができるというのは間違いで、断熱材は熱の侵入を遅くするだけで遮熱をするわけではない。したがって、屋根断熱では断熱とともに排熱も十分考慮しておく必要がある。その点で、屋根通気工法は屋根の排熱に有効だ。監理のポイントとしては、仕上げとなる屋根材によって通気垂木の大きさとピッチを決めること。最低でも通気垂木は227.5㎜間隔（455㎜の2分の1）で入れるべきであろう。

また、通気層を設ける影響で、特に金属葺きの屋根では強風時に板金が引っ張られて音が出てクレームになることがある。吸音・防音対策も併せて考えておこう。

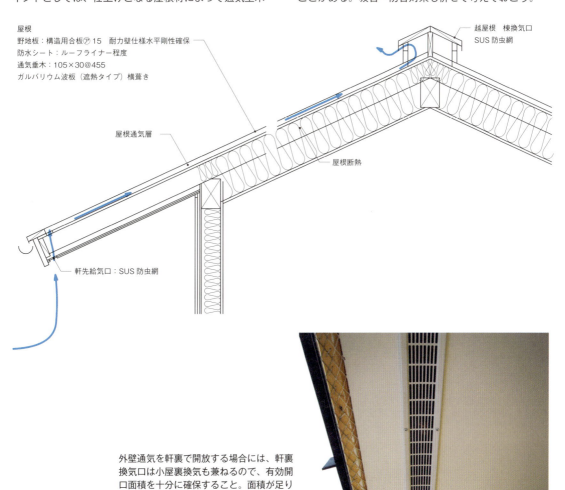

外壁通気を軒裏で開放する場合には、軒裏換気口は小屋裏換気も兼ねるので、有効開口面積を十分に確保すること。面積が足りずに通気障害にならないように注意する。

屋根通気用の垂木を防水シートの上に施工した状態。この例では敷地状況から軒が出せなかった。この上に屋根仕上げ材を施工する。

屋根通気の空気の入口に防虫対策がされている。この例では、外壁通気の出口と屋根通気の入口を一旦外気に開放させながら一体につながるようにしている。

step072
外壁通気・小屋裏換気・屋根通気チェックシート

　壁内結露対策、夏の負荷軽減対策の要として、外壁通気・小屋裏換気・屋根通気がある。基本設計の段階から大まかな空気の流れのイメージを掴み、実施設計で検証し、現場が始まったら、設計のイメージのとおりに空気が流れるかを確認し修正して現場をまとめてゆくことが必要だ。外壁通気・小屋裏換気・屋根通気の監理のポイントをチェックシートとしてまとめてみた。

■外壁通気・屋根通気工事チェックシート

確認箇所			確認のポイント
全体	経路と考え方		経路の確認
			通気障害がなく滞りなく入口から出口まで空気が流れるようになっているか
外壁通気	入口部分		土台水切との取合いはうまくいっているか
			防虫対策はしっかりとできているか
	通気障害		開口部周囲の空気の逃げ道は確保されているか
	横胴縁		一定の間隔で胴縁が切り離され通気経路が設けられているか
			通気抜きのある通気可能な胴縁を使っているか
	出口部分	外部に開放	通気障害がないか確認
			上端部にも防虫対策がなされているか確認
		軒裏に開放	通気障害がなく軒裏にスムーズに空気が流れているか
		屋根通気に開放	通気障害がなく屋根通気層にスムーズに空気が流れているか
	ベランダ部分		ベランダの上下で外壁通気が行われているか
	ひさし部分		庇の上下で外壁通気が行われているか
屋根通気	防水層の再確認		→step60参照
	通気経路の確認		入口と出口の再確認
			屋根通気なのか小屋裏換気なのか、あるいは兼用とするのか
			それにより断熱材の施工部位の再確認が必要になる場合がある→step62～67参照
	入口	軒先	防虫対策はされているか
			破風や雨樋との関係はちゃんと納まっているか
		軒天	防虫対策はされているか
			軒天からの空気の流れに障害物となるようなものはないか
			軒裏換気口の開口面積は適切か
			軒裏換気口が防火設備である場合に基準を満たしたものが付いているか
		外壁通気から	外壁通気からの空気の流れに障害物となるようなものはないか
	出口部分	棟部分	防虫対策はされているか
			排気が良好に行われるように通気障害がないか
			雨仕舞の確認　強風時に吹き込むことも十分に検討しておくこと
			吹き込んだ雨水の処理も適切にできているかも確認
		妻壁	防虫対策はされているか
			換気開口面積が適切か
			換気口が防火設備である場合に基準を満たしたものが付いているか
		軒裏	防虫対策はされているか
			有効開口面積の確認

■ 外壁通気・棟換気口の既製品 （写真：大建工業）

外壁通気や棟換気口については板金工事・大工工事でも十分対応できるが、既製品を使うという選択肢もある。ここでは、標準的なものをいくつか紹介しておく。

通気用見切縁

錆びにくく施工しやすい汎用タイプの軒天井用見切縁

通気用棟換気口（金属板屋根・化粧スレート板屋根用）

・雨、雪が入りにくい構造
・下地ユニットと板金ユニットを一体化しているため、施工が容易
・205～8寸勾配の屋根に使用

■ 防火設備として使える軒裏換気口 （写真：杉田エース）

一般的な軒裏換気口は、防鳥・防虫対策を施した開口部を設けることになり既製品を使わずとも対応できるが、防火地域、準防火地域で延焼のおそれのある範囲に付ける軒裏換気口は防火設備の認定品を使うことになる。いくつかのメーカーから各種既製品が出ている。

軒天防火換気金物（BK45）

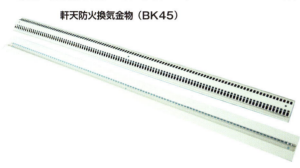

平常時

換気通路

火災発生で遮断したとき

軒裏換気口

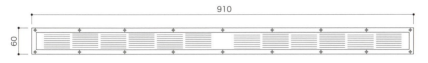

防火通気見切縁防火システム

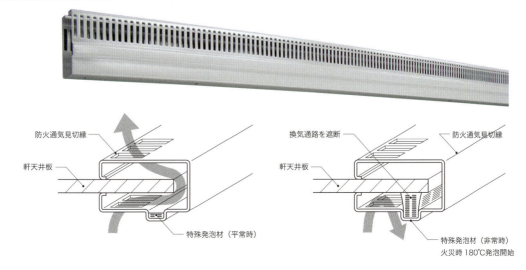

2 工事監理編
⑧ 外壁通気・小屋裏換気工事

179

Column

気密補助材と気流止め

　より高い気密性能を実現するためには、現場での細かな対応が大切だ。高い気密性能により壁内結露などの問題を最小限に抑えてくれる。ここでは、気密工事をより確実なものとするための気密補助材と気流止めについて触れておく。

＜気密補助材＞
　気密補助材とは、防湿素材の接合部や、開口部枠、配管、配線廻りにおいて、フィルム状のものでは湿気の浸入を防ぐことが難しい箇所に使用する。隙間の箇所と形状に応じて適切な材料や施工方法を選択することが重要だ。気密補助材には次のような種類がある。

① **気密テープ**
　ブチル系テープ・アスファルト系テープ・アクリル系テープのほか、これらと同等の気密性・防湿性・粘着性を有するもの。当然ながら、ガムテープやビニルテープなど粘着性はあっても長期性能に劣るものは気密テープとしては不適当である。

② **気密パッキン材**
　気密パッキン材は、基礎断熱における土台と基礎天端の気密化などによく用いられるが、さまざまな用途・箇所への適用を想定して数多くのものが市販されている。おおむね数㎜～20㎜程度の隙間に対応できるものが多い。挟み込むことで気密性を確保する。

③ **現場発泡断熱材**
　現場発泡断熱材は、発泡充填の後に硬化するタイプのものであるが、硬化後の寸法追従性がないため、隙間の形状が長期的にも変化しない箇所に用いられる。また、適切に施工するためにも比較的単純な形状で20㎜程度以上の隙間に適用する。充填して気密性を確保する。

④ **シーリング材**
　シーリング材は寸法追従性がある。ただし、温度変動が少なく、紫外線劣化を受けない箇所であること、付着面が2面であること（3面接着ではシール切れを起こす場合が多い）、隙間の形状が単純であることなどが適用条件である。適用できる隙間はせいぜい十数㎜が上限である。充填して気密性を確保する。

＜気流止め＞
　一般的な木造軸組工法（在来工法）で、壁と床との取合い部分や、壁と天井との取合い部分に隙間が

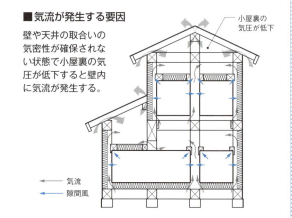

■気流が発生する要因
壁や天井の取合いの気密性が確保されない状態で小屋裏の気圧が低下すると壁内に気流が発生する。

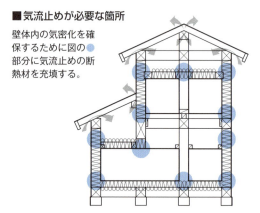

■気流止めが必要な箇所
壁体内の気密化を確保するために図の●部分に気流止めの断熱材を充填する。

生じていると、外壁や間仕切壁内部で気流が発生する。気流が発生する原因は、次の①～③が組み合わさったものである。

①小屋裏空間が暖められて空気が軽くなり、棟換気等から空気が排出。
②壁と天井との取合い部分の気密性が確保されていないと、この取合い部分からも空気が吸われ壁の中の気圧が低下。
③壁の中の気圧が低下すると、さまざまな隙間部分から壁内に空気が入り込む。気流が発生すると室内の湿気のある空気が壁内に流れ込み壁内結露の原因になる。

　この壁体内に発生する気流により床下からの冷たい空気が室内に流れ込み寒さを感じる要因にもなる。さらには、グラスウールやロックウールのような繊維系断熱材に隙間があるとそこで気流が発生し熱の移動が起こり、断熱性能が著しく低下することが知られている。気流が生じないように断熱材などで隙間を丁寧に塞ぐ気流止めの工事が大切である。

2 工事監理編 chapter9
屋根仕上げ工事

073 ガルバリウム鋼板

074 シングル葺き

075 瓦屋根

076 陸屋根

077 雨樋・水切板金など

検査・その他	地鎮祭　遣り方立会　根切底確認　配筋検査　上棟式	引き渡し　役所検査　竣工検査
地盤改良		
仮設工事	地縄　遣り方	クリーニング
基礎工事	地業工事　配筋　立上り部　立上りコンクリート打ち　耐圧コンクリート打ち	
木工事	上棟　筋かい・間柱・床下地　木枠・間仕切・床　造作工事　プレカットチェック　断熱材　壁・天井下地・ボード張り	
屋根工事 防水工事	屋根下地・ルーフィング・防水工事　屋根工事	
左官工事	外壁下地　外壁仕上げ　内部左官工事	
サッシ工事	サッシ確認　サッシ取付	
木製建具工事		建具工事
塗装工事	外部木部　内部	建具・床・外構
内装工事	クロス張り　畳	
給排水設備工事	外部配管　床下配管　内部配管	器具取付
電気・空調設備工事	床下配管　内部配管	器具取付
外構工事		外構工事

step073

ガルバリウム鋼板

　金属屋根は、軽く耐候性に優れているうえ、作業性もよい。また、他の葺き材に比べて緩勾配での設計が可能となる。ただし、断熱性や遮音性を高めるために、屋根下地や小屋裏に断熱材や遮音材をしっかりと施工することが重要である。なお、同じ建物に複数の屋根がかかり、各々異種材料を使い分ける際、うっかり異種金属を用いると、激しい腐食を生ずる場合があるので注意が必要である。雨樋についても同様の配慮が必要となる。

　金属板葺きに用いる素材には、チタン、ガルバリウムなどの耐食性の高い金属や、銅、ステンレス、アルミ合金等さまざまな製品があるが、ここでは一般的な住宅に多用されているガルバリウム鋼板をベースに述べる。

　ちなみに、ガルバリウム鋼板とは、アルミニウム・亜鉛合金めっき鋼板のことで、耐食性・耐熱性・加工性に優れた材料である。主な葺き方を以下に挙げる。

■ 芯木あり瓦棒葺き
芯木なし瓦棒葺き（スタンディングシーム葺き）

　各種メーカーの推奨施工法によれば大きな問題はないと思われるが、近年ではかつてのように芯木に木材を用いる例は少なく、メーカーがセットで同種金属製の瓦棒を用意している場合がほとんどであろう。いずれにせよ、瓦棒の間隔（ピッチ）はメーカーごとに若干異なるので、できれば通気用野垂木（胴縁）のピッチをそれと合わせてやるほうが釘の引き抜きなどの不安材料を減らすことができる。

■ 平葺き（一文字葺き）

　上の2つの方法は比較的緩勾配でも採用可能であるが、平葺きは十分な屋根勾配をとることが肝要である。曲面屋根に用いるには、頂部の勾配が緩くなる部分について防水上の弱点とならないかどうか、注意が必要である。

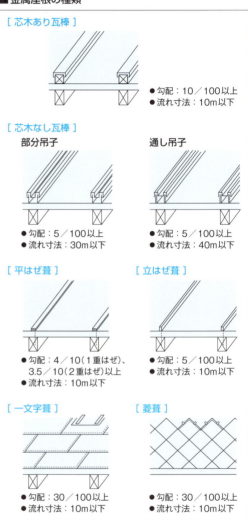

■ 金属屋根の種類

[芯木あり瓦棒]
- 勾配：10／100以上
- 流れ寸法：10m以下

[芯木なし瓦棒]
部分吊子　　　通し吊子
- 勾配：5／100以上
- 流れ寸法：30m以下
- 勾配：5／100以上
- 流れ寸法：40m以下

[平はぜ葺]　　　[立はぜ葺]
- 勾配：4／10（1重はぜ）、3.5／10（2重はぜ）以上
- 流れ寸法：10m以下
- 勾配：5／100以上
- 流れ寸法：10m以下

[一文字葺]　　　[菱葺]
- 勾配：30／100以上
- 流れ寸法：10m以下
- 勾配：30／100以上
- 流れ寸法：10m以下

細桟の縦葺きによるガルバリウム鋼板屋根。工業製品化が進み、長尺の鋼板も多く流通している。また、屋根だけでなく、外装材としても広く使われている。

■ 金属屋根の納まり例

軒部

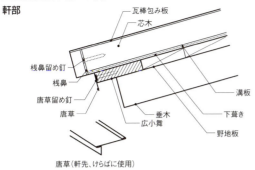

下屋水上と壁（一文字葺きの場合）

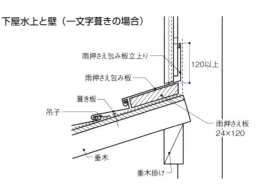

壁際や棟・谷について

　壁際と屋根との取合い部や、棟、谷の取合い部分は雨漏りの原因となり易い箇所である。アスファルトルーフィングの立上りや、雨押さえ板の立上りなどの雨仕舞がしっかりと行われているか確認する。また、設計の時点でも十分な検討がなされていなければならない。

■ 棟の納まり

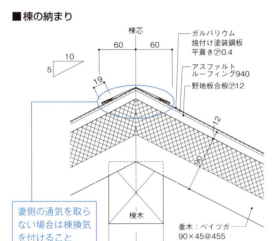

■ 谷の納まり

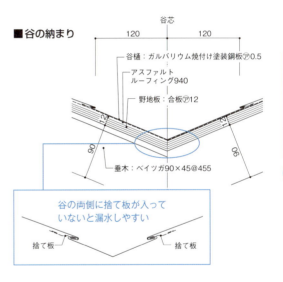

下地材について

　アスファルトルーフィングは、野地板上に軒先と平行に敷き込み、重ね代は上下100mm以上、左右200mm以上、壁際立上り部分250mm以上等がしっかりとれているかを確認する。

　屋根材の下にある野地板は、一般的には耐水合板12mm程度を用いるが、金属屋根の場合は他の屋根材料に比してより表面温度の上昇が激しいので、野地板表層が長い間のうちに炭化してしまう。当該住宅に求められる耐久性にもよるが、可能であればより厚い合板やムク板を用いることも検討すべきであろう。

■ 監理チェックシート

□ 葺き方とその勾配に問題はないか　0.5/10〜
□ 下地や小屋裏に断熱・遮音の対策がされているか
□ 材料は指定のものを使用しているか
□ アスファルトルーフィングの重ね代は上下100mm以上、左右200mm以上とれているか
□ 壁面取合い部分の下葺き材立上りは250mm以上とれているか
□ 雨押さえ板の立上りは120mm以上とれているか

step074

シングル葺き

　かつてアスファルトルーフィングが普及する前は、どんな家でも土居葺き下地が当たり前であった。スギやサワラ、ヒノキといった針葉樹の赤味部分を曳き割った板材を重ねて屋根下地とする方法である。これを仕上げとするコケラ葺きといえば現在では高級屋根仕上げとなってしまっているが、かつては自然素材で屋根を葺くのがわが国では当たり前だった。

　現在でもウッドシングル葺きと称して(必ずしも国産材とは限らないが)屋根に板を葺く例は別荘建築などでないわけではない。しかしこれを用いるには、法規制上で屋根材を不燃とする必要のない区域に限られるので、もはや一般的とはいえない。

　一方、明治以降の洋風建築技術の移入とともにもたらされた方法に、天然スレート(玄昌石)を上述の板葺き同様に重ねて葺く方法がある。わが国では一部地域で大谷石等の凝灰岩や鉄平石等を屋根に葺く民家の例もある。が、いかんせん今や高級材料であり、一般的ではない。

　スレートとは粘板岩などを薄くはいだ石質薄板のことを指し、屋根や床に敷いて使われていた。今日、コストの問題から天然の石板はあまり使われない。現在では、一般的にスレートとはセメント製品を指し、それだけだと簡単に割れてしまうので、繊維で補強する。こうしたものを、屋根材や外装材として使用している。特徴としては、軽く、加工しやすく、安価であることが挙げられる。

　現在では多くのメーカーからさまざまな種類の製品が出ていて、選択肢も多くなっている。施工方法や納め方は、その種類によって異なっているので仕様書にもとづいて、適切に施工する。

伝統的工法であるコケラ葺きの屋根。板厚2〜3㎜の薄板が何重にも重ねてられて葺かれているのが分かる。幅9〜10㎝、長さ24〜30㎝の板をずらしながら下から平行に重ねて並べていく。板を留めるには竹釘を使用する。

天然スレートは、ヨーロッパなどでは屋根材や敷石として広く使用されている。日本では、東京駅の屋根に使用されているのが有名だが、最近では、工業化による普及やコストの面から、人造のものが多く使用されている。

■スレートの葺き方

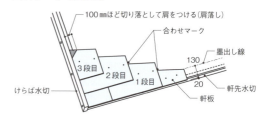

■軒先の納まり

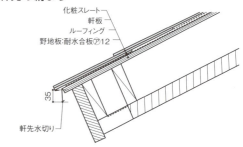

カラーベストコロニアル

天然スレート葺きを模した方法として、セメント成形版を重ね葺きする方法が大手メーカーから販売されている。セメントの原材料である石灰石はわが国では数少ない自給可能な材料の1つであり、有効な利用方法といえ、事実かなり普及している。基本的には葺き板相互を十分に重ねることで防水の役目を果たすものであり、製造メーカーの仕様書に準じていれば大きな問題はない。ただし、棟や隅棟部分では板が突き付けとなるので、必ず十分な幅のある笠木を設け、板金処理を行うべきである。

スレートは軽量で加工性が高く、安価で普及しているが、表面塗装の傷みから15～20年で葺替えが必要。

スレートの葺き方

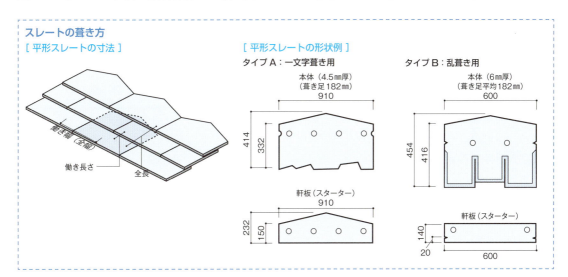

[平形スレートの寸法]

[平形スレートの形状例]
タイプA：一文字葺き用　　タイプB：乱葺き用

アスファルトシングル

無機質繊維の基材にアスファルトを浸透させ、細かい砂利を付着させ、着色した薄板状の屋根材。これは軽く、柔軟性に富み、施工性に優れ、何より素材そのものに防水性能がある。曲面や複雑な形状の屋根にも葺くことが可能であるが、その際は下地処理を入念にするよう監理が必要である。

アスファルトシングルの例

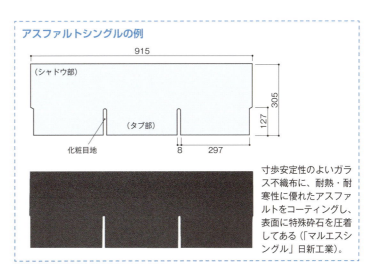

寸歩安定性のよいガラス不織布に、耐熱・耐寒性に優れたアスファルトをコーティングし、表面に特殊砕石を圧着してある（「マルエスシングル」日新工業）。

■監理チェックシート

□ 葺き方とその勾配に問題はないか　3/10～	□ アスファルトルーフィングの重ね代は上下100mm以上、左右200mm以上とれているか
□ 強風地域・積雪地域では、適切な部材で留められているか	□ 壁面取合い部分の下葺き材立上りは250mm以上とれているか
□ 材料は指定のものを使用しているか	□ 雨押さえ板の立上りは70mm以上とれているか

step075

瓦屋根

　瓦葺きに用いる材料としては、伝統的な陶器瓦とセメント瓦などがある。いずれも葺き方に大差はないと考えてよい。

　瓦の種類には「本瓦葺き」で使われる平瓦と丸瓦のほかに、和瓦と洋瓦がある。和瓦には本瓦と桟瓦があり、洋瓦にはＳ字瓦やスパニッシュ瓦、フランス瓦などがある。また使われる部位によっても軒瓦、袖瓦、のし瓦、鬼瓦、冠瓦、巴瓦などと、多くの呼び名の役瓦がある。

　葺き土を用いて瓦を固定する「土葺き」が本来の葺き方であった。しかし、素材そのものが重いうえ、構造上の負担も大きくなるので、屋根荷重の低減を考慮する設計が普及している現在ではあまり用いられなくなっている。最近では瓦より軽いスレートや金属が主流を占めつつあるが、瓦の持つ美しさや存在感、雰囲気に魅力を感じる人は今なお多い。

　「本瓦葺き」は平瓦と丸瓦を交互に組み合わせて葺いていく方法のことで、昔から仏閣、城郭などの屋根に使われてきた。

　「桟瓦葺き」は防水紙上に瓦桟を打ちつけ、そこに瓦を引っ掛けて葺いていく方法のことで、現在では、この葺きかたが主流となっている。建物は常に風や地震で動いているので、瓦がずれないように、桟にしっかりと固定するよう注意が必要である。また、瓦の割付けにも十分な検討が必要となる。下地の野地板の寸法、流れ方向の見え掛かり（利き足）、横方向の見え掛かり（利き幅）、軒瓦の出寸法の設定により、瓦の種類や枚数が決まってくる。

■ 本瓦葺き

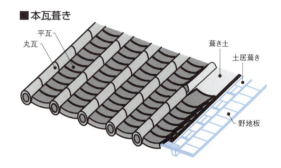

■ 桟瓦葺きの各部分

[各種瓦]

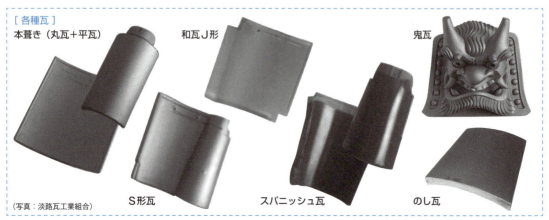

（写真：淡路瓦工業組合）

■ 軒先の納まり

図中の下地材以外にも下葺き材では透湿防水シート⑦0.55や発泡ポリスチレン製の瓦桟などもある

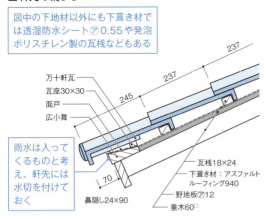

桟瓦葺きの屋根。のし瓦や冠瓦、鬼瓦、軒瓦など、使用部位によるさまざまな形状・名称の瓦部材が使用されているのが分かる。

棟について

棟や隅棟部分は成形セメント板シングル葺き同様、突き付けとした上に漆喰やセメントで棟瓦を積むことになる。棟高さを大きく立派にする場合には、棟木から下地を出しておいて固定する必要があり、この場合には棟が防水の弱点になりやすい。入念な木下地の形成、防水紙の十分な重ね張りを行うのが望ましい。

瓦の固定

瓦の固定方法には、釘打ち、緊結線締め、トンボ釘打ち、接着などがある。その気候風土による風の強さ、積雪量や地震などで瓦が飛散、落下しないように、適切に使い分けることが重要となる。

■ のし瓦の納まり

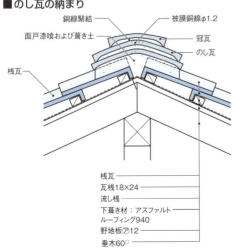

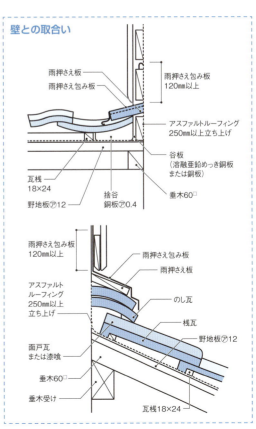

187

step076

陸屋根

　モダンデザインによる住宅を近年よく目にするようになった。木造でもパラペットを設け、内側を緩い勾配の陸屋根とし、キュービックな外観を持たせることができるようになったからであろう。これらの場合、屋根はFRP防水やシート防水で仕上げられる場合が多い。

　シート防水は比較的安価に施工できる。弾力のある樹脂製のシートを下地板に接着して張り、防水層を形成する。歩行程度は大丈夫だが、頻繁に通る場所は擦り切れやすく、タバコの吸殻などを落とすと、穴があいてしまう。

　FRP防水も、最近の木造住宅で多く使われている。FRPとは、ガラス繊維で強化されたプラスチックで、ユニットバスなどもFRP製が多い。網状の不織布を下地板に接着し、上からFRP防水剤を塗り、その上にまた不織布を張って防水剤を塗る工程を繰り返して、防水層をつくるものである。摩擦に強く、タバコの火でも穴があかない（step61参照）。

　ステンレスシート防水は、ステンレスの板を溶接でつなぎ合わせるもので、劣化しにくいがコストが高くなるので、住宅では一般的とはいえない。

　このような陸屋根の場合、屋根勾配が少ない分、雨を外に排出するうえで他の屋根形式より不利であるので、入念な工事が必要であり、当然監理も厳しい目で行うべきであろう。

シート防水の陸屋根。比較的安価に施工でき、下地への追従性も高い。施工に際しては、下地の平滑さや接合部の接着に注意したい。

屋上緑化の一環として芝を張った屋上。あるが、ここでは屋上緑化用の人工土壌を使用している。自然の土壌を敷く場合も緑化システム等の技術開発が急速に進み、屋上の有効利用への可能性は大きくなっている。

防水下地の施工状況はしっかりと確認する。1/50以上の水勾配がついているか、不陸がないか。

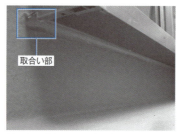

サッシや水切との取合い部もしっかりと確認する。

ドレン廻りの施工状況の確認。防水層の補強や取合い部の水漏れ措置がしっかりとされているか。

FRP防水下地

　FRP防水は塗膜防水で、仕上がりの防水層には継ぎ目がなく、見た目にもきれいな仕上がりとなる。防水層は軽量で強く、耐久性、耐熱性、耐候性などに優れている。床下地は、1/50以上の水勾配をとり、耐水合板12mm 2重張りのうえ、ケイ酸カルシウム板を張る。また、下地に目違いや突起物がないかもしっかりと確認する。

　床と壁との取合い部や、サッシとの取合い部は雨漏れしやすく、施工上注意が必要である。

　これらはメーカーや工法により、仕様も若干異なっているので、施工の際はメーカーの仕様書で確認する。

■ バルコニーの防水

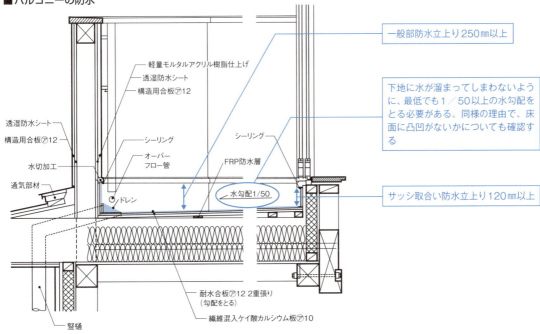

■ 陸屋根に使用する防水工法

	工法	特徴
シート防水	塩ビシートを接着剤、もしくは金物とビスなどを用いて固定するもののほか、ゴムシートを接着剤で固定するものなど	層防水のため工期が短く、変形性が大きい。合成樹脂なので軽歩行程度まで可能
FRP防水	液状の不飽和ポリエステル樹脂に、硬化剤を加えて混合した防水剤を、ガラス繊維などの補強材と組み合わせて塗り重ねていく。この工程を繰り返して防水層を形成していく塗膜防水	防水層は継ぎ目のないシームレスな仕上がりとなり、軽量であり、耐熱性・耐食性・耐候性などに優れている。また、工期も短くて済む
ステンレスシート防水	0.4mm厚程度のステンレスシートをたてはぜ葺きの要領でつくり接合部を溶接により一体化する	複雑な形状の屋根には適していない

■ 監理チェックシート（防水工事）

□ 下地は耐水合板2重張り＋ケイ酸カルシウム板張りになっているか
□ 下地に不陸がないか
□ 下地に1/50以上の勾配がついているか
□ 壁面との取合い部分は、開口部の下端で120mm以上、それ以外の部分で250mm以上立ち上げがあるか
□ サッシ、水切との取合い部は、シーリングを打っているか
□ 排水溝は勾配がしっかりととれているか
□ 排水ドレン取り付け部は防水層の補強措置および取合い部の止水措置を施しているか
□ オーバーフロー管をルーフドレン上部につけ、管勾配を外側にしているか

step077

雨樋・水切板金など

　これまで述べてきたいずれの屋根材の場合でも、軒先やケラバ、棟や隅棟には通常は板金による水切処理が必要である。

　雨樋には樹脂製ならびに金属製があるが、金属製品を用いる場合、既製品であっても特別にあつらえるものであっても、使用する水切金物と同種の金属製または樹脂製とし、電触による腐食を避けるように注意が必要である。

　積雪時にはたとえ雪止めを設けていても軒樋に負担がかかる場合がある。樋受け金物のピッチが適切であるか、注意が必要だ。

内樋について

　建物の外観を損なわないようにという意匠的な観点から採用されることがある内樋。軒先がすっきり見え、軒先の内側に樋を組み込んだもので、箱樋ともいう。ただ、内樋の雨仕舞には注意が必要だ。軒樋を内樋にし、縦樋を壁内に通すような場合、水が詰まったり、ジョイント部から水が漏ったりすると大変である。たちまち建物内部や構造体を痛めてしまうおそれがある。このように施工には十分な注意が必要だが、設計時からも樋の断面寸法をしっかりととる、樋上部の高さは外側を内側より十分に低くする、竪樋を複数とる、などの検討が必要となる。

■ 外樋の納まり（丸樋）［S＝1：6］

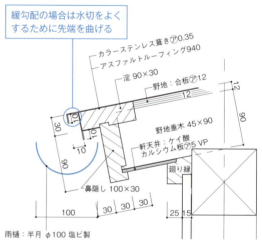

■ 内樋の納まり［S＝1：8］

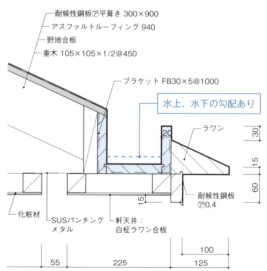

樋は軒先からきちんと雨水を処理する役割を持つとともに、意匠的な配慮も求められる。屋根材や屋根勾配に応じて、適切に計画しつつ、外観を損なわないようにしたい。

棟換気について

小屋裏通気工法が普及し、棟に屋根通気金物を設置するのも当たり前となっている。異種金属を避けることは先ほどと同様、さらに換気金物と棟板金との間が防水上での弱点とならぬよう気を付ける。既製品を用いる場合は、仕様書にもとづいてしっかりと施工する。また、板金などで作成する場合は、設計時も当然だが、現場施工時でもしっかりとした監理が求められる。

■ 棟の納まり（瓦）

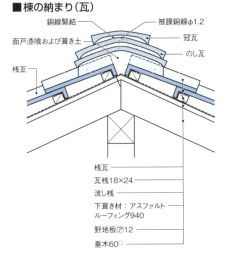

■ 棟の納まり（板金）

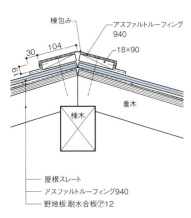

トップライトについて

既製品を用いたり、設計者独自のトップライトを設けるなど、さまざまな試みがあると思われるが、肝心なことはそこが防水の弱点とならないようにすることである。捨て板金を十分に立ち上げておく、場合によっては2次シーリングを要所要所に充填しておく、などの配慮が必要で、監理時にも目を光らせておきたい。

トップライトは明るさの確保とともに、空間の演出にも効果がある。自然の景色や夜景などを楽しむことができる。設置位置は日差しを考慮し、防水対策もしっかりと行うことが重要である。

雪止めについて

瓦の場合には雪止めが一体化された製品を用いればよいが、その他の屋根材の場合には前述どおり異種金属の仕様を避けること、なるべく防水の役割を減じないようにすることを配慮する。スレート葺きの場合、鋼製プレートを折り曲げた専用の金物がある。瓦棒葺きの金属板葺きの場合、縦の瓦棒の上に横向きにL字型の鋼製アングルやステンレス製パイプを打ち付けたりする。積雪の多い地域では、しっかりと検討をしたうえでの取り付けが必要となる。また、屋根を内勾配にして、冬の間は雪を落とさないようにする工夫も北海道などで多く見られる。

写真左は瓦と一体になった雪止め、写真右はスレート葺きに用いる鋼製プレートを折り曲げた雪止め専用の金物。

Column
屋上緑化を楽しむために

　現在、都市部で暮らしていくときの敷地では、広い庭がとれたり、自然を身近に感じられるような環境はなかなか望めない。特に、都市部やその周辺の場所では、住宅用の敷地は細分化される傾向がある。相続であったり、地価などの経済的な要因が大きいのだが、多くの人にとって、広々とした敷地に暮らすことは難しい状況である。しかしながら、日々の暮らしを豊かにするために、自然を身近に感じたいという願望を持つ人が多いのも、また事実であろう。そのような状況を解決する方法の1つに「屋上緑化」や「屋根緑化」、「壁面緑化」などが挙げられる。

　防水の技術的な進歩や、自然土壌に代わる軽量土壌や緑化システムなどの開発が進んだことにより、「屋上緑化」などは飛躍的に広まり、身近なものになりつつある。また、「屋上緑化」などは、近年問題が深刻になりつつある、地球温暖化への対策としても注目を浴びている。屋上や屋根、壁面を緑化することにより、建物の断熱効果を高め、水分の蒸散作用からの冷却効果を期待できる。建物の環境をよりよくしつつ、省エネルギーに貢献し、都市のヒートアイランド化への対策につながる。しかしながら、「屋上緑化」などを行う場合には、検討しなければならないことも多い。主なところとして、建物の耐荷重や防水・排水が挙げられる。これらの検討を十分に行わないと、構造的な問題や、漏水による大きな被害が発生したりする。また、実際に植える植物にも検討が必要となる。その場所の日当たりや乾燥程度、風向きなどは、植物に直接的な影響を与える。

　具体的には、屋上などに自然の土壌を敷き込む場合、10cmの厚さで160kg/㎡程度の荷重がかかる。地被類を育てるには20cm、低木では30cm、高木（3m以上）では60cm以上の土の厚さが必要となる。これらを踏まえると、建物の構造的耐力については、十分な検討・確認を行う必要がある。また最近では、自然土壌の半分程度の軽い人工土壌も開発されているので、そのときの条件によって最適な方法を選択したい。

　排水についても注意が必要である。特に近年の都市部などでは、ゲリラ豪雨のように極端な雨が降ることも珍しくない。排水がきちんとされないと、漏水による室内への甚大な被害や、場合によっては、屋上などの立上り部分を超えて、土壌や雨水が流出するようなこともある。また、防水層を植物の根から守る対策や、風による倒木や、土壌の飛散を防ぐための対策、植物の適切な成長のための水やり（灌水）などについての検討が必要である。

　快適に自然と触れ合い、手入れなども楽しみ、家族や友人たちとのコミュニケーションも増える。日々の生活の中で、われわれが失いつつある「自然と触れ合う」という行為を取り戻すことはとても大切なことだ。このような、豊かな緑化ライフをスムーズに行えるようにするためにも、十分な知識と技術を持ち合わせることが重要となる。

■屋上緑化における注意ポイント

- ●建物の「荷重制限」に合わせて、緑化工法を選ぶ
- ●排水方法を検討：排水の流れをコントロール・排水口の保護と清掃
- ●防水層の保護と耐根対策
- ●風への対策：倒木を防ぐための固定措置や土壌の飛散を防ぐための措置
- ●水やり対策：植物の適切な成長のための灌水システム

狭小な敷地の建物でも、屋上緑化などにより自然を身近にすることができる。構造や防水、排水といった技術的なことや、環境への影響、設置のための費用や補助金などについての知識をしっかりと持つことが重要。

2 工事監理編 chapter10
外壁仕上げ工事

078 左官

079 サイディング

080 板金

081 タイル・石張り

082 板張り

検査・その他	地鎮祭 遣り方立会	根切底確認 配筋検査	上棟式					引き渡し 役所検査 竣工検査
地盤改良	●—●							
仮設工事	地縄 遣り方							クリーニング
基礎工事		地業工事 配筋 立上り部 立上りコンクリート打ち						
木工事		耐圧コンクリート打ち	上棟 プレカットチェック	筋かい・間柱・床下地	木枠・間仕切・床	造作工事		
屋根工事 防水工事			屋根下地 ・ルーフィング・防水工事	屋根工事	断熱材	壁・天井下地・ボード張り		
左官工事				外壁下地	外壁仕上げ	内部左官工事		
サッシ工事			サッシ確認	サッシ取付				
木製建具工事							建具工事	
塗装工事				外部木部		内部	建具・床・外構	
内装工事						クロス張り	畳	
給排水 設備工事			外部配管	床下配管	内部配管		器具取付	
電気・空調 設備工事				床下配管	内部配管		器具取付	
外構工事						外構工事		

step078

左官

左官壁にはモルタル、石膏プラスター、漆喰、砂壁、土壁、珪藻土などを用いて塗るものがある。

左官下地には壁表面に材料を留めるために、ラス（ワイヤーラス・エキスパンドメタル）、木摺り（薄く長い板を間隔をあけて横向きに張ったもの）、石膏ラスボード、小舞壁などが用いられる。今や本格的な小舞下地土塗り壁は高級仕事の範疇なので、ここではモルタル塗り外壁を中心に述べる。

モルタル塗りの場合、ひび割れ（クラック）が生じやすいことが欠点である。原因には、下地木材の乾燥収縮、ラス下地の施工不良、不適切な材料調合、塗り厚の不足および過大、乾燥期間等の不十分、養生不足などが挙げられる。

防火地域以上の厳しい規制がある地域では、モルタルを最低20㎜塗ってから仕上げを施すことになるが、モルタルが乾燥する時間を考慮しておかないと、せっかくの上塗りに後々亀裂、剥落といった弊害が発生する。

あまりないことではあるが、建物が大きく外壁が大きな面積に及ぶ場合には、誘発目地を設けておくほうがよいかもしれない。

左官壁は熟練の技術を要し、いくつかの工程に分けて少しずつ塗って、乾燥期間を十分にとるなど、施工に時間がかかる。こうしたことを十分に把握しながら、設計での検討から現場での監理までを行ってもらいたい。いずれにしても左官工事の場合は、下地施工や材料配合、使用材料による施工時間（乾燥期間）の監理が重要となる。

余談ではあるが、リシン吹付け、仕上げ塗り材などの既調合材料での仕上げも多く見られるようになった。今や建物のグレードによって、吹付けのテクスチュアや厚さ等を幅広く選ぶことが可能になっている。各種材料メーカーの推奨工法に準じれば大きな問題はない。

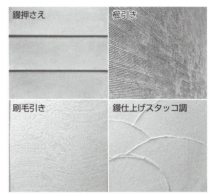

手で塗りあげていく左官には、さまざまな種類の仕上げ方がある。施工に手間がかかり、熟練した技術を要するが、仕上がりに魅力的な意匠をつくりだすことができる。

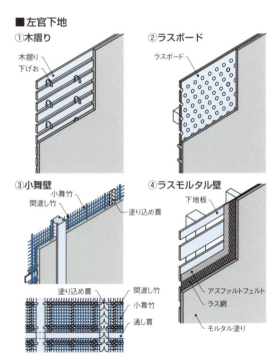

■左官下地
①木摺り　②ラスボード　③小舞壁　④ラスモルタル壁

天然左官材料での仕上げ

代表的なものは漆喰塗りであろう。設計者ごとに独自に工夫した左官材を開発している例も多いが、いずれの場合でも、モルタル壁との十分な付着強度をもたすべく注意が必要である。左官職人との入念な打ち合わせを必要としよう。またこのような天然素材を用いる左官工事には十分な施工期間を見込んでおく必要がある。

下地について

モルタル塗り下地の場合、小幅の木摺りに金属製のラス網（塗り壁下地用の金網）を取り付けたものが多かったが、最近は「ラスカット」などが多く使われている。

土壁や漆喰壁下地の場合、伝統的なものとして、タケをシュロなどの細縄で組んだ「小舞」が使われてきた。最近ではなかなかお目にかかることはない。

外壁通気について

外壁通気で設ける「通気層」は壁体内（断熱層）の水蒸気を外部へ排出するために必要だ。室内からの水蒸気は防湿層で防ぎ、それでも浸入した水蒸気などを通気層から排出する。これらがきちんと設けられていないと、壁体内での結露が生じてしまう。ここでは、透湿防水シートや胴縁の施工や、通気経路の確保などについて、しっかりとした監理が必要である。

外壁通気工法では、構造用合板や柱・間柱の上に透湿防水シートを張り、その上に胴縁（通気胴縁）を取り付けて通気層をつくる。ここに、土台の水切部から壁体内、軒裏、小屋裏へと通気させるようにしたものである。

通気胴縁は、仕上材の張り方により縦胴縁にするか横胴縁にするかを決める。横胴縁の場合は、通気溝をしっかりと確保する。また、開口部廻りの施工にも通気の確保や防水などに十分な注意が必要である（step68～70参照）。

伝統的な小舞壁の施工途中。軸組みの上に小舞竹を縄で組んだものに、壁の両側からすさを混ぜた土を塗り、荒壁をつくる。そして、上塗りを重ねていく。

透湿防水シートと通気胴縁の施工途中。透湿防水シートの上に胴縁を打ち付け、その上に外装材を取り付けることで、通気層を確保する。防水や結露への対策が、軸組みの保護につながる。

■壁の基本構成 ［S＝1：20］

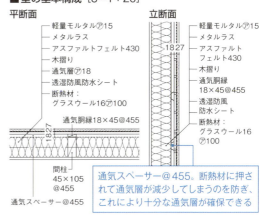

通気スペーサー@455。断熱材に押されて通気層が減少してしまうのを防ぎ、これにより十分な通気層が確保できる

■外壁材の種類（湿式系）

モルタル塗り	比較的安価であるうえ強度が高く、耐火性もある。また、アルカリ性であるために下地のラスに対して防錆効果がある。防火構造材として使用され、モルタルを下地として吹付けをしたり、珪藻土を塗ったりして仕上げる。乾燥収縮により、ひび割れが入りやすい
漆喰	左官用消石灰にスサ、糊などを練り混ぜてつくる。防火性が高いので、財産を守るために古くから土蔵や町家、城郭に使用されてきた。調湿機能も持ち、季節の変化に耐え、カビがつきにくいという性質も持つため、内部の押入れ壁などに使われることもある。乾燥に時間がかかり、乾燥後の収縮率が高いためひびが入りやすい
珪藻土	植物性プランクトンの遺骸が蓄積されてできた土。調湿・保湿性がある。有害物質の吸着・脱臭も期待でき、土に還る素材でもある。自然素材であるため、人体への影響がなく、最近、急速に広まっている
土壁	古くからの壁下地であり、小舞壁とも呼ばれている。壁下地には小舞下地のほかに木摺り下地、ラス網下地などがある。下塗り(荒壁)→中塗り→上塗り(色土塗り)の順序で行われる。色土には、産地と色によりさまざまな種類がある。最近では、工程が複雑で時間がかかり、熟練した施工技術が必要などの理由であまり使われない

step079

サイディング

ここでは窯業系サイディングならびに金属系サイディングについて記す。

窯業サイディングは、主原料にセメント質原料を使用して板状に成形して、養生、硬化させたものである。

金属系サイディングは、鉄、アルミ、ステンレス、銅などの金属を使用して、軽量で施工しやすいのが特徴である。基材の鋼板にアルミニウム、亜鉛、シリコンからなるメッキを施した「ガルバリウム鋼板」なども多く見られる。金属系サイディングに発泡材などを組み合わせて、断熱性能を高くした製品も多い。

いずれの場合でも工業製品であるので、出隅や入隅の役物も常備されており、メーカー推奨の工法に準じていれば大きな問題はない。

雨水の浸入を防ぐ水切材は、通気層へ空気を通す役目もある。上下のジョイント部分には中間水切を用い、下部は基礎水切を設置する。ジョイント部の目地、開口部周囲、外壁貫通周囲などにはシーリング材の充填をする。

建物のモジュールと製品標準寸法とが完全には一致せず、一部に切り欠きが必要な場合がある。窓廻りなども同様なことがある。その際は半端な部分をどこに振り分けるか、割付けを指示しなければならない。また、割付け製品に本来備わっている継手部分を切り欠くことになるので、防水処理をどうするか、早めの指示が必要である。

独自の納まりについて

出隅や入隅に既製品の役物を用いることを嫌い、独自の納まりを求める場合、そこが防水上での弱点となりやすい。設計時に入念な検討をすることはもちろん、施工中も十分な目配りが必要である。

工業製品として大量生産が可能となり、サイディングにはさまざまな種類のものがある。耐久性・加工性などに優れ、施工性もよい。施工にあたっては、ジョイント部の処理に注意が必要である。

■ サイディングの張り方

横張りサイディング

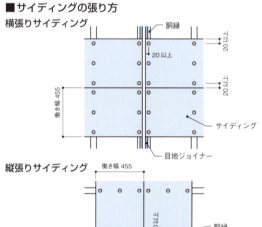

縦張りサイディング

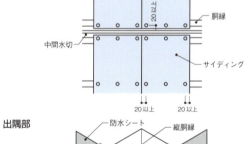

出隅部

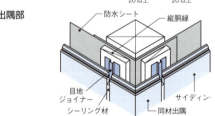

入隅部　**土台との取合い**

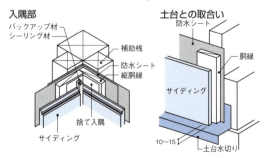

水切について

サイディングの下端は、土台に水切を取り付ける。通気層へ空気を通すため、結露水を排出するために、水切とサイディングとの間を10〜15㎜開けておく。また、水切に透湿防水シートをしっかりとかぶせてあるかも確認する。

シーリングについて

シーリング材は、横目地の場合は相決りで水の浸入を防げるが、縦目地の場合はシーリング材の充填が必要である。サイディング材によっては、縦横両方に必要なものもある。一般的には、専用のガン（銃）に入れて、目地からはみ出ないように、マスキングテープを張ってから、押し出すように施工する。

サイディング材のように、目地が動くような継目（ワーキングジョイント）のシーリング材の施工は2面接着とする。サイディング材相互のほかに、背後の下地材にも接着させると、目地が動いたときにシーリング材が伸びることができずに、外れてしまったり、破断してしまうことがあるからである。また、その際に下地との縁を切るものを、バックアップ材とかボンドブレーカーと呼ぶ。

シーリング材には、さまざまな種類のものがある。使用する場所や材料によって使い分けられるので、その特徴を十分に把握しておく必要がある。

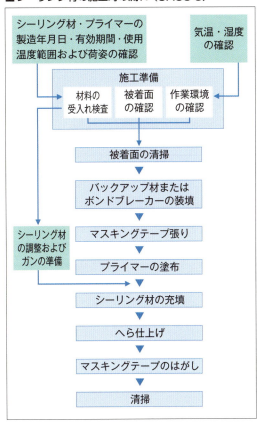

壁内部への雨水の浸入を防ぎ、通気層への空気を供給する水切。透湿防水シート、胴縁などとの取合いには注意が必要。

■シーリング材の施工時の流れ（JASS 8）

■シーリング材の種類

種類	特徴	使われる箇所の例
シリコーン系シーリング材	シリコーン（オルガノポリシロキサン）を主成分としたシーリング材。1成分形と2成分形がある。ガラスや鋼板などに使用できる。通常、上塗り塗装ができず、上塗り塗装をしたい場合は逆プライマーが必要	カーテンウォール、外装パネル、ガラス、金属製建具、笠木、屋根・屋上、水廻り
ポリサルファイド系シーリング材	ポリサルファイド（主鎖にウレタン結合を持ち、末端にSH基を持つポリマー）を主成分とし、1成分形と2成分形がある	カーテンウォール、外装パネル、金属製建具、笠木、コンクリート壁、屋根・屋上
アクリルウレタン系シーリング材	アクリルウレタンを主成分とした2成分形シーリング材	外装パネル、金属製建具、笠木
ポリウレタン系シーリング材	ポリウレタンを主成分としたシーリング材で、1成分形と2成分形がある	外装パネル、コンクリート壁、屋根・屋上
ブチルゴム系シーリング材	ブチルゴムを主成分とするシーリング材で、1成分形の溶剤タイプである。硬化しても溶剤には溶解する。通常20〜30％の体積収縮がある	屋根・屋上
油性シーリング材	天然または合成の乾性油あるいは樹脂を主成分とした1成分形シーリング材である。プライマーを使用しないで各種の被着体に粘着する	コンクリート壁、屋根・屋上

step080

板金

　最近では、金属板を外壁に使用している住宅をよく見かけるようになった。金属板を外装に使うと、シャープな意匠を与えることができると同時に、他の外装材に比べて、防水性やメンテナンス性に優れる。ガルバリウム鋼板やアルミ板などを使用した、既製の金属サイディング製品も多い。

　また、屋根に金属板を張るのと同様に、板金で外壁をつくる方法もある。屋根においても、外壁においても、金属を使用することは、建物の自重を軽減して、構造的負担を抑えることに有効である。運搬や取り付け作業の効率化も図れる。しかし、金属単体では断熱性、遮音性に劣る。これらの点は、外壁下地での対処や、金属板自体に断熱性を付与するなどの対処で補う必要がある。特に、夏の日射などでは、外装材が高温になることがある。断熱材を挟み込んだサンドイッチパネルやパネル自体に断熱材が吹き付けられたものもあるが、外装材内側に通気層を設け、裏側の熱気を排気するような配慮は必ず行うようにすることが重要である。

　板金で外壁をつくる場合、屋根と同様に合板などで下地をつくり、防水シートを張って防水処理を適切に行う。材同士のつなぎ目や開口部廻りなどにも、シーリングや防水テープなどの防水処理をしっかりと行うなど、雨漏り、漏水への対策が重要になる。端部に役物を使用する場合の割付けや納まりについても、十分な検討を行ったうえで施工を行いたい。また、板金で施工するには、既製品の外装材を使用するのに比べて、手間と費用がかかることも考慮しなければならない。

サビや腐食について

　金属の弱点には、サビや腐食が挙げられる。これには、使用される場所の地域性（海に近い場所や温泉地、工業地帯など）が大きくかかわる。現在では、酸性雨などへの対処にも考慮が必要となっている。

　金属のサビには経年によって生じるものと、

板金外壁の施工途中。既製品を使用する場合とは異なり、施工手順や各部の納まりついて、十分な検討が必要である。

■ ガルバリウム鋼板小波板

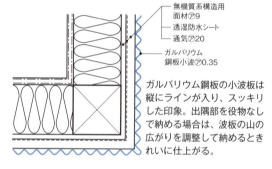

ガルバリウム鋼板の小波板は縦にラインが入り、スッキリした印象。出隅部を役物なしで納める場合は、波板の山の広がりを調整して納めるときれいに仕上がる。

■ ガルバリウム鋼板角波

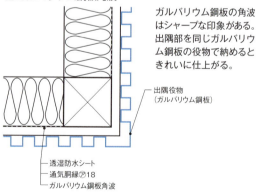

ガルバリウム鋼板の角波はシャープな印象がある。出隅部を同じガルバリウム鋼板の役物で納めるときれいに仕上がる。

異種金属同士の接触によって起きる「電蝕」がある。「電蝕」への対策としては、使用する材に同質の金属を選ぶことが挙げられる。これは、屋根材や樋材についての場合も同様である。

板金などの金属を使用する工程では、このようなサビや腐食への対策や、断熱性や防音性の確保、材の加工や納まりについての考慮をしっかりと行うことが重要であり、施工時の監理にも目を光らせたい。

板金外壁の仕上がり。開口部のサッシやベンドキャップなどとの取合い部分では、割付けや防水処理（シーリング・防水テープ等）について注意が必要となる。

新しいカタチを与える金属の外壁について

金属の外壁とする場合、屋根から外壁を一体のように施工することも可能である。屋根も急勾配にして、外壁のように見せることもある。こうしたことで、建物の形態もよりマッシブなものや、幾何学形態のものなど、さまざまなものがあちこちで見られるようになった。

金属板による外壁は、防水性やメンテナンス性が高いが、一方で断熱性への対応（断熱材・通気）が求められる。板金外装材は周辺環境やコスト（既製品の外装材を使用するのに比べて、手間と費用がかかる）、設計意図（意匠や性能）などにより、適切なものを選択したい。

■主な金属材料の種類

種類		材料の特徴
表面処理鋼鈑	①溶融亜鉛めっき鋼板（トタン）	亜鉛化鉄の被膜が耐食性を有する。軽量・安価で加工性もよい。塗装の良否が耐久性を左右する
	②塗装亜鉛めっき鋼板（カラー鉄板）	工場塗装されたもので、①と似た特性を持ち、より耐食性に優れ、美観もよい。塗膜の質によって耐久性が決まる
	③亜鉛・アルミ合金めっき鋼鈑（ガルバリウム鋼板）	亜鉛の耐食性とアルミの熱反射性を生かしたもの。安価で性能もよいため、屋根に限らず外装材として人気が高い。①の3～6倍の耐久性があり、加工性・塗装性は①と同等。合成樹脂を塗装したカラーガルバリウム鋼板もある
特殊鋼鈑	④冷間圧延ステンレス鋼板	耐久性・耐食性・耐熱性に優れ、高強度である。炭素量が少ないほど耐食性が高く、かつ加工性もよくなるが、もらいさびの対策を要する
	⑤塗装ステンレス鋼板	ステンレス鋼鈑を工場塗装し、もらいさびの防止、耐久性・美観の向上が図られている。塗膜の劣化とともに点さびが生じることもある
アルミ合金板	⑥アルミ板・アルミ合金板	耐熱性が高く、酸性環境にも強い。また、軽量で耐食性・加工性にも優れる
銅板	⑦銅板・銅合金板	伸展性・加工性に優れた材で、表面に形成される緑青色の酸化膜（緑青）によって耐久性が高まる。弾性が低く、たわみが大きいので折板、波板には不適。亜硫酸ガスや硫化水素による腐食が発生することもあるため、温泉地には不適
	⑧表面処理銅合金板	あらかじめ銅板表面を化成処理して、人工的に緑青色、あるいは硫化いぶしの黒色にした材
そのほか	⑨亜鉛合金板	加工性がよく、自然発生する保護膜により、一般的には耐久性が高いといえる。ただし、工業地域・海岸部などでは腐食のおそれがある。また、電蝕、低温で施工した場合の板のクリープ、低融点ゆえの防火性などに注意が必要
	⑩チタン板	耐久性・耐食性・耐塩性・強度・熱反射性の高さなど性能的に非常に優れた材で、しかも軽量。すべての工法に適用するが、高価なことと、強度の高さゆえ加工性に劣るのが欠点

step081

タイル・石張り

　タイル、石材と一口でいっても、外装材や床材、内装材として多くの種類が出ており、形状や色、質感などにも富み、耐久性に優れた材料としてさまざまな場所で使用されている。

　石材には、花こう岩や安山岩、凝灰岩、大理石をはじめ、多くの種類がある。それぞれに特徴的な表情があり、強度や重さ、吸水率などもさまざまである。その特徴に合わせて、適切な場所に適切な施工を行うことが重要である。

　タイルは、焼き方や吸水率の違いなどで、磁器質、せっ器質、陶器質に分類される。磁器質と陶器質の違いは、粘土成分の量、珪石と長石の量、焼成温度などによって決まる。陶器質は吸水性が高く、外装材には適さない。水を吸収しにくく、汚れの付きにくい磁器質は耐久性、耐火性、耐候性が高く、メンテナンスも基本的には不要となる。このような特徴を生かして、外装材などに広く使われている。木造の外壁では、乾式工法で使用されることが多い。

　タイル張り、石材張りの場合、設計や施工の際には、材料の適切な選択や割付け、目地の幅・深さ、役物（出隅・入隅）についてなどの検討をしっかりと行い、現場においても厳重な品質管理と施工監理が重要である。また、施工後には凍害による欠損、剥離、落下、クラック、汚れの付着などへの注意も必要である。

■ 建築用石材の分類

- 建築用石材
  - 自然石
    - 水成岩：砂利、砂、粘土、生物の残骸などが風や流水の作用で湖や海底に沈み、上からの圧力で固結したものや、火山の噴出物が積み重なってできたもの。堆積岩ともいう — 粘板岩、砂岩、凝灰岩、石灰岩
    - 火成岩：火山作用によってマグマが地中から噴出されるとき、地中または地表で凝結したもの
      - 深成岩：地中の深いところで熱と圧力を受けながら固まったもの — 花崗岩、閃緑岩、斑糲岩、橄欖岩、石英斑岩（半深成岩）
      - 火山岩：地表、または地表に近いところでマグマが固まったもの — 石英粗面岩、安山岩、玄武岩
    - 変成岩：水成岩、あるいは火成岩が大きな地殻変動によって熱圧力を受けて変質したもの
      - 大理石（水成岩系）：石灰岩が熱変成作用を受けたもの
      - 蛇紋岩（火成岩系）：斑糲岩などが熱変成作用を受けたもの
  - 人造石
    - テラゾ：大理石などの種石を、配合セメントで板状にし、磨き仕上げしたもの
    - 擬石：テラゾを叩き仕上げにしたもの

■ タイルの分類と特徴

	特徴	素地の状態（吸水率）	釉の有無
磁器質	素地は透明性があり、緻密で硬く、叩くと金属製の清音を発する。破砕面は貝殻状を呈す	ほとんど吸水しない（1%以下）	施釉無釉
せっ器質	磁器のような透明性はないが、焼き締まっており吸水性が少ない。土ものタイルはこの区分に入る	やや吸水する（5%以下）	施釉無釉
陶器質	素地は多孔質で吸水率が高く、叩くと濁音を発する	かなり吸水する（22%以下）	施釉無釉
土器質	素地は有色、多孔質で吸水率が高い	かなり吸水する（大）	多くが無釉

注　施釉タイル：釉薬をかけたもの、無釉タイル：釉薬をかけていないもの

湿式工法と乾式工法

タイルの張り方には、下地にモルタルを塗る圧着張り、下地とタイルの両方にモルタルを塗る改良圧着張りなど、いくつかの湿式工法がある。しかし、これには熟練した施工の技術や剥離・落下への注意も必要になってくる。これに対し、壁に鋼製のレールを取り付けて（あらかじめ下地板に取り付け用の桟が付いているものもある）、そこにタイルを引っ掛けていく乾式工法がある。施工技術の問題や補修・交換の容易性などから、最近では多く採用されている。

■タイルの主な工法

①乾式工法
目地なしタイプ（ブリックタイプ）

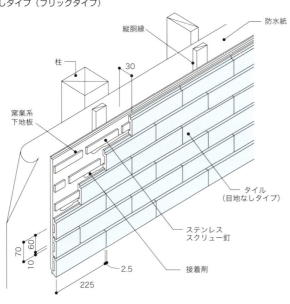

②湿式工法
改良圧着張り工法

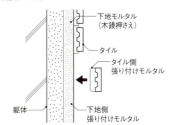

接着張り工法

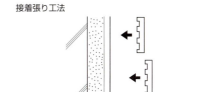

湿式工法資料提供：INAX

目地と張り方について

目地の施工についてもいくつかの方法がある。タテの目地が乱れないで、真っすぐに通るものを「通し目地（芋目地）」、タイルの中心に次の段の目地が中心にくるようなものを「馬目地」、タイルとタイルをつき合わせるように張って目地幅をとらないものを「ねむり目地」、二丁掛けタイルなどで、目地の深さをわざと深くしたものを「深目地」という。

また、タイルやレンガの張り方についてもさまざまである。イギリス積みやフランス積み、アメリカ積み、小口積み（ドイツ積み）などである。これらのパターンは一度押さえておくとよいであろう。

■外装タイルの目地割り（張り方）の種類

馬目地　　　　　　　　通し（芋）目地

イギリス積み　　　　　フランス積み

step082

板張り

　わが国では、サイディングが普及する以前には板張りの外壁が多く見られていた。だが、現在では法規制やコストの面により、外壁に木材を使用できる機会はかなり少なくなっているといってよい。しかし、木が持つ独特の雰囲気には、多くの人を魅了するものがある。木材は自然素材であるがゆえ、ほかの材料に比べて施工後のメンテナンスがきわめて重要となる。

　国産材では、水や湿気に比較的強いスギ（「焼きスギ」にして、炭化させて防火・耐久性を上げる方法も見られる）、ヒノキ、ヒバ、カラマツなどがよく使われている。輸入材では、ウエスタンレッドシダーやラワンなどであろうか。

　外壁に防火性能が求められない場合であれば、無垢板（一般的にはスギかカラマツあたりであろう）を下地に張ればよい。防火性能が求められる場合には、板自体に不燃性能を付与した木材を用いるか、または板の下に不燃ボード（各種認定品あり）を打ち付けることになる。

　板張りの場合は、当然表面の板だけでは防水しにくい。裏で透湿防水シートを十分な重ね代をとって、下部から張り上げておく。水切廻りやサッシ廻りでは、雨漏りがしやすくなるので、十分に注意しての施工が必要である。

　最近では、法規上の防火規制に対応するために、薬剤などを注入してある不燃処理木材がある。この場合、含浸された不燃効果のある薬剤が雨などで溶け出さぬよう、表面に完全な塗膜ができるような塗装を施すことが本来は望ましい。打ち付ける釘なども、薬剤耐性の高いものを使用する。

　大きく分けると、板張りは、「縦羽目板張り」と「横羽目板（下見板）張り」とに分かれる。どちらを選択するかは好みの問題であるのでここでは触れないが、筆者の経験では縦羽目のほうが裏に水が廻りやすいと思われ、下地で防水性を高めるようにすることが重要であり、現場でもしっかりとした監理が必要になる。

反りについて

　木材は天然素材なので、完成後にも乾燥収縮によりアバレが発生する。特に太陽光が当たる部分とそうでない部分とで大きな差が生じ、場合によっては板相互の実（継手部分）が反りに負けて欠けてしまうこともある。こうしたことは事前に建て主へ十分に説明しておく必要があろう。

縦羽目板張り外壁の仕上がり。縦に張る場合は、横に張る場合に比べて防水性に不安が生じる。このため、下地においてしっかりと防水性を高めておく必要がある。

外装材を木板にする場合、スギやヒノキ、カラマツなどの耐久性のある木材を挽き割り、加工（本実・相決り）したものを用いる。各関連法規により、都市部では使用できないなどの制限がある。

下見板張りについて

下見板張りとは、板を下向きに張ることから、こう呼ばれる。板は下から上へと重ねながら張っていく。これは、スレートや瓦などの屋根材の張り方と同じ考えで、水が内部に浸入しないように重ねているのである。そのまま重ねる方法を「南京下見板張り（よろい板張り）」、上下の板の小口をしゃくって同一面に納める方法を「ドイツ下見板張り（箱目地下見板張り）」という。互いにしゃくるつなぎ方は「相決り」という。南京下見板張りに、押縁（細い棒）で上から押さえつけ、釘で留めたものが「押縁下見板張り」で、さらに押縁を板形状に合わせて加工したものが「ささら子下見板張り」である。

縦羽目板張りについて

板を縦に張る場合、防水シートを施工したうえに横胴縁を450㎜以内のピッチで入れていく。張り方には、「本実張り」や「雇実張り」、「相決り張り」、押縁を使用する「縦羽目目板打ち」や「縦羽目押縁留め」、「大和張り」などがある。

■下見板張り
押縁下見板張り

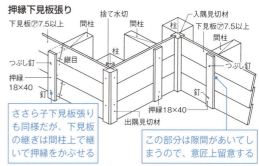

ささら子下見板張りも同様だが、下見板の継ぎは間柱上で継いで押縁をかぶせる

この部分は隙間があいてしまうので、意匠上留意する

南京下見板張り

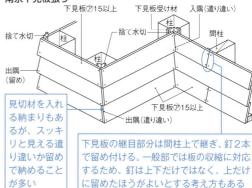

見切材を入れる納まりもあるが、スッキリと見える遣り違いか留めで納めることが多い

下見板の継目部分は間柱上で継ぎ、釘2本で留め付ける。一般部では板の収縮に対応するため、釘は上下だけではなく、上だけに留めたほうがよいとする考え方もある

■羽目板張りの意匠例
縦羽目板張り

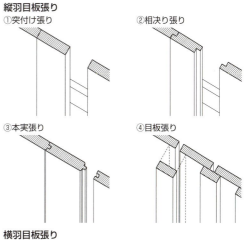

①突付け張り　②相決り張り
③本実張り　④目板張り

横羽目目板張り

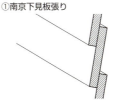

①南京下見板張り　②押縁下見板張り

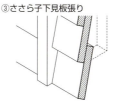

③ささら子下見板張り　④ドイツ下見板張り

■縦羽目板張り
縦羽目板相決り張り

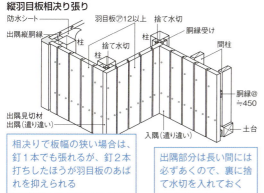

相決りで板幅の狭い場合は、釘1本でも張れるが、釘2本打ちしたほうが羽目板のあばれを抑えられる

出隅部分は長い間には必ずあくので、裏に捨て水切を入れておく

その他の縦羽目板張りの種類
①縦羽目目板打ち　②縦羽目板押縁留め

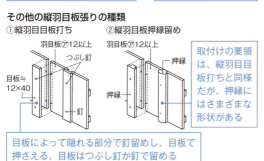

取付けの要領は、縦羽目目板打ちと同様だが、押縁にはさまざまな形状がある

目板によって隠れる部分で釘留めし、目板で押さえる。目板はつぶし釘か釘で留める

Column

伝統的な壁土塗り

　つい50～60年前ほどまでは、住宅に限らずわが国の建築は木や土などの自然素材だけで構成されていた。本来の土壁は、以下に述べるとおり、木造軸組の間に木や竹で下地を組み、数回にわたって時間をかけて土を塗り重ねて作られていた。

　筆者は数年前、小規模ではあるが本格的な土蔵の新築にかかわる機会に恵まれた。すでに土蔵を作る技術は耐えて久しく、工事を担当した高齢の左官職人ですら「改修ならやったことあるけど、新築は俺も初めてだ」というあり様で、文献資料を集めたり文化財建造物の保存にかかわる方々へのヒアリング等を行いながら、設計監理を、さらには直営工事だったので施工管理までせねばならず、悪戦苦闘の得難い経験をした次第である。

　土壁下地には、モルタル塗りの際に用いるラスのように、木や竹で網状の下地を作る必要がある。この現場ではヒノキの30㎜角材を用い（古くは法隆寺金堂などで粗朶木舞(そだこまい)と呼ぶ細枝が塗り壁下地に用いられている）、芯々150㎜で縦横に組み、交差部1つおきくらいにシュロ縄で縛り、下に垂らす。

　一方、塗る土には下ごしらえが必要だ。田圃状にした区画を設け、塗り土と稲藁を入れる。そこに水を入れてかき混ぜ、約半年間寝かせた（場合によっては数年寝かせることもあるとのこと）。

　土をほどよく寝かせた後、ふるいで濾して藁スサを加えかき混ぜてから、両手で土をつかんで片側から下地に投げつける。全面が土で覆われたら、内側から手やコテで押さえる。この後、塗った部分が乾いてひび割れやチリ切れが出るまで数カ月間放置する。

　ひび割れを十分に出させた後、中塗りを行う。このとき塗る土には、最初のとき（荒壁と呼ぶ）より砂を多く入れる。その後再び数カ月間放置。

　上塗りの際は、さらに砂を多く混ぜるそうだが、この辺りのレシピは左官職人の独壇場であり設計者が口を差し挟める領域ではないと思う。土の色やテクスチュアにこだわる場合には、事前に仕上がりのイメージを職人と共有しておくことが重要だろう。さらに漆喰等で仕上げる場合は、上塗り後やはり少し時間をあけて施工する必要がある。

　このように本格的な伝統的土壁というものには大変な手間と時間がかかり、現代のように何事にもスピードが求められる社会にあっては生き残れないのも当然であったといえよう。

　しかし近年自然素材の風合いが見直され、内装でも外装でも土で仕上げる例が増えつつある。そのこと自体は伝統技術の復活として慶賀すべきことだが、前述のような伝統的手法を用いない場合、所詮は表面的な化粧に過ぎない。メーカーの既調合品を用いずに独自の左官仕上げを採用する場合には、設計段階から担当する左官職とよく相談して塗り厚や調合などに注意しておかないと、わずかの傷や剥落や変色だけで大分見栄えが変わってしまうので、十分に気を付けるようにしたい。

①小舞を組んだところ

②土こしらえ場から採った土をフルイに入れ濾す

③土をフルイにかけているところ

④フルイにかけた土を藁スサと混ぜる

⑤荒壁を塗り込む

⑥荒壁を塗り込む

⑦荒壁（この後内側から押さえる）

⑧荒壁のひび割れを十分に出させる

⑨中塗り前の状態

⑩中塗り後

⑪上塗り（土蔵なので大壁でかつ塗り厚さも厚い）

⑫上塗り（この後漆喰を塗る）

2 工事監理編 chapter11
設備の配線・配管

083 電気工事のチェック①

084 電気工事のチェック②

085 設備配管工事のチェック

086 暖房機器としての床下エアコン

087 エアコンの配管経路について

088 高効率給湯器について

089 太陽光発電を導入するときの注意点

検査・その他	地鎮祭 / 遣り方立会 / 根切底確認 / 配筋検査 / 上棟式	役所検査・竣工検査 / 引き渡し
地盤改良		
仮設工事	地縄 遣り方	クリーニング
基礎工事	地業工事 配筋 立上り部 / 耐圧コンクリート打ち / 立上りコンクリート打ち	
木工事	プレカットチェック / 上棟 筋かい・間柱・床下地 / 木枠・間仕切・床 断熱材 / 壁・天井下地・ボード張り 造作工事	
屋根工事 防水工事	屋根下地・ルーフィング・防水工事 / 屋根工事	
左官工事	外壁下地 外壁仕上げ	内部左官工事
サッシ工事	サッシ確認 サッシ取付	
木製建具工事		建具工事
塗装工事	外部木部	内部 建具・床・外構
内装工事		クロス張り 畳
給排水設備工事	外部配管 床下配管 内部配管	器具取付
電気・空調設備工事	床下配管 内部配管	器具取付
外構工事		外構工事

step083

電気工事のチェック ①

　上棟にあわせて実施設計で検討していた設備関係の配線・配管引込み経路の最終確認を行う。図面で検討しきれなかった点や、現地の状況により変更が必要かどうか確認する。工事の段取りによっては上棟前に外部排水の配管工事を行う場合もあるので、現場代理人に確認しておく必要がある。

■路地状敷地での設備関係インフラの確認 [S＝1:150]

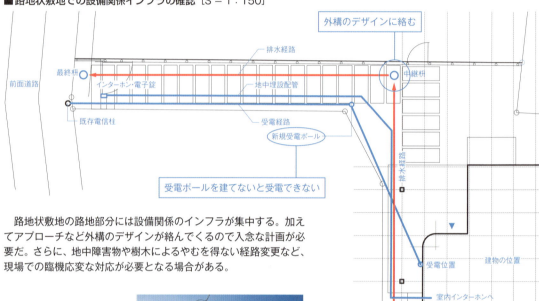

　路地状敷地の路地部分には設備関係のインフラが集中する。加えてアプローチなど外構のデザインが絡んでくるので入念な計画が必要だ。さらに、地中障害物や樹木によるやむを得ない経路変更など、現場での臨機応変な対応が必要となる場合がある。

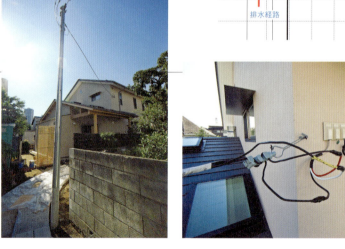

受電位置の確認

　設計時に計画していた受電位置を、現地の最新状況により確認をする。受電経路上の障害物などで、たとえば、大きな落葉樹などは冬の調査で受電経路が確保できていたのに、工事着工時が夏になって葉が茂り障害になるケースもある。また、路地状敷地では受電ポールを新設しないと受電できない場合も出てくる。受電ポールが地中障害物により設計どおりの場所に設置できないなど、現場での調整が必要となる場合もある。臨機応変な対応が求められるところだ。

電気メーターの位置

電気メーターの位置、室内の分電盤の位置も、受電位置を確認しながら、同時に確認する必要がある。特に電気メーターは玄関アプローチから見える位置になりがちなので意匠上の配慮を怠らないようにしよう。写真は、格子で電気メーターを隠した例。

電気メーター

外構と電気配線

建物から離れた位置に設けた門扉などにインターホンや門灯をつける場合、室内と室外をつなぐCD管による先行配管をしておく。基礎にもスリーブ穴が必要なので基礎工事のときのチェックポイントでもある。基礎のスリーブ穴からインターホンや門灯までの経路はアプローチと重なることが多く、外構工事を行う前にCD管の埋設経路をしっかり計画しておくこと。

外壁にあける穴

換気扇、給気口、エアコンの配管スリーブ用の穴の位置と数、サイズを展開図、立面図で確認しておく。位置については寸法で指示する。展開図に描き込んだものを現場代理人に渡す。それぞれの穴は最終的な仕上げが終わるまでは雨や埃が室内に吹き込まないように養生テープなどでしっかりと塞いでおく。また外壁の防水紙との取合いについても、防水テープやコーキングで防水処理がされているか確認しておくことを忘れないように。

step084

電気工事のチェック ②

　屋根工事、外壁の下地工事が終わり、室内では木工事の下地工事がはじまるころに、室内の配線工事が始まる。天井裏、床下、壁の中と配線工事がすすみ、スイッチとコンセントの部分にボックスが取り付けられる。

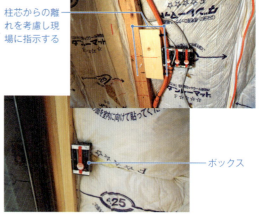

柱芯からの離れを考慮し現場に指示する

ボックス

スイッチとコンセントの位置

　設計時に検討しておいたスイッチとコンセントの位置をボックスで確認する。床からの高さを確認するとともに、柱や間柱からの離れを寸法で確認しておきたい。また、現場ではスイッチやコンセントのボックスを、柱や間柱に直付けしてしまうケースもあり、設計意図をもとにした寸法の指示を怠らないようにすること。

照明器具の位置──特にダウンライト

　壁付けの照明器具の位置や高さと天井の照明器具の位置の確認をする。特にダウンライトについては天井仕上げ面からの埋め込み代が確保できているか確認する。プレカット図の段階でチェックできなかった梁との関係でダウンライトの位置を調整する必要が出てくるかもしれないので注意が必要だ。

梁貫通に注意

　天井の懐が少なく、大梁を横切って配線しなくてはならない場合には、梁に穴をあけて配線してしまうことは断面欠損となるので避けよう。梁下に30㎜程度(下地材1本分)の余裕があれば配線できる。ただし、CD管による配管の場合にはその限りではないので注意が必要。できれば、CD管の配管には配線用の専用スペース(EPS)を設計時から検討しておきたい。
　根太レス工法の場合、梁の天端に構造用合板を張るので1階から2階へ配線の隙間がない。胴差に縦方向の穴をあけて配線してしまうのも断面欠損となる。配線工事が始まる前に十分な確認とチェックが必要なところだ。

梁下の下地材分のスペースで配線

EPSをつくり配管を集中

家庭内弱電設備

インターネットブロードバンドの一般化により、宅内LAN［※1］の導入が設計時の必須検討事項の1つとなった。

その方法には、有線LAN、無線LANなどがある。

最も一般的な方法は有線LANで、先行配線をする必要があるものの、周囲の電波の影響を受けにくく、通信速度も安定している。

一方、無線LANは先行配線が不要で柔軟な設計が可能だが、周囲の状況によっては通信状況が不安定となることもある。また、無線LANはセキュリティの面でもリスクがあるので、部分的に有線LANとの併用も検討すべきだ。テレビや家庭用ゲーム機も標準でLANに接続できるようになってきていて、宅内LANはパソコンだけにとどまらなくなっている。さらに、モニター付きインターホンなども、テレビにモニター画像が映せるタイプが出てきていて、情報端末の集約化が進んでいる。

テレビの視聴方法についても、情報を整理しておきたい。地上波デジタル放送はUHFアンテナで視聴可能［※2］だが、ＢＳ・ＣＳ放送にはそれぞれ専用のアンテナが必要である。テレビはCATV［※3］やFTTH［※4］で視聴することも可能だ。

最適な組み合わせは一概にはいえないが、建て主の希望に沿うことができるよう、情報関連の新たな技術には常に注意を払いたい。

■多様化する電気設備

①有線LANの場合
CATVインターネット電話一体型

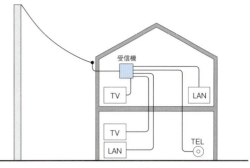

CD管配管を検討

②無線LANを使用する場合

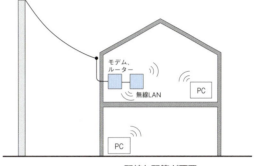

配線と配管が不要

③UHF、BS・CS共に設置する場合

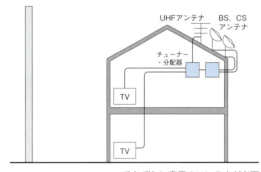

それぞれに専用のアンテナが必要

※1：Local Area Networkの頭文字で、複数のパソコンやプリンタなどの機器を接続するためのネットワークのこと。LANを住戸内で構築することを宅内LANと呼ぶ。基本的には、引き込み位置からLANにつなぐ必要がある機器を設置する部屋まで、モデムとルーター、ハブを通じてLANケーブルを配線していく
※2：ただし、地上波デジタル放送受信用のチューナーが必要となる
※3：CATVとは「Cable television」の略でケーブルを用いて行う有線放送のこと
※4：FTTHとは、「Fiber To The Home」の略。光ファイバーを伝送路として一般個人宅へ直接引き込む、アクセス系光通信のこと

step085

設備配管工事のチェック

　ここでは、設備配管工事についてのチェックポイントを解説する。電気配線と違い配管径が太くとり廻しにスペースが必要なため、配管スペースの確保には設計の段階から十分な配慮をすることはもちろんのこと、現場での細かな対応も監理の肝となる。

外部排水桝の位置の調整

　排水の最終桝までの経路については地中障害物などがある場合には現場での設計変更が必要となる。外部の桝の設置工事を足場が掛かる前に先行して行う場合あり、その場合には桝の位置など外構のデザインとの調整が早めに必要になる。

1階の給排水の立上り位置

　設備関係の床下配管工事が始まる前に設備器具の取り付け位置について指示すること。器具について設計時に未定、変更希望がある場合、排水位置と給水位置が機種により変わるので、床下配管までに決定する。

　根太レス工法の場合には、壁出しの給水給湯配管を床下から立ち上げる場合に土台を欠き込むことになり、好ましくない。壁をふかすなどして配管スペースを確保しよう。

外部排水桝は計画的に配置する。

床下配管はまとめる

1階給水立上り部分。

2階からの排水経路

　2階からの排水経路ではトイレの排水に十分なスペースが必要なので実施設計段階で配管経路やPSの設置などの検討が必要。現場では配管経路を踏まえてのPSのサイズの調整に留めること。着工後の変更で計画していたPSがとれない場合にはやむなく便器を壁排水にして外部配管とするなど現場での対応が必要となる。臨機応変に対処したい。

　2階からの排水管には通気管が付くため、通気管の設置位置についても事前の検討が必要だ。

　また、天井懐に横引きで配管する場合には排水時の音が生活に影響しないか検討し、必要ならば防音吸音の対策を考えること。

210

2階より上への給水給湯経路

根太レス工法で2階以上の階への給水配管を壁内配管とすることは経路が梁をまたぎ梁を欠き込む必要が出てくるので好ましくない。1階の土台と違い影響が大きいので、実施設計時に配管方法は十分に検討しておきたい。できればPSを確保する。

3階より上の階への給水をする場合には必要水道圧が足りているのかを事前に確認し、必要ならば加圧ポンプの設置を検討する。また、給水経路の高低差によりウオーターハンマー現象が起こりやすくなるので、事前に対策を考えておくこと。

PSを下駄箱内に計画して配管した例。

さや管ヘッダー工法

さや管ヘッダー工法を採用した場合には、ヘッダーの設置スペース、配管の切廻しスペースが必要になってくる。1階床下、1階天井懐、どちらに設置するにしても設置場所については配管のメンテナンスも考えた十分な検討が必要になってくる。

人がもぐりこんでメンテナンスできるかチェック

ヘッダー

■設備配管・配線工事監理チェックシート

確認項目		確認のポイント
電気設備	全般	□ 外壁貫通部の雨仕舞、断熱処理
	スイッチ・コンセント	□ 取り付け位置の変更（あり・なし）　□ 取り付け下地の施工状態
	照明	□ 取り付け位置の変更（あり・なし）　□ 取り付け下地の施工状態
	配線	□ 先行配管　□ 配線経路の変更（あり・なし）　□ 梁貫通の状態
	換気扇	□ 器具の取り付け下地　□ 器具の取り付け下地の変更（あり・なし）
給排水衛生	エアコン	□ ダクトの外部勾配
		□ 床下点検口　□ 床下点検口の位置変更（あり・なし）
	在来浴室	□ 浴槽の養生
		□ 浴室壁面の防水・防湿処理
		□ 浴室の施工状態

step086

暖房機器としての床下エアコン

最近の木造住宅で増えつつある床下エアコンを取り上げたい。近年の住宅は、基礎の立ち上がりに長方形の換気口は設けず、土台下に換気タイプのパッキンを入れることが多くなった。高気密化するためにそのパッキンを気密タイプにし、立上り外周部に断熱を施す基礎断熱という形式も出てきた。そして、その床下空間を利用しようと考えたのが床下エアコンである。ヒートポンプ式なので、他の床暖房に比べてエネルギー効率がかなり良い。

床下エアコンの概要

床上の冷気をエアコンに取り込み、空調した暖気を床下全体に送り込む。空気の巡りをよくするために床吹出口はつくるが、吹出口以外でも床材を暖めるので床全体の輻射効果も期待できる。

エアコンなので夏にも使えるが、夏型結露のリスクを伴う。床下なのでカビが発生しても気づきにくく除去も難しい。完成して2年はコンクリートから水分が蒸散されつづけるので、その間は冷房モードにはせず送風のみにすべきである。数年経った床下であっても、猛暑と大雨が重なると24時間換気口から室内に熱気と湿気が入り込むので、冷房運転をすれば結露を起こすリスクは高まる。夏用のエアコンを室内側に用意し、住み手には夏の床下エアコンは送風のみと説明したほうがよいであろう。

エアコンの格納スペースについて

エアコン格納スペース内で吹き出した空気が吸込口に回ってショートサーキットを起こすことを避けなければならない。吹出口が床下に潜り込まないといけないが、通常の床高さでは基礎の立上りにエアコンの冷媒管を通すことになる。エアコンの更新時に、新築同様、配管廻りに断熱材を充填してくれることは期待できない。そうすると、土台上で冷媒管を壁貫通させるのが望ましく、小上がりや階段下にエアコンを格納するのが都合よい。

また、壁掛けエアコンは奥行きとフラップ位置が様々である。右頁上左図のように、機器の点検パネルの開閉軌跡が大きく手前の床とエアコンの間に大きなスペースは発生する場合は、そのスペースを塞ぐ取り外し可能な板を入れることになる。右頁上右図のように本体に奥行きがあり、点検パネルが小さい場合は、床の近くまで持っていけるが、取付けのことを考えると上部にスペースが必要になる。カウンターの下に入れるのであれば、そのカウンターが取り外し可能な仕組みにしたい。

床下エアコンの断面図

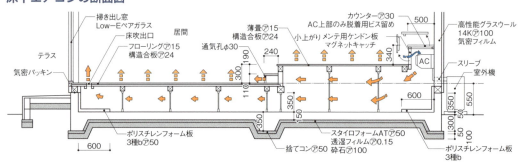

エアコンの暖気がショートサーキットを起こすと、送風運転に切り替わってしまうので、それを避けるためにワイヤードリモコンにすると筐体内蔵の温度センサーがリモコン側に移る。格納スペースに24時間換気を兼ねて外気取入口を設けることも有効である。

設置例2パターン

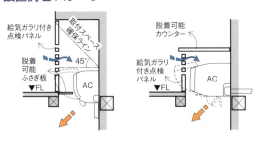

基礎の平面形とエアコンの位置

基礎伏が矩形かつ内部に立上りがない（＝室内に耐力壁がない）タイプであれば空気のよどむところがなく問題ないが、不整形で空気の流れが2回以上曲がるような場合は工夫する必要がある。エアコンに近いところで風の流れを止めてしまう形状に対しては斜めに制風板、基礎の立上がりには人通口の他、スリーブ補強が不要な直径の通気孔、風が届きにくい位置には吹出口の下にファンを設けるとよい。最深部までの空気の流れを組立て、どうしても暖気ルートから外れて冷気が溜まりそうなところには床上に抜けるルートとして吹出口をつくるとよいであろう。その他、高天井であれば、天井付近に吸込口をつくり、ダクトとカウンターアローファンでエアコンからの暖気を後押しする形で床下に吹出したい。

エアコンの容量の計算方法

以前より「床面積当たりの熱損失量Q値×床面積×室内外の温度差」で出されるワット数を暖房時のエアコン容量とする計算式があった。今使われているUa値は換気で損失する熱量が含まれていないのでUa値からQ値に換算する計算とC値を考慮して補正したのが下の式である。等級5程度の断熱でカタログに出ている目安面積の1/3程度になる可能性が充分にある。

この式は、**家全体の熱損失に対する暖房時のエアコン容量**になる。（夏は、ヒトや家電からの発熱量、日射取得量を加えなければいけない）

また、2階に個室があってそこに24時間換気の給気がある場合や2階床下に遮音対策のグラスウールが入っている場合、床下エアコンの暖気は入りにくいので個室用エアコンが欲しくなる。その際の床下エアコンの容量は、当該個室の気積を減らして問題ないが、長期不在や予備室扱いで個室エアコンを長期間稼働させない場合は、全体の24時間換気区画の気積で計算したほうが良い。

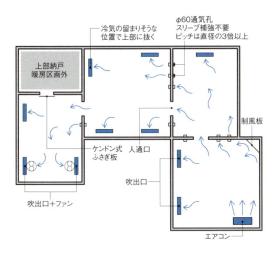

■エアコン容量の計算式

暖房時のエアコン容量 [W] ＝（Q値＋C値／10）×延床面積 [㎡] ×（設定室温 [℃] －外気温 [℃]）

Q値＝（Ua値 [W/㎡K] ×外皮面積 [㎡] ＋0.35 [W/㎡K] ×24時間換気区画の気積 [㎥] ×0.5）
　　　÷延床面積 [㎡]

C値／10…松尾和也氏考案の補正値　　0.35 [W/㎡K]…空気の容積比熱　　0.5…24時間換気回数 [回／h]
24時間換気区画の気積…床下エアコンの暖気が通る床下の気積も含める

step087

エアコンの配管経路について

　エアコンのダクト経路については、露出配管とするか、隠蔽配管とするかによって、考え方が違ってくる。工事費用や将来的な交換を考えれば露出配管がよいが、美観的な視点からは隠蔽配管を採用したい。設計方針にもかかわる問題なので、建て主と十分ミーティングすることをお薦めしたい。また、最近はお掃除機能のようなハイテク機能が付いた機種もあり、配管の大きさや本数が一定でないケースも考えられるため、事前に採用機種の仕様などを確認することが大切になる。

　いずれの場合も、エアコン本体から室外機までの配管経路を計算しておく必要がある。梁への干渉や、基礎部分の貫通など、工事初期に対応すべき内容も含まれることから、設計段階での把握がポイントになる。

Point ❶ 露出配管の注意点

　エアコンから配管を直接外部に出し、スリムダクトなどで室外機まで接続する方法である。構造体への影響は少ないが、外観上キレイに見せるためには、建物の裏方にダクト経路を集約するなど、美観的な配慮が必要になる。写真はほとんど人目に触れない隣地側にスリムダクトを設けた例。

外観的な裏側に露出で配管する方法。

Point ❷ 隠蔽配管の注意点

　冷媒管、ドレン管などエアコンのダクトを隠蔽配管とする場合は、梁や柱などの構造体に干渉しないように、経路を十分に検討する必要がある。特に2階部分に設置する場合は地上部分への経路で梁にぶつかるケースが多いので、注意が必要だ。また、隠蔽配管とした場合、将来的な機器交換などの際には壁や天井を壊さないといけない場合もあるので、本来であれば、パイプスペースを設けるなど、余裕を持った経路の計画を行いたい。写真は、壁の内部に配管を隠蔽した事例。天井と家具の幅木部分を利用してルートを確保した。

家具の幅木部分を利用してダクトを通した例。

天井部分を利用してダクトを通した例。

Point ❸　隠蔽配管＋先行配管での注意点

　将来的に様子をみてエアコンを設置しようと考えた場合、または手持ちのエアコンを移設して使用する場合、エアコンのみを量販店で購入しようという場合など、エアコンのダクトを先行して隠蔽配管しておくケースが考えられる。この場合、エアコンが設置されるまでの間、室内にダクトが出た状態になる。将来設置を見越した場合には、このダクト先端の処理方法を検討しておく必要がある。また、機種によってダクトの本数や径が異なる場合があるので、先行配管の際には注意が必要になる。写真左は先行配管が露出した状態。写真右はエアコンスペースを収納上部に取り蓋をしてある状態。

壁のニッチを利用したエアコン設置の事例。設置前はダクトの頭が見えている。

家具の扉内部にエアコンを設置する場合、扉を閉めれば先行配管は見えなくなる。

Point ❹　家具内部・ニッチ部分への設置について

　壁掛けタイプの普及品を、造作家具の内部に入れ込んでいたり、壁のくぼみ（ニッチ）に入れて納めることがある。少しでもキレイに納めるための意匠的な処理であるが、温度センサーが誤作動したり、結露の原因になったりと、不具合の原因になることが多いので注意が必要だ。メーカーの使用方法なども、カタログなどで確認する必要がある。写真はニッチに納めた事例と家具内に納めた事例。本来の性能が出ないことからあまりお薦めできない。

壁のニッチに納めた例。ニッチサイズと奥行きなどに注意が必要。

家具に格子を設けてエアコンを隠している。

step088
高効率給湯器について

　従来のガス給湯器では捨てられていた燃焼の際の排熱を利用し、熱効率95％まで高めたエコジョーズは普及しているが、ここではさらに高効率である給湯システムを紹介する。

延床面積110㎡の住宅における給湯器ごとの一次エネルギー消費量

電気ヒーター給湯器	52.7GJ
エコジョーズ（潜熱回収型ガス給湯器）	23.4GJ
エコキュート（電気ヒートポンプ給湯器）	20.1GJ
エコワン（ハイブリッド給湯器）	13.1GJ
エネファーム（発電は考慮しない）	34.7GJ

Webプログラムによる試算（2021.04版）

■ エコキュートの概要

　大気の熱をヒートポンプ技術（エアコンの仕組みと同じ）によって汲み上げ、"1"の電気エネルギーで"3"以上の熱エネルギーに変換する給湯システム。発電が太陽光や原子力由来であれば、このシステムではCO_2はゼロでお湯が沸かせる。

　これまでのエコキュートは、オール電化契約をして単価の安い深夜電力で沸き上げる仕組みになっていたが、原子力の割合を減らしている電力会社の事情により深夜電力は安くなくなった。その代わり太陽光発電の急拡大にあわせて、2022年、時間帯によらず一律で従量電灯より割安な料金コースを設けて（東京電力では『くらし上手』）、日中でも太陽光発電でお湯を沸かせるようにした。そのコース専用に開発された「おひさまエコキュート」が各メーカーから出されている。

　エコキュートのデメリットは湯切れしたとき沸き上がるのに時間がかかることである。湯切れ防止のAI機能が付いているとはいえ、泊まり客の多い家庭では一抹の不安がある。

　エコキュートの容量は300〜550Lで、出荷が多いのは370L（3〜5人用）と460L（4〜7人用）。370Lの場合で角型はW600×D680×H1800、薄型はW1100×D440×H1800程度である。また、ヒートポンプユニットはW800×D300×H700程度で、これにメンテナンスのスペースが必要となる。材工40万〜60万程度。

おひさまエコキュート角型370L（三菱電機）

■ エコキュートの配置スペース

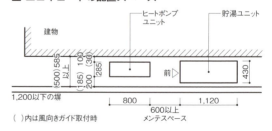

■ エネファームの概要

　都市ガスやＬＰガスから取り出した水素と空気中の酸素を化学反応させて電気をつくる家庭用燃料電池。発電時の排熱を給湯に利用する。発電は最大700Ｗ（停電時は500Ｗ）、貯湯タンク100L※（水と混合した40℃の湯量なら180

バックアップ電源一体型エネファーム（パナソニック）

L分）。貯湯量が少ないのはバックアップ熱源としてエコジョーズが組み込まれていて湯切れしないからである。

このようにエネルギーを無駄にせず、電気もお湯もつくる仕組みなのだが複雑な分だけコストが高く、そのことが普及を妨げてきた。しかし、東日本大震災をきっかけに自給自足の意識が高まり、導入件数は右肩上がりとなっている。

貯湯ユニットと燃料電池ユニット、バックアップ熱源機から構成されており、エコキュートよりは広い設置スペースが必要だが、バックアップ熱源機一体化も登場していて50㎝のすき間でも設置が可能となっている。材工120万～200万程度。

※パナソニック戸建標準モデル。370Ｌの大容量タイプもある

■ エネファーム・バックアップ電源一体型の設置スペース

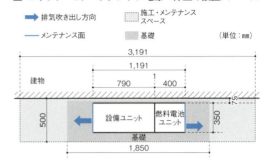

ハイブリッド給湯器の概要

省エネ住宅を目指しつつも、オール電化にはしたくない、エネファームはコスト的に厳しいという要望に応えたエコジョーズとヒートポンプ式電気給湯を組み合わせたハイブリッド給湯機もある。太陽光と連動するタイプもある。時間のかかるヒートポンプで朝から沸かし始め、夜のお湯張りで不足する分はガスで沸かすという考え方をしている。湯切れの心配がないので多めに貯湯する必要がなく貯湯タンクが小さめ（160Ｌ～70Ｌ）である。エコキュートに比べてかなり小さいので、ガス熱源機と一つの筐体（Ｗ830×Ｄ480×Ｈ1760）に収まる。ヒートポンプユニット（Ｗ666×Ｄ250×Ｈ675）も小さく。薄型エコキュートと同じくらいのスペースで納まる。材工70万～90万程度。

エコワン160Ｌ（リンナイ）

■ エコワンの設置スペース

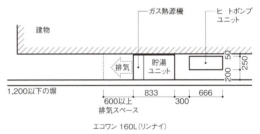
エコワン160Ｌ（リンナイ）

補助金制度の活用について

高効率給湯器であるエコキュート、ハイブリッド給湯機、エネファームは、省エネの設備機器として補助金制度がある。国から出る2024年度の補助金は、右下の通りである。

2024年度のスケジュールでは、工事契約締結後2024年3月29日以降に交付申請予約を行い、工事完了後2024年12月31日までに交付申請を行わなければならない。申し込みが先着順であることに加え、期間厳守なのでハードルが高い。また、都道府県や市でも補助金を出していることがあるが予算の出所が同じだと重複するとみなされ、申請資格がなかったり、金額が差し引かれたりするケースがある。

補助金の目安

エコキュート	8万～13万円／台
ハイブリッド給湯器	10万～15万／台
エネファーム	18万～20万／台

給湯省エネ2024事業より

step089

太陽光発電を導入するときの注意点

太陽光パネルの向き

最近の太陽光発電（以下、PV）技術では昔より曇天時の発電率が上がっている。それは、北向きでも発電効率がさほど下がらないことを意味していて、北向きのほか、手前にある屋根や隣地建物によって影が多くなる場所においても、発電が見込めるようになった。

下に、屋根の角度と方位によって発電効率の表を示す。どの方位でも効率の差はあれ発電量は見込めるわけであるが、北向きは発電しないと一般的には思われているので、建て主に充分な説明を行っておく必要がある。

方位と角度による影響　(%)

		方位									
		北	北北東	東北東	東	東南東	南南東	南	南南西	西南西	西	西北西	北北西
角度	0°	93.9	93.9	93.9	93.9	93.9	93.9	93.9	93.9	93.9	93.9	93.9	93.9
	10°	87.7	88.6	90.6	93.2	95.7	97.4	98.0	97.2	95.3	92.7	90.2	88.3
	20°	79.8	81.6	85.7	90.9	95.7	99.0	100.0	98.5	94.7	89.8	84.9	81.1
	30°	70.4	73.3	79.7	87.2	93.9	98.4	99.8	97.7	92.5	85.6	78.6	72.8
	40°	61.5	64.7	73.1	82.4	90.4	95.9	97.6	94.9	88.5	80.5	71.8	64.3
	50°	53.3	56.4	66.0	76.6	85.4	91.4	93.3	90.2	83.2	74.4	64.8	56.2
	90°	26.2	29.3	36.9	46.2	53.8	57.8	58.1	56.0	51.3	44.6	36.7	29.6

勾配	角度
0.5寸	2.86°
1.0寸	5.71°
1.5寸	8.53°
2.0寸	11.30°
2.5寸	14.03°
3.0寸	16.69°
3.5寸	19.29°
4.0寸	21.80°
4.5寸	24.22°
5.0寸	26.56°
10.0寸	45.00°

ホームズ君省エネ診断エキスパート／インテグラル

太陽光（PV）パネルと壁量の関係

改正基準法では、必要壁量算定の早見表、および表計算ツール初期値ではPVパネル荷重260N/㎡となっている。PVパネルは屋根に全面設置するものとして扱い、その重量を1階・2階床面積の大きい方で割る計算になっている。通常、パネル荷重は150〜180N/㎡であり、全面にパネルを載せることはまず無いので、表計算ツール（多機能版）を使った方が耐力壁の量を減らせる。

耐力壁量のシミュレーション（1階60㎡・階高2.7m／2階40㎡・階高2.6m／金属屋根、サイディング壁）

床面積当たりの必要壁量(cm/㎡)	改正前・基準法		改正後・早見表		改正後・表計算ツール PV・断熱材は初期値のまま		改正後・表計算ツール PV3kW・断熱材GW等を入力	
	1階	2階	1階	2階	1階	2階	1階	2階
耐震等級3					48	33	42	27
耐震等級2					40	28	35	23
基準法・耐震等級1	29	15	35	22	32	22	28	18

このシミュレーションでは、PV設備3kwや断熱材（HGW14K壁105㎜天井155㎜）の荷重を表計算ツール（多機能版）に入力すると、改正後の等級1の1階は、改正前の1階壁量よりも少ない結果となった。また、等級2の壁量は、早見表の結果とほぼ同じとなった。PV設備を載せる時はことさら、表計算ツールを使い荷重を実際の荷重を入力して壁量を無駄に増やさないことをお勧めしたい。

218

その他、設計時の注意

防水の観点で言えば、**金属屋根の嵌合式立平葺きとしてはぜ部をつかむ工法**をお勧めしたい。それ以外の屋根材に対して脳天アンカーをする工法の場合は、一般のアスファルトルーフィングではなく、改質アスファルトルーフィング（ゴムアスファルトシート）を使ったほうがよい。

また、パネル受のフレーム荷重を屋根に伝えるベースプレートは出来るだけ梁上が望ましいが、すべてのプレートが梁上にすることはまず不可能なので、**パネル荷重（15～18kg/㎡）を見込んで垂木サイズを計算すべき**である。

■瓦屋根の脳天アンカー工法

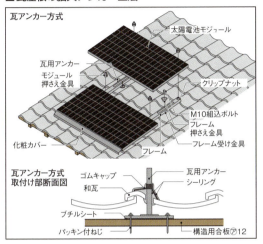

■金属屋根のはぜ部をつかむ工法

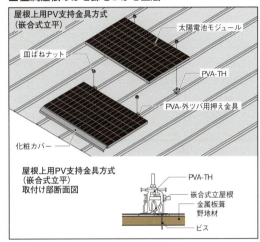

施工時の注意

各メーカーで施工基準を設けているので、カタログにない場合は施工要領書を入手して確認したい。

確認ポイントは、適用勾配、基準風速、塩害、積雪、設置高さ、標高、モジュールの設置範囲などである。特に設置範囲は、棟やケラバ・軒からの離隔距離を確認しておきたい。棟との離隔距離は、そこが積雪地であると雪が溜まって溶ける時に換気棟に入っていかないかの注意が大事であり、ケラバ、軒は台風時にあおられて屋根ごと破損するおそれがあるからである。もし施工要領書に明記されていない場合は、軒・棟・ケラバから300㎜離したい。経験上、図面に離隔距離を描いていても見逃す監督が多いと感じる。現場の口頭レベルでも徹底したほうが良いであろう。

助成金を受ける場合

助成金を受けるには、指定された認証資料が必要なるので注意されたい。また、昨今、売電申し込みが急増していて、PVを導入しても事業認定をする経産省のところでつっかえ、売電の契約に半年かかる事例も出ているようである。その契約ができないとシステム保証が出ず、助成金交付の条件を満たさないと判断される場合もある。行政の窓口で必要書類の確認、PV業者に売電契約開始までの確認など、それなりに手間がかかると思った方が良い。

Column

太陽光発電の適正規模を考える

電力事情をフカボリ

　ZEH（ネット・ゼロエネルギー・ハウス）で必要な創エネのアイテムとして一般的なのは太陽光発電である。その太陽光発電だが、最近は「自家消費」という言葉がよく登場する。

　電力の送電と太陽光発電の関係を理解すると、環境省が自家消費を勧める理由が見えてくる。発電所で生み出された電気は遠方に運ぶために超高圧で送りだされ、電圧を落としながら住宅街へと届けられる。川に例えると、電力は高圧の川上から低圧の川下へ送り込むのが原則になっている。

　送電時のロスがあるから過剰気味には発電していて、さらに供給＝消費になるように消費エリア側でアースをしている。近年、原子力発電に対する不安と大地震に備える住民の防災意識から、太陽光発電が急激に普及しているが、太陽光発電は太陽が出ているときしか発電しない。1日の中で発電量に大きな差があるので太陽光は「ピーク電源」と呼ばれる。（一方、昼夜を問わず一定の発電をする原子力や地熱を「ベース電源」という）

　下右のグラフ「1日の時間軸で見る電源構成」を見てもらうと、近年、太陽光発電設備の急速な普及により、最も発電する正午には、ピーク時になると全電源の73％に達する。需要は夜の方が多いにもかかわらずだ。

　電力は「供給＝消費」でなければいけないのだが、住宅用太陽光発電が普及し売電量が多くなっていっても、逆潮流はできないのでその低圧エリアで電力が余る。その分、川上での発電量を落とせばよいのだが、天気に左右される発電量の不安定なエリアが川下で多くなると、川上の発電所で多めに発電せざるを得ず、「供給＝消費」になるよう川下でアースする量が多くなっていく。

　電力会社の太陽光発電の売電価格がここ数年急激に安くなっているのは、川下での不安定な発電量につられて川上での発電が効率的にできないことが理由の一つである。安全でCO_2発生のない太陽光発電は大事なエネルギーだが、エネルギー政策上は電気をつくりすぎず自家消費型にしてもらいたい代物なのである。

ZEHのアンケート調査から見えてくること

　環境共創イニシアチブが発表した2023年度アンケートを示す。

　削減率100％で「消費エネ―創エネ＝0」になるのだが、ZEHは1割、ZEH＋は4割、「創エネ」を多く導入しているのが実態だ。「創エネ」のほとんどが太陽光発電（以下、PV）である。ピーク電源由

■電力は川上から川下へ流れる

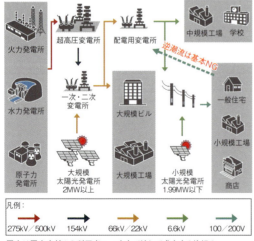

電力は電力会社から利用者へ一方向で流して成立する仕組み

■1日の時間軸で見る電源構成

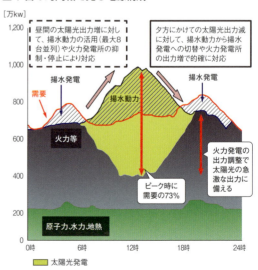

来の電気を低圧エリアでつくりすぎることは社会に優しいといえない。（蓄電池併設はZEH全件数の20％、ZEH＋全件数では34％だった。）

筆者のシミュレーションではZEH＋の条件をＰＶ4.8～5.1kWの範囲でクリアした。

> 全国平均で太陽光発電（ＰＶ）の発電量は、
>   ZEH …5.8kW、ZEH＋…7.2kW
> 創エネを含む 一次エネルギー消費量削減率
>   ZEH …112.9％（≧100％）
>   ZEH＋…139.3％（≧100％）
> 創エネを含まない一次エネルギー消費量削減率
>   ZEH …29.1％（≧20％）
>   ZEH＋…35.6％（≧25％）

自家消費型の太陽光発電（PV）の規模

買電も売電も極力少なくするのが自家消費型である。平日の昼間は不在がちである家庭はエコキュート（オール電化住宅のヒートポンプ式給湯器）や蓄電池を持たないかぎり、PVの自家消費はおぼつかない。ネット上にあるPVのシミュレーションサイトにエコキュートを使っている実例を組み合わせてみた［下左表］。

ここでは、ＰＶは年平均、エコキュートは首都圏の中間期でグラフ化しているが、エコキュート370LならＰＶ２kWで充分である。460Lだと25％消費電力が増えるが、それでも大丈夫そうだ。

一方、蓄電池はどうだろう［下右表］。ＰＶ 3kWに対して、5kWhの蓄電池で、昼間の余剰電力をほぼ充電できるようである。エコキュートを蓄電池に組み合わせる場合も、夜間にお湯をつくればよいので、ＰＶ3kW＋蓄電池5kWhの組み合わせでよい。

ZEHと太陽光の自家消費を両立させるには、断熱性能を上げて太陽光は少なくする。そして、蓄電池は必須という考え方になりそうだ。

> 備考｜従来のオール電化は、夜間電力でお湯を沸かすことに特徴があったが、それだと原子力発電依存のままなので、エコキュートを昼間の時間帯に沸かすことを想定した新しい料金体系（東京電力では「くらし上手」）が出てきており、それに対応した「おひさまエコキュート」が各メーカーから出されている。

＜参考＞災害時の停電を想定する場合は、１日分の消費電力量をPVでまかなえればよい。4人家族の平均消費量がオール電化のとき約15kWhである。年間365日×15kWh＝5,475kWhであり、それに見合ったＰＶは、東京で4.5kW（南向き）の容量となった。シミュレーションサイトを運営しているメーカーの蓄電池で試したところ発電を余らせないのは10kWhとなった。

■南向き2kW太陽光発電＋おひさまエコキュート370L

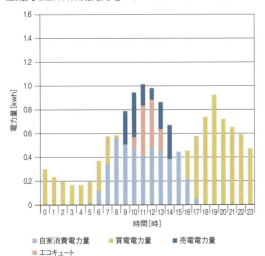

■南向き 3.0kW 太陽光発電＋ 5kWh 蓄電池

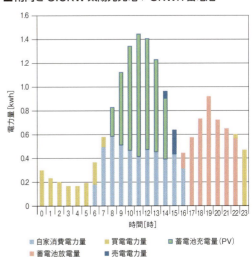

Column

階高と設備機器の関係

　都心で設計する場合、高度地区に指定され、北側の斜線制限が厳しいケースが多くある。その際に、なるべくキレイな形、凹凸のない形を作るために、階高を気にしながら設計に取り組んでいる。天井高をなるべく確保して、居住性を考えたときに、直天井として、梁や垂木を露しにして高さを確保する手法を用いているが、このときポイントになるのが、設備機器の配管のように感じている。

　代表的なものとして、キッチンのレンジフードが挙げられるが、キッチン台を800～900とし、レンジフードまでの距離が800以上で1000以下とした場合、レンジフードの下端から上端の最低寸法を考慮しなければならない。

　これで天井高は最低値でも2200以上になる（背が低めの機器を選んだとしても）。しかし、ダクトの径（φ150に保温材の厚みを考慮）を考えると、梁に干渉して外に抜けない、ということも考えられるので注意が必要だ。

　オープンスタイルのキッチンで、レンジフードのこだわりがある場合など、この問題は意外と大きいように思われる。梁成の検討とダクト経路の検討が必要であるのと同時に、階高設定の基準にもなるように思う。システムバスを使用する場合も同じような問題が生じることがある。1階の場合はあまり問題ないが、2階への設置でフルユニットの場合、斜線制限のある屋根の低い側への設置は、垂木や母屋に干渉して納まらないことが考えられるので注意が必要だ。また、ロフトを設ける場合なども、この点を見落とさないようにしたい。一見お手軽なユニットバスでも、サイズについては融通が利かないことも多いので、階高設定には十分気をつけて計画する必要があると感じている。

　換気扇を天井タイプから壁付けタイプにするなど、若干のサイズであれば対応可能な方法もあるが、大枠の高さは十分把握して設計を行いたい。

外壁：ガルバリウム鋼板⑦0.35角波張り
透湿防水シート
通気胴縁⑦15＋火山性ガラス質複層板⑦12
間柱グラスウール16K⑦100＋石膏ボード⑦12.5＋珪藻土
屋根：ガルバリウム鋼板⑦0.35立ハゼ葺き
アスファルトルーフィング940/巻
屋根下地材⑦9
ラーチ合板⑦12 75×45@455
フェノールフォーム⑦50
ラーチ合板⑦12
垂木45×150@303

通気：軒天・通気層吸気ガラリ

垂木露し
天井：構造用合板露し

化粧梁
壁：珪藻土塗

リビング・ダイニング

ムクフローリング
床下地：⑦24構造用合板

天井：珪藻土塗
壁：珪藻土塗

寝室

収納コーナー

ムクフローリング
床下地：構造用合板⑦24
床断熱：撥水グラスウールボード⑦42

捨コン⑦50＋防湿シート敷込＋切込砕石⑦150転圧

部分断面図
[S＝1:60]

2 工事監理編 chapter12
内部造作工事

090
アルミサッシ枠・
内部建具枠の確認

091
幅木・廻り縁・見切の
納まりのチェック

092
床下地について

093
家具工事

094
階段

095
内部工事の監理
チェックシート

検査・その他		地鎮祭 遣り方立会	根切底確認 配筋検査	上棟式				役所検査・ 竣工検査 引き渡し
地盤改良	●—●							
仮設工事	地縄 遣り方							クリーニング
基礎工事		地業工事	配筋 耐圧コンクリート打ち	立上り部 立上りコンクリート打ち				
木工事				プレカットチェック	上棟 筋かい・間柱・床下地	木枠・間仕切・床 断熱材	造作工事 壁・天井下地・ボード張り	
屋根工事 防水工事				屋根下地 ・ルーフィング・防水工事				
左官工事						外壁下地 外壁仕上げ	内部左官工事	
サッシ工事			サッシ確認		サッシ取付			
木製建具工事								建具工事
塗装工事					外部木部		内部	建具・床・外構
内装工事							クロス張り	畳
給排水 設備工事			外部配管	床下配管		内部配管		器具取付
電気・空調 設備工事				床下配管		内部配管		器具取付
外構工事							外構工事	

step090

アルミサッシ枠・内部建具枠の確認

アルミサッシ枠の確認

　外部の雨仕舞の工事が終わるといよいよ内部の工事に取りかかる。アルミサッシ枠の納め方は完成したときの内部の印象に大きく影響する部分であり、実施設計のときに展開図と同時に検討しておかないといけない。

> 枠を見せる納まりにするか、仕上げを巻き込んで枠を見せない納まりでいくのか決めておかないと、大工職の手間にも影響し見積り金額も違ってくる。枠の素材選択は木をそのまま露しとするのか、塗装をして色を付けるのかで違ってくる

■枠を見せる納まり［S＝1:12］

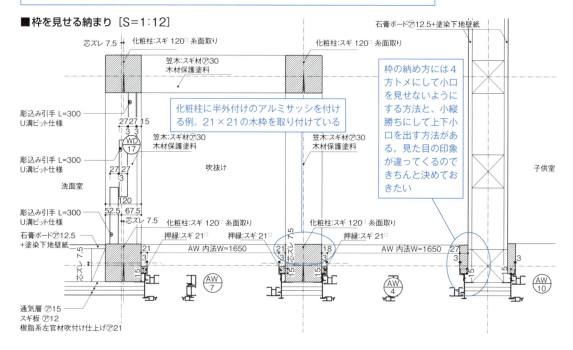

■枠を見せない納まり［S＝1:6］

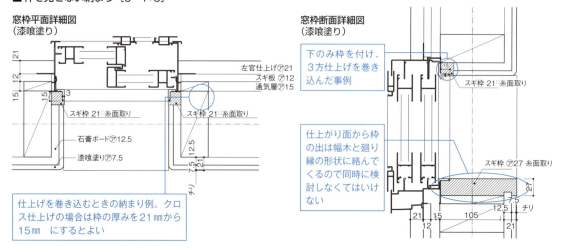

内部建具枠の確認

内部建具枠は上棟して大工職が筋かいの取り付けをしている頃に枠図を渡しておくと、枠の加工がスムーズにできる。このタイミングが遅くなると途中で大工職が遊んでしまい工期に影響が出るので、早めに描くようにしたい。

サッシ枠と同様、表現の仕方によって素材選びから納まりまで違ってくるので、見積り時に指示できるよう早く決めておかなくてはいけない。

建具枠は見た目だけでなく住まい方も考えて決めなくてはいけない。仕上げを巻き込んで納めると奥行き感が出てきれいだが、角を子供がぶつけたり、掃除機で傷める可能性がある。建て主の住まい方を考えて納まりを考えたい。

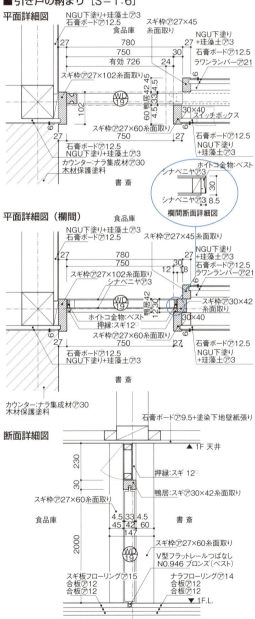

■ ドアの納まり ［S＝1:12］

■ 引き戸の納まり ［S＝1:6］

> ドア枠は戸当たりと枠の組み合わせで作られる。建具のサイズ、デザインによって重量を考慮した金物、枠の素材を選定する。玄関ドアのように重量がある場合は擬宝蝶番をフロアーヒンジにすることも検討する

> 戸袋の壁厚は、スイッチなどが付く場合は器具の埋め込み深さに合わせて胴縁で、その他の場合はランバーを使って調整している。また、戸袋で指を挟まないように、筆者は引き手の分を引き残すように納めている

step091
幅木・廻り縁・見切の納まりのチェック

幅木・廻り縁のバリエーション

幅木と廻り縁は壁と天井仕上げ材によって納まりを使い分けなくてはいけない。クロス仕上げや塗装仕上げの場合と漆喰や珪藻土の左官仕上げでは厚みが違ってくる。左官仕上げでも下塗りの厚みで異なる。しかしあまりバリエーションを増やして部屋ごとに違うのも手間がかかり問題がある。できるだけ統一させたい。

付けない選択もあるが幅木が壁を傷つけない役割は考慮したい。幅木の高さに決まりはないので自由にデザインするとよい。

■廻り縁断面詳細図［S＝1:4］

■幅木断面詳細図［S＝1:4］

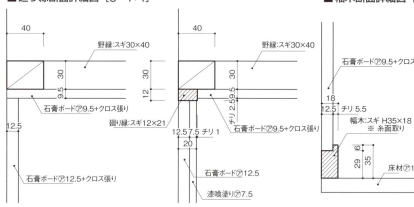

幅木・廻り縁のポイント

幅木と廻り縁は必ずしもすべてに回るわけではない。たとえば家具との取合い、階段の下りの部分や吹抜け部分では行き場がなくなることがある。事前に打ち合わせをしておかないと見苦しい納まりになる。展開図を描いただけでは気がつかないことが多いので注意が必要だ。

■吹抜け部分の幅木詳細図［S＝1:8］　■階段先端の幅木詳細図［S＝1:8］

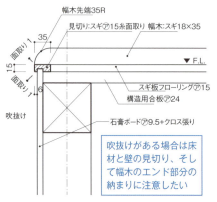

吹抜けがある場合は床材と壁の見切り、そして幅木のエンド部分の納まりに注意したい

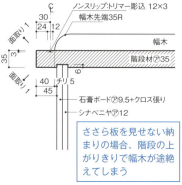

ささら板を見せない納まりの場合、階段の上がりきりで幅木が途絶えてしまう

このような幅木の納まりでさりげなく見切った例。

226

見切の納まり

予算の関係で部屋ごとの壁や天井の仕上がりが異なる場合がある。

リビングが左官仕上げでその他がクロス仕上げの場合、内部建具で仕切られていればよいが部屋がつながっていたり、吹抜けでつながっているとどこかで見切材を入れなくてはならない。木製の見切材を入れるのもよいが、細くて目立たないアルミ材を使うのも便利である。アルミ材には不等辺のLアングルからコの字のものまで各種ある。

■アルミアングル見切詳細図（クロス張り）［S＝1：1］

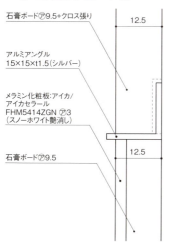

■アルミアングル見切詳細図（珪藻土塗り）［S＝1：1］

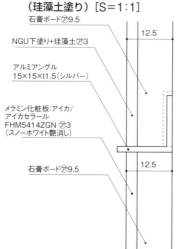

トイレの壁や手洗いの壁を水から守るために腰壁の仕上げを変えた例。芯まで同色のコア材を使ったり、アングルを利用したりするとすっきりと見切ることができる。

■天井見切断面詳細図［S＝1：6］

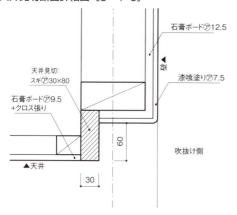

■天井見切断面詳細図［S＝1：6］

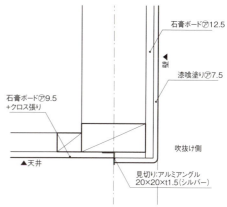

壁と天井の仕上げが違う場合どこかで見切る必要がある。木で見切るときは1段下げてあげるとうまくいく。

左の事例と違いアルミアングルですっきりと納めた例。柱があるため壁芯で見切っているが、柱がなければもっと先端で見切るのもよいだろう。

step092

床下地について

床下地のチェック

プレカット技術の進化により、根太レス工法が一般化している。根太レス工法では、土台や胴差、梁の上端を基準にして床を組み上げる。施工時には、釘の種類とピッチに注意する。なお、根太組下地の場合は、手間はかかるが、基準墨を出して床下地を施工するため、床の水平を確実に出すことができる。

根太レスの場合、構造用合板は24mm以上を使用する。

梁は910mmピッチに入れ、910のグリッドを組むために60角か90角の材を梁の間に入れていく。構造用合板の厚みによって釘の長さを確認する。三層パネル（Jパネルなど）を使って床仕上げとする場合は事前に柱型のカット加工を行い、ビス止めは込み栓でビス頭を隠すようにしたい。

根太レス工法の欠点は天井懐から立ち上がる電気配線や給水管、エアコンの冷媒管などを通そうとすると、梁が邪魔して壁内を通すことができないこと。梁を欠いたりしないよう配管ルートの計画をしっかり考えておきたい。パイプスペースをつくれない場合は家具の中を利用して配管をしたり、壁を30mm程度ふかすこともある。

■ 根太組工法 [S＝1:6]

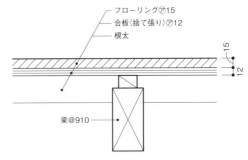

■ 根太レス工法 [S＝1:6]

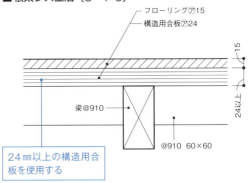

24mm以上の構造用合板を使用する

床下地を根太レスにしてパネルを張る場合、プレカット工場で柱部分の欠き込み加工をしておけば建方と同時に張ることができる。

仕上材として使える構造用パネルはビスの頭を込み栓で埋めるときれいだ。写真は檜の込み栓を取り付けているところ。

バルコニーの床下地のチェック

　室内の上にバルコニーをつくる場合、性能保証の施工基準によって防水の勾配、立上りが決められているため、床組の納め方が重要なポイントになる。下の実例では1階の天井いっぱいにサッシを付けたかったために2階の掃き出し窓を1段上げることで基準をクリアさせている。実施設計時にここまで検討して伏図を描き、軸組の加工前には梁のレベルの指示ができるようにしておきたい。

■バルコニーの断面詳細［S＝1：15］

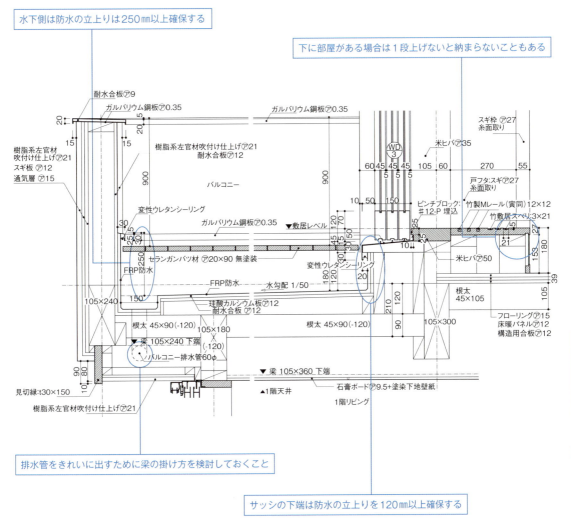

床暖房について

　床暖房専用の床材を使えば問題ないが、その製品のほとんどが張り物の場合が多い。ムク材を使いたいところだがかなり高価なものになる。ムクといっても乾燥しても収縮しないように加工されていて木といえるのか疑問がある。

　筆者は乾燥した無垢材の下に9㎜のベニヤをはさんだり、50度以下の低温で床暖房を使用するよう建て主に説明してムク材を使っている。

　床暖房のパネルを張る範囲は割付けによって家具に絡むことがある。たとえば机のようにカウンターの下まで敷き込む場合、支える脚がパネルに乗ることがある。パネルは家具や敷居の位置を墨出ししてから敷き込むようにしたい。

step093

家具工事

　家具工事で最も気をつかうところは、キッチン廻りである。

　システムキッチンを使わないで家具工事で製作する場合、建て主との細かな打ち合わせが必要になる。収納するものの大きさから引き出しの寸法を決めなくてはならない。内法寸法を描いておけば家具職がうまく仕上げてくれるだろうが、実際に使う引き出しのレールによって内法の寸法が変わってくる。中の仕上げや小口の大手はきちんと指示しておかないと現場で予算的にできないなどと問題になるので、見積り時に図面に指示しておかないといけない。

　また、キッチンの天板の先端には通常水返しが付くが、必要かどうか建て主に確認したい。特にアイランドの場合はシンク側のみにするか付けないか迷うところだ。

■blum社製 引き出しレール 430E / 230M・E
[S＝1:8]
※ 軽量用

有効H寸法計算式
$X' = X - 3 - 12 - 4 - 6 - 1 = X - 26$
$Y' = Y - 3 - 12 - 4 - 6 - 24 = Y - 49$

■blum社製 引き出しレール 430E / 230M・E
[S＝1:8]
※ 標準仕様

有効H寸法計算式
$X' = X - 3 - 12 - 8 - 7 - 6 - 1 = X - 37$
$Y' = Y - 3 - 12 - 8 - 7 - 6 - 24 = Y - 60$

> **引き出しの有効寸法がすぐ出せる公式**
> 一度作っておくと、建て主の要望に即座に応えることができて便利である。
> 足が入るように幅木を下げているが、食洗機を入れる場合、機種によっては50mm程度しか下がらないのでどこでそろえるか注意が必要。シンク下キットのある機種なら図面のように100mm程度下げることが可能。

家具工事詳細図のチェック

造作家具で困るのはフラッシュ小口の大手である。面材の種類、塗装の仕上げ方で選択肢が違ってくるので、きちんと指示したい。手かけの彫り込みは応援のために違う職人がつくることがあるので、彫り込み長さや形状まで指示しないと家具ごとに違ってしまうおそれがあるので注意が必要である。

大手はシナ材を積層した共芯ベニヤを使うと便利だが三六版までしかないので、大きなサイズの場合はスプルスやメープルなど材料を選ばないといけない。

■ 平面詳細図 [S＝1：4]

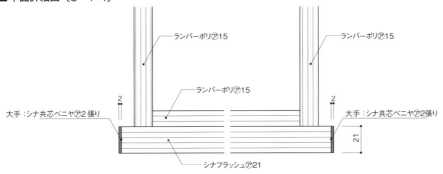

■ 大手部分 断面詳細図 [S＝1：4]　　■ 彫り込み部 断面詳細図 [S＝1：4]

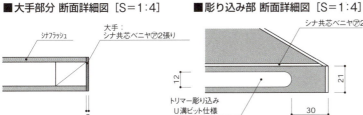
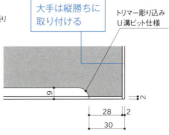

シナの共芯ベニヤを戸幅に加工したもの。

2mmの大手を張ったスラッシュ戸。

彫り込み引き手の形を統一させたい。

■ 家具工事のチェックリスト

項　目		内　容
材料		家具工事で決めなくてはいけないことは面材と塗装
カウンター	材質	カウンターの材質、無垢材なら収縮を考慮
	仕上げ	ステンレスのカウンターは鏡面かヘアーラインに。傷が付きづらいのは鏡面仕上げ
		ステンレスは最低でも1.2mm以上を使う
大手		家具工事は大手が重要、耐久性を考えれば大手テープは避けたい
		シナの共芯ベニヤ2mmを使うと手間が少なくきれいに納まる
引き手		金物を付けるか彫り込むか。彫り込むときは形状、長さを指定
		下の引き出しは上に掘るのかを指示しなくてはいけない
蝶番		スライド蝶番はバネ付きとバネなしがあり、小さな開き戸のときはバネなしにしてプッシュラッチを使うなど工夫が必要

step094

階段

　階段には木製、鉄骨製、コンクリート製がある。ここでは木製を中心に考えてみる。注意するところは、蹴上げの寸法、踏面の寸法、段板の材質と厚み、手摺。蹴上げ寸法は200mm以内にすると上り下りが楽である。それ以上になる場合は踏面の寸法を広くしたい。踏面は3尺で4枚入れる場合は蹴上げ寸法を200mm以下にして、蹴込み板を30mm以上段鼻から下げるようにするとゆとりがある階段になる。蹴込み板を付けないで写真のようにスケルトンにする方法もよい。

蹴込み板を付けないでスケルトンにした階段の例。

階段の真ん中の壁厚を薄くして漆喰仕上げにした例。

ささら板と段板を取り付けるポイント

　段を支えるのに柱にささら板を付ける方法がある。この場合はささら板が幅木代わりになる。ほかにはささら板を柱内に付けるか、胴縁を組んで段板を乗せる方法がある。この場合は幅木をどうするのかを考慮する。段板の先端を蹴込み板より出す場合はきれいに幅木を回すことができない。雑巾摺りのように小さな見切を入れるのも一案だ。段板は通常集成材を使うことが多い。厚さは堅い材であれば30mmから35mmあれば十分である。ムク材はたわむことがあるので、厚めにする、下地に合板を張る、蹴込み板でしっかり固定するなどで対応する。

　まわり階段は、真ん中に壁を立てるが必ずしも105mmの柱を立てる必要はない。有効幅を少しでも広くするには段板が固定できればよいので60mm角の柱にしたり、ランバー材を2枚張りして壁をつくる方法もある。右上の写真のように段板が固定できれば最上段部分の壁にスリットを開けることもできる。

　左上の写真は踊り場に収納とトイレを設置した事例である。蹴込み板をなくしてスケルトン階段にして窓からの光が通るようにしている。段板のレイアウト次第で踊り場部分もこのように利用がすることが可能になる。

■ 蹴上げ・踏面断面詳細図 [S＝1:6]

ささら板は柱内に取り付けて隠した事例。

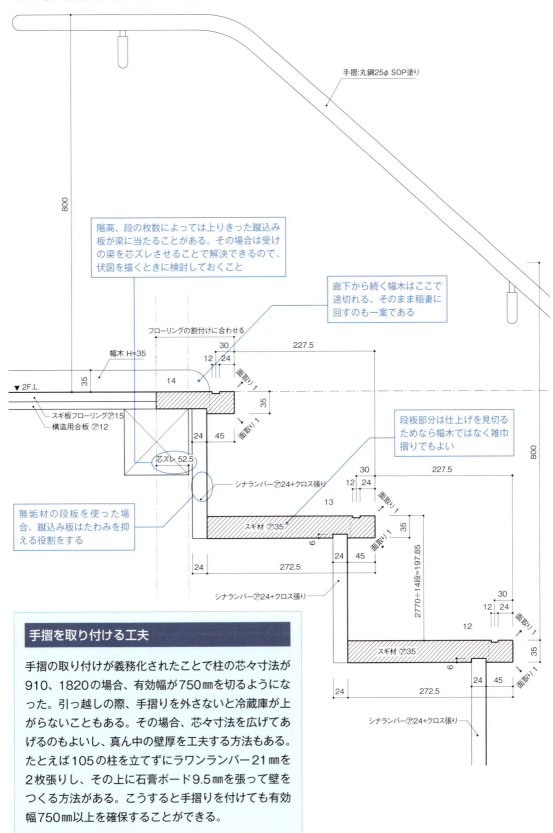

手摺を取り付ける工夫

手摺の取り付けが義務化されたことで柱の芯々寸法が910、1820の場合、有効幅が750㎜を切るようになった。引っ越しの際、手摺りを外さないと冷蔵庫が上がらないこともある。その場合、芯々寸法を広げてあげるのもよいし、真ん中の壁厚を工夫する方法もある。たとえば105の柱を立てずにラワンランバー21㎜を2枚張りし、その上に石膏ボード9.5㎜を張って壁をつくる方法がある。こうすると手摺りを付けても有効幅750㎜以上を確保することができる。

step095

内部工事の監理チェックシート

　内部工事で大切なことは、図面にどれだけの情報量があるかで現場が決まることだ。展開図が50分の1程度では表現が限られて細かな納まりは描ききれない。描いていない箇所は現場で決めるしかなく、現場の遅れにもつながり問題がある。よく聞く話だが、設計事務所が詳細を決めないために現場がストップすることだけは避けたい。詳細を決めるためには1／20の図面が必要だ。情報量が多ければ監理も楽になるし、現場の段取りもスムーズになる。

■内部工事（木工事）の監理チェックシート

確認項目		確認のポイント	備　考
下地工事	天井下地	□ 材種確認	・実施設計図との照合
		□ ダウンライト取合い	・詳細図の検討・照合
		□ 天井点検口取合い	・詳細図の検討・照合
		□ 天井換気扇取合い	・メーカーの仕様書（承認図）との照合
		□ 換気扇のダクトのルート	―
	壁下地（間仕切壁も含む）	□ スイッチ、コンセント用の下地調整	・メーカーの仕様書（承認図）との照合
		□ コンセントなどの位置	特に筋違いに当たらないか
		□ 電気の配線のルート	特に太い幹線のルート
		□ 壁先行工事　□ 床先行工事	・一般的には壁先行工事
		□ 間柱に石膏ボード直張り □ 間柱＋胴縁の上に石膏ボード	・直張りの場合は石膏ボードの継目部分はクラックが入りやすいので、特に湿式仕上げの場合は石膏ボード2重張りにするなどの工夫が必要
		□ 建具廻りの取合い	・詳細図の検討・照合
		□ 造付け家具廻りの取合い	・詳細図の検討・照合
		□ リモコン、タオル掛けなど	位置を指示し、下地を確認
	床下地	□ 根太組工法　□ 根太レス工法	―
	床材	□ フローリング　□ カーペット □ 畳　□ クロス □ タイル　□ その他	・床暖房を採用し、床材に無垢のフローリングを予定している場合は、無垢材の特性を改めて建て主に説明すること
	全体	□ 給水管、排水管のルート	―
造作工事	建具枠の取り付け	□ 建具廻り取合い	・詳細図の検討・照合
	幅木の取り付け	□ 幅木の種類 　（出幅木・平幅木・入幅木）	・実施設計図の検討・照合
	サッシ枠の取り付け	□ 下地位置　□ 素材の品質 □ 細部の納まり	・詳細図の検討・照合
	大工工事の家具	□ 下地との取合い	・詳細図の検討・照合
		□ コンセントなどを組み込む場合の処理	・詳細図の検討・照合
	和室造作	□ 材種確認（銘木店で現物確認）	―

内部工事が進むと図面で表現しきれなかった箇所で思わぬ失敗が出ることがある。詳細図を描いていても職人が気を回して納めてくれるとは限らない。石膏ボードを張る前にそのような問題箇所を見つけるのは難しいので、ボード張りが始まったら現場に行き、廻り縁や見切が正しく施工されているか確認したい。

　下記の写真の現場は予算上メインの空間の壁は左官仕上げ、その他は壁と天井がクロス仕上げである。建具で見切ることができると一番よいのだが、つながっていると見切材が必要になる。小さな木の押縁でうまく表現して納める方法のほか、アルミ材を使って細く目立たないようにする方法がある。アルミ材はL字やコの字など種類もたくさんあり、見切だけでなくガラスを止めたりもできるので、資料を集めていろいろ工夫してほしいところである。

- 手摺の固定は石膏ボードを張る前に埋め込んで取り付けたい
- ペンダントは椅子とテーブルを図面に描き込んで正確に寸法を指示したい
- 壁と天井の仕上げの見切、左の階段室方向に延びた見切部分に注意
- サッシの額縁は小さな小壁などなく枠が納まっているか確認する
- 階段室で壁の仕上げが変わるためアルミアングルで見切っている
- 家具に付くスイッチやコンセントは引き出しに当たらないルートに通す
- 床置きエアコンのため床下から冷媒管を配管、家具との取合いをチェック
- 家具を取り付けるときは床暖房パネルの位置に注意する

Column

図面の縮尺について

　設計事務所が手がける住宅は、内部造作のすべてというくらい職人による手作りである。これを図面できちんと説明できないといけない。基本設計で間取りを提案するときも納まりまで考慮して、そのときに考えたスケッチを残しておかないと、どう考えていたか分からなくなり再度一から考え直すことになる。

　実施設計では詳細な断面計画と展開図で内部の表現をしていく。このときに漏らさず情報を入れるためには図面の縮尺が大切になる。1／50の図面をよく目にするが、どうしても単なる絵になってしまい、納まりまで把握することができない。この場合、その図面のままで現場に入ると枠の納まりから家具の寸法（引き出しの内法寸法など）まで現場で指示しないといけないことになる。コンセントやスイッチ、リモコンなども正確に表現することは難しい。現場で設計時のことを思い出しながらもう一度考えて指示するのはどうかと思う。

　図面の縮尺を1／20にすると情報量が格段に上がってくる。見切の納まりなどは、引き出し線でさらに大きな縮尺図面を加えることもできる。

　この縮尺になるとあいまいな部分が明確になってくる。幅木の廻すところ、なしにするところ、パネルの割付け、サッシ枠を縦勝ちにするか留めにするか、タイルの割付け、金物の取り付け位置など、ほとんどの情報を網羅することができる。建て主が持っている家具やこれから購入するテレビや冷蔵庫も機種と寸法が記入でき、完成後のトラブルも少なくできる。造り付け家具を製作するときは職人がどの寸法を守らないといけないかも分かるのがよい。

　もう1つよいところは、見積りのときに質疑が少ないこと。見積り落としがなくなり、後から建て主に迷惑をかける心配もなくなる。工事が始まってからは材料の手配や加工も図面待ちなどということがなくなり、職人が段取りしやすく工期の遅れもなくすことができる。CADで描くようになり、一見完全な図面のように見えてしまうが矛盾するところも明確になるので、どんどん図面を描き込んでもらいたい。

■展開図で1／50と1／20を比較する

　同じ展開図を1／50（上図）と1／20（下図）で比較してみたい。

　1／50は引き出し線で仕様を描き込むことはできるが、図面からカウンターなのか、引き出しなのかを判別することは難しい。製作に必要な寸法は高さくらいまでで、それ以外の描き込みは苦しい。コンセントやリモコンも左右の寸法など描き込むことはできない。これでは工務店側で見積り落としが出る可能性も大きい。

　一方、1／20は引き出しに何を入れるのか、必要な内法寸法やリモコンのレイアウトまで寸法を描き込むことができる。これであれば、施工図を描かなくても打ち合わせさえできていれば製作は可能だ。実施設計のときに頑張って描き込むか、現場が始まってからもう一度設計意図を思い出しながら家具図を描き起こすのか。ぜひ情報量のある縮尺で図面を描いてほしいものである。

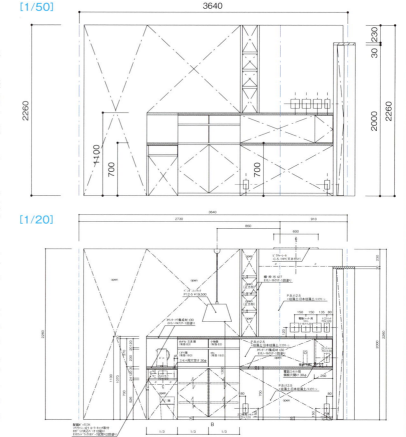

[1/50]

[1/20]

2 工事監理編 chapter13
建具工事

096
建具

097
建具金物

step096

建具

　建具は採光や通風ばかりでなく、家の顔ともなる大切な部材である。既製品ばかり使うのではなく、製作する木製の建具も積極的にデザインしていきたい。アルミ製品は連窓や段窓にすることでオリジナルなデザインをつくることが可能だ。また浴室にはアルミのフロント材と木製のドアを組み合わせることができる。木製建具はアルミ製品と違って引き戸にすることが容易である。壁に引き込んで全開にするなど気持ちのよいデザインを考えてほしい。

[アルミサッシ]

　step82でも触れているが、上棟前にはサイズの確認をして指示しなくてはいけない。

　メーカーを指定していない場合、操作する装置の位置が希望どおりいかないこともあるので、必ず確認してメーカーを指定するほうがよい。

　ガラスの選定は景色や隣家との関係で決められるが、ブラインドなどを付けるかどうかも含めて建て主と相談して決めたほうがよい。防火指定がある場合は網入りガラスか防火ガラスにしなくてはならない。防火ガラスはメーカーによって製作範囲と厚さは異なるのでよく調べて、大きさによってはメーカーの指定が必要になる。防犯ガラスは保険が付いているため値段が高く、同じ性能の合わせガラスにすると安くなる。建て主に説明しておくとよい。

浴室の建具を木製にする場合、耐久性を考慮してアルミのフロント材を組み合わせて開き戸、FIX窓の枠としている。

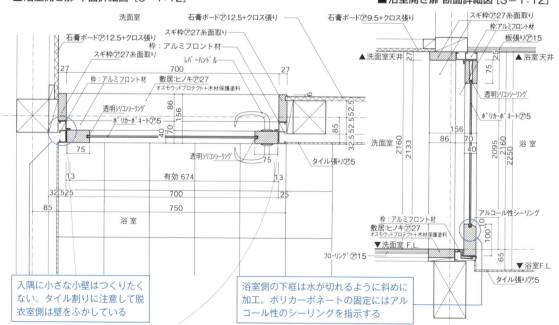

■浴室開き扉 平面詳細図 [S=1:12]　　■浴室開き扉 断面詳細図 [S=1:12]

入隅に小さな小壁はつくりたくない。タイル割りに注意して脱衣室側は壁をふかしている

浴室側の下框は水が切れるように斜めに加工。ポリカーボネートの固定にはアルコール性のシーリングを指示する

[木製建具]

　外部で木製建具を使う場合、既製品と建具職が製作する方法がある。建具職がつくる場合、操作性と機密性が問題になる。ピンチブロックやモヘヤを確実に取り付けできるように枠詳細で指示を出し、大工職に溝を切ってもらうなど事前に対策を考えておく。ピンチブロック等は両面テープで付けていることが多いが、こすれで数年のうちに剥がれてしまうため、専用の金物で取り付けるよう図面で指示を出す。

　既製の木製建具は機密性や操作性に優れるが値段が高い。納まりをよく見ると召し合わせ部分などに優れた工夫がされている。隙間風が入らないように手先が枠と合わさるようになっていたりして、建具職で製作する場合にも役立つので参考にしたい。取り付けはビス止めするツバなどは付いていないので、外壁から出すか、内側に納めるか防水に注意して納めること。

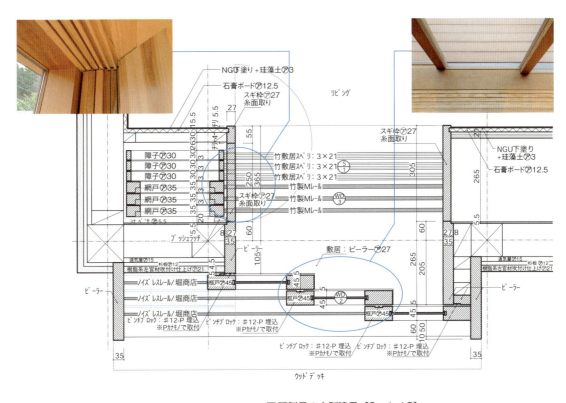

掃出しの既製木製サッシ。既製品でも引き込んで全開口になる製品を持っているメーカーもある。既製の木製サッシにはアルミサッシのような取り付けのツバがないため、受けの下地材に固定する。外壁からの出に注意する（右の平面詳細図参照）。

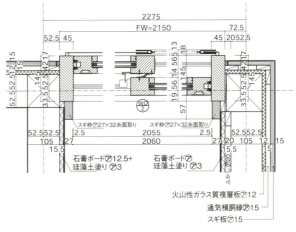

■ 既製品の木製建具 [S＝1：12]

step097

建具金物

　木製建具の金物の選定は、枠の納まりや見積り金額に関係する大切なもの。できるだけ具体的に指示し、見積り落としのないようにしたい。玄関ドアなど外部に付くものは重量があるため蝶番も厚みのあるものを指示したい。ガラス戸の場合はクレセントを付けるために見込みの指示も大切である。ガラスの固定にはシーリングを使うが、ガラスとポリカーボネートではシーリングの種類が異なるので注意が必要である。複層ガラスの場合はスペーサーが見えてしまうためシーリングの色にも気を付けたい。

　引き戸の戸車は建具の大きさ、ガラスの重さで選ぶ。フラッシュの場合はよいが重量がある場合はスムーズに動くように適合した製品を選びたい。鍵は握り手のデザインでバネの強さを加減して選定しなくてはいけない。小さなデザインを選んだ場合はバネの強弱を調べて指示をすること。鍵を掛けるところがいくつかある場合は同一キーを指定すれば、同じ鍵で開閉できるので必要な本数と共に図面に記入するとよい。折れ戸は吊りレールと引き手を指示し、床面にガイドレールを付けたくない場合はそのことを指示したい。

　金物は毎日開け閉めして使用する大切なところなので、あいまいな記入をしないように心がけてほしい。

■建具の引き手・レバーハンドルの納まり［S＝1:5］

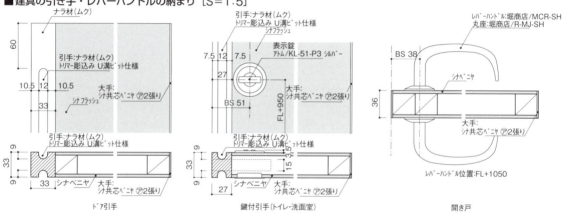

■木製建具廻りの納まり［S＝1:15］

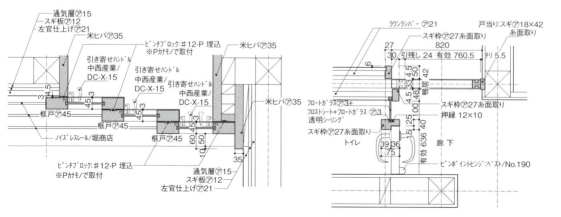

■ 建具表の例

　建具表は建具の形状のほかに仕様をきちんと書き込んでおきたい。特に金物は見積り金額に関係するのでできるだけ具体的にメーカーと型番を指定したい。たまに「戸車」などと金物名だけで書かれている場合があるが、予算と相談しながら建具の重量に合わせた金物を選びたい。ガラスの欄には固定するシールの型番と色を記入する。ガラスとポリカーボネートではシール材が異なり、色の種類も違うのでよく調べたい。見込みは枠詳細図にかかわる大切な寸法である。寸法はガラスの厚み、クレセントの付く幅、シール目地幅から割り出していく。

記号	数量	形状・サイズ W×H	材質・仕上げ	ガラス・網戸	見込	引手・金物
WD 1 玄関	1	袖壁：Fix 190×2440 片引き戸 1045×2440	ナラ縁甲板張り オスモ♯420ウッドステインクリアー2回塗り	袖壁：合せガラス 内：フロストグラス t-5 (90mil) 外：フロートガラス t-3 シーリング：シーラント45 クリアー/信越化学工業	45	シリンダー彫込引戸錠1702WD-51 SH(ステンレスヘアライン)×2ケ(サムターン/キー) TRトライデントキー(同一キー7個製作)、鍵アーマープレート SH(ステンレスヘアライン) ステンレス製甲丸レール×1本、ボールベアリング入戸車2416-A×2個/堀商店 銅板ハカマ巻 t-0.4(接着)、ウォールナット引手18×35×L=850 植毛ゴムパッキン♯7-E(戸当り)、♯25-M(下框)/ピンチブロック ※Pカナモで取付のこと
WD 2 2階リビング	1	2枚建て 片引き框戸 2870×2120	框：米ヒバ(3方框90 下框120) オスモ♯420ウッドステインクリアー2回塗り	ペアガラス ※UVカット フロートガラス t-5・6A・フロートガラス t-5 シーリング：シーラント45 ダークアイボリー/信越化学工業	45	ノイズレスレール2420/堀商店、ステンレスベアリング 入戸車36φ No.771×4個/ベスト 引寄せハンドルDC-X-15×3個/中西産業 植毛ゴムパッキン♯12-P (4方)/ピンチブロック ※Pカナモで取付のこと
WD 3 2階リビング	1	3枚建て 片引き込み網戸 2810×2120	框：スプルス(3方框45 下框60) オスモノーマルクリアー 1回塗り	ポリプロピレン(18×18メッシュ、黒) 1枚貼り	35	関金425/堀商店、 竹製Mレール 12×9、戸車 No.773-N×6個/ベスト トリマ彫込引手 (U溝ビット仕様)、引戸用ストッパー S-208/丸喜金属
WD 4 2階階段室	1	片引き込み框戸 865×2350	框：スプルス(3方框60 下框90) オスモノーマルクリアー1回塗り	ポリカーボネート/ポリカレキサンシート マットクリア 9038(くもり) t-5/旭硝子 シーリング：シーラント72 アイボリー/信越化学工業	33	トリマ彫込引手 L=1000 (U溝ビット仕様) 竹製Mレール 12×9、戸車 No.773-N×2個/ベスト
WD 5 2階浴室	1	片引き框戸 750×2200	米ヒバ材(3方框75 下框90) オスモウッドプロテクト＋ オスモノーマルクリアー 1回塗り	ポリカーボネート/ポリカレキサンシート マットクリア 9038(くもり) t-5/旭硝子 シーリング：シーラント72 アイボリー/信越化学工業	30	HRシステム標準タイプ （下レール無し）＋HR-100/アトム トリマ彫込引手 L=1000 (U溝ビット仕様) 下側コの字ガイド：ステンレスヘアライン t-2 巾45製作
WD 6 2階トイレ	1	ランマ：Fix 695×270 片引込みフラッシュ戸 695×2050	シナベニヤ (両面) オスモウッド ワックスオパーク拭取り	フロストグラス t-5 シーリング：シーラント45 クリアー/信越化学工業	33	鎌錠KL-51-P3 シルバー/アトム 引手：ナラ 27×33×扉 2050 (トリマ彫込) オスモノーマルクリアー1回塗り 竹製Mレール 12×9、戸車 No.773-N×2個/ベスト
WD 7 1階子供室1	2	ランマ：フラッシュ戸 735×210 片開きフラッシュ戸	シナベニヤ (両面) オスモウッド ワックスオパーク拭取り		30 36	ホイトコ金物/ベスト 引手ナシ 1210L (空錠)、レバーハンドル MCR-SH、丸座 R-MJ-SH/堀商店 オートマチック アルダー No.475 サテンニッケル

■ 木製建具の施工図 ［S＝1:25］

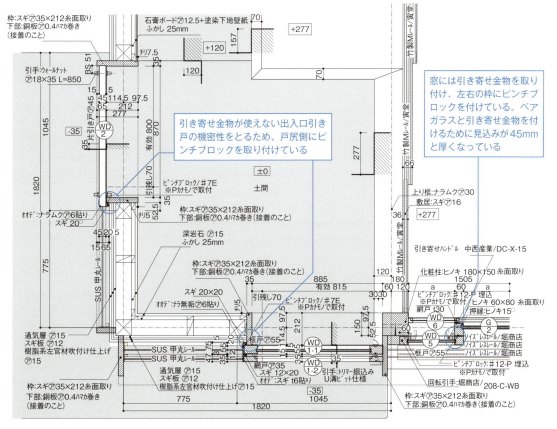

Column

金物の取り付け高さのあいまいさ

　住宅を設計していて必ず悩むことがある。建具工事であればドアノブの高さ、襖の引き手の高さ、電気工事であればコンセントやスイッチ、家具工事ではタオル掛けなどである。基本さえ押さえればそれほど悩まなくてもよいと思うのだが、考え始めると切りがない。

　一度知人の家で不思議に思うことがあった。コンセントが床から70㎝ほどの位置に付いていた。通常棚や家具を置くのであれば高い位置に付けることはあるが、床からの例はあまり聞かない。どうも理由は掃除機のためにかがまないでコンセントに抜き差しできるようにとのこと。確かに理にかなってはいるが、何もない壁に突如ある2口コンセントはいかがなものか。そうであるなら、コンセントをスイッチと同じプレートに付けるなど工夫があるだろう。

　建て主夫婦の身長の差が20センチというのはごく普通にあること。あるときその差が30センチだったことがある。このときはドアノブの高さで迷ってしまった。キッチンや洗面の高さは使う人の身長が低い人を優先して若干高めかなというところで納めている。ではドアノブはというと、設計を始めたころに読んだ宮脇檀の本にこんな記述がある。「ドアを開ける、その手をそのまま右上に伸ばす、必ずそこにスイッチがある、パッと明かりがつく」と。なるほど説得力ある言葉である。しかし、これは毎日生活する家の中での習慣を説明したのであって、取り付け高さは設計者が決めるしかない。

　和室の襖の場合はもっとやっかいである。和の作法から考えればかなり低い位置に付けるのだろうが、今時自分の家で膝を着いて開ける人はいないだろう。

　かといってドアノブの高さでは高すぎ、手を下げてスッと開けるほうがずっとスマートだ。あとは見た目のバランスがあるだろう。2ｍ程度であれば中心に付けたくなるが、天井まである建具ではそういうわけにもいかない。ここは宮脇さんの教えどおりに従うのが建て主への説明にもよいのだろう。

　最近は建具のほとんどを引き戸にすることが多くなった。おかげで高さの悩みから解放されつつある。掘り込んだ引き手を長めにすれば、身長の違いは関係なくなる。それこそ床から天井まで掘り込めば子供にも優しいデザインになる。

　実際は馴れの問題なので、統一性があればあまり細かな寸法を気にすることはないのだと思う。

多くの設計者が同じようなデザインを取り入れている。この事例はムク材を上下60㎜空けて縦に掘り込んだもの。上から下まですべて掘り込む設計者もいる。トイレなどの表示錠が付く場合はムク材にかからないように金物を選びたい。

電気のカタログを見るとスイッチ・コンセントのプレートはさまざまなパターンがあることが分かる。写真のようにスイッチとコンセントを同じプレートに納めても違和感がない。実際に掃除のとき使用している。ガス栓もコンセント付きのものがありすっきりしている。

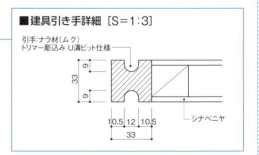

■建具引き手詳細 [S＝1:3]

2 工事監理編 chapter14
仕上げ工事前チェック

098 工程表で段取りの最終確認

099 現場を中断させないよう的確に指示を出す

100 施工状況を確認する（金物の下地、コンセント位置の確認）

101 仕上げ工事前チェックシート

検査・その他	地鎮祭 / 遣り方立会	根切底確認 / 配筋検査	上棟式		役所検査・竣工検査	引き渡し
地盤改良						
仮設工事	地縄 遣り方				クリーニング	
基礎工事	地業工事 配筋 立上り部 / 耐圧コンクリート打ち 立上りコンクリート打ち					
木工事		プレカットチェック	上棟 筋かい・間柱・床下地	木枠・間仕切・床 造作工事 壁・天井下地・ボード張り		
屋根工事 防水工事		屋根下地 ルーフィング・防水工事	屋根工事	断熱材		
左官工事				外壁下地 外壁仕上げ	内部左官工事	
サッシ工事		サッシ確認	サッシ取付			
木製建具工事					建具工事	
塗装工事			外部木部		内部 建具・床・外構	
内装工事					クロス張り 畳	
給排水設備工事		外部配管	床下配管	内部配管	器具取付	
電気・空調設備工事			床下配管	内部配管	器具取付	
外構工事					外構工事	

step098
工程表で段取りの最終確認

　石膏ボード張りやパテ処理などの下地工事が行われている間は、施工図の承認や工場製作、既製品の品番確認など、仕上げ工事が本格的に始まる前の準備を着実に行える期間である。また、仕上げに関する打ち合わせや指示は、この下地工事の期間までに終わらせておくのが原則である。工程内容は、しっかりと確認して、細かなところまで検討する。

　下記のフローチャートは、一般的な工程を想定したものだが、現場によっては手順の前後は入れ替わることがある。監理者とともに、現場監督の采配も重要な要素になるので、双方が工程の内容に共通理解を持って、作業を進めることが大切である。

■仕上げ工事前の流れとポイント

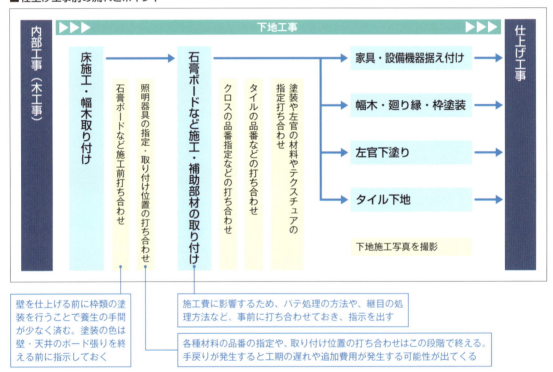

壁を仕上げる前に枠類の塗装を行うことで養生の手間が少なく済む。塗装の色は壁・天井のボード張りを終える前に指示しておく

施工費に影響するため、パテ処理の方法や、継目の処理方法など、事前に打ち合わせておき、指示を出す

各種材料の品番の指定や、取り付け位置の打ち合わせはこの段階で終える。手戻りが発生すると工期の遅れや追加費用が発生する可能性が出てくる

下地工事も終盤に差しかかると、次第に仕上げ工事に向けての準備が始まる。さまざまな材料や機器類も搬入されて、現場は一時雑然としてしまうことも多い。こうした材料や機器類の一時保管場所もあらかじめ検討をしておく。そして、仕上げ工事が始まると、現場は目に見えて日々刻々と変化していく。下地の状況もすぐに隠れていってしまうので、段取りの確認のためにも工程表はしっかりと作成する。

工程表での最終確認

仕上げ工事に入る前には、これからの各工事の工程表を確認する。そして、各機器、器具の品番や取り付け位置を、工程に合わせて指示できるように準備をしておく。現場によっては、各工程の順番が入れ違ってくることもあり、その都度しっかりと把握しておくことが重要である。

建て主支給品について

現場の作業では、本工事で選定された器具や機器のほかに、建て主による支給品の搬入・取り付けがあることも多い。仕上げ工事前あたりでは、こうしたものの施工への段取りもしっかりと行う必要がある。現場監督も本工事ではないということで、段取り等がおろそかになってしまい、製品への取り扱いや取り付けに不備が生じてしまうこともある。こうしたことがないように、現場にかかわる人たちや関連業者との調整を行い、工程の周知や協力をお願いする。

■ 工程表の例（一部抜粋）

工種／月日	16	17	18	19	20	21	22	23	24	25
建具工事			建具吊込み・家具設置 →							
内装工事	クッションフロア張り →									
電気工事					器具取り付け →					
給排水工事	外部配管・器具取り付け →									
ガス工事			外部配管 →							
床暖房工事					器具取り付け →					
美装工事								クリーニング →		

建て主支給品である外国製の陶器の手洗い器と水栓金物を設置。このような場合、配管や配線、各部材の寸法などに特殊なものも多いので、説明書などを確認のうえ、施工者とも入念な打ち合わせを行う。

工事監理について

工事監理についての業務内容は法律で定められている。

［建築士法2条7項］には、「工事監理とは、その者の責任において、工事を設計図書と照合し、それが設計図書のとおりに実施されているかいないかを確認することをいう。」とあり、［建築士法18条3項］には、「建築士は、工事監理を行う場合において、工事が設計図書のとおりに実施されていないと認めるときは、直ちに、工事施工者に対して、その旨を指摘し、当該工事を設計図書のとおりに実施するように求め、当該工事施工者がこれに従わないときは、その旨を建築主に報告しなければならない。」とある。このように、監理者は工事の内容を把握して、施工状況を確認し、建築主へ報告するという重要な業務が与えられている。

そのほかには「工程の監理」と「工事契約金額の調整」がある。契約により定められた工期どおりに工事が進んでいるか、工程に問題がないかなどをしっかりと確認する。また、契約金額の内容が適正か、工事項目や内容に問題がないかというような、コスト管理も含まれる。このような監理業務を円滑に進めるために、監理者は常に建築主や各業者とのコミュニケーションをしっかりととり、持ち得る知識や経験とで、監理業務に全力で臨まなければならない。

■ 監理チェックシート

□ 仕上げ工事の工程表を確認する	□ 内装制限の下地にかかわる写真を撮る
□ 各材料・器具・機器の品番の確認	□ 建て主支給品の現場納品への段取り
□ 左官壁等の材料や施工方法の確認	□ 設備機器・各種器具の取り付け位置の確認
□ 家具や建具の施工図の承認	□ 現場の施錠方法の確認
□ 下地工事が適正に行われているかの確認	□ 現場内外での清掃や養生の状況の確認
□ シックハウス等にかかわる下地施工写真・材料写真を撮る	□ 室内の土足禁止・禁煙の徹底

step099

現場を中断させないよう的確に指示を出す

　仕上げ工事が本格的に始まってしまうと、さまざまな職種の人たちが現場に出入りするようになり、あっという間に時間が過ぎていってしまう。このようなときに、打ち合わせや指示が後手にまわらないように、工程をきちんと先取りして、現場が混乱しないようにしておきたい。

　すでに、実施設計で指示したとおりに現場は進んでいても、仕上げ工事の直前に多少の変更や調整を行うケースも少なくない。たとえば、ダウンライトの位置の微調整は、下地となるボードに穴をあける前であれば可能だが、実際に穴をあけてしまった後では、位置の移動が難しくなってしまう。こうした状況での変更には、余計な手間がかかり、当然ながらコストや工期にも影響を与えてしまう。こうしたことが起きないように、的確なタイミングで指示を行えるように準備をしておくことが、監理者にとって重要なこととなる。

天井にボードを張る前に、ダウンライトの設置位置に野縁がぶつかっていないかの最終確認をする。ダウンライトの設置予定箇所に穴をあけてからでは、補修や位置の変更は難しくなる。

設置箇所は十分検討し、照明器具の穴をあける

出隅・入隅、建具枠などはパテ処理や養生などについて注意が必要。石膏ボードの留め付けには、通常ステンレス皿ビスを使用する。耐力壁などにカウントしているところは、それぞれ指定のものを使用する。石膏ボードの出隅部にコーナー材が取り付けられているか、廻り縁などの見切材が正しく取り付けられているかなどを確認する

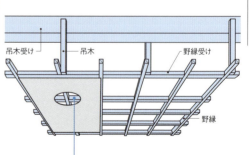

ダウンライトの穴が野縁に干渉しないか注意

壁や天井の石膏ボードが張り終わったら、枠関係の塗装に入る。壁などを仕上げる前に塗ることで、養生の手間を少なくでき、塗装工事自体も早く進む。材料や色の指定が遅れると、次の工程に進めずに、工期の遅延に直結してしまう。

建具枠の色の指示は的確に行う。塗り分けなどがある場合は注意が必要

　建物内の搬入経路が狭い場合には、仕上げ工事前に設備機器や家具類などを搬入・設置することがある。この段階で大きなものの設置が終わっていると、仕上げにキズがつきにくいからである。そのため、品番の決定時期、納期、養生の方法などをしっかりと打ち合わせておくことが重要である。設備機器や家具類が搬入されると、一時的に現場が雑然としてしまうこともある。搬入した設備機器や家具類を雑に扱うことがないように、現場にかかわる人たちや関連業者に指示をしておく。

搬入された設備機器。取り扱いに注意

造作家具の搬入。取り付けのタイミングも十分に検討する

職人を待たせると……

　設計者が現場の段取りを把握せずに、指示や決定が遅れて、職人を待たせることになると、これは設計者の責任となってしまう。

　職人が予定どおりに現場に入れないと、別の現場の予定を先に入れてしまったりする。現場の人たちも無駄な時間を使いたくないので、こうした状況でただ待っているということは少ないであろう。こうなると、次に現場に入れる日程がなかなか決まらなくなってしまい、前の工程でずれこんだ日数以上の遅れとなって、現場のすべての工程に影響を与える。また、こうした遅れを取り戻すために、工務店などが予定していた以外の職人を無理に手配するなどして、最終的には追加金額となってしまったり、手抜きや雑な施工が生じてしまうことがある。このように、適切な指示や決定を行わないと、現場全体の混乱や質の低下を招くことになるので、十分に注意したい。

step100

施工状況を確認する
（金物の下地、コンセント位置の確認）

　現場での指示が後手にまわらないように、現場の流れをしっかりと把握したら、施工状況の確認も併せて行う。下地工事の内容も、工事費に応じたグレードがあるため一概にはいえないが、ボードの継目処理や端部の処理などは、仕上げ工事に影響するので確認する。このような、下地自体の施工状況を確認したら、各種金物などの取り付け用下地が適切に施工されているか、コンセント・スイッチ類の位置などに問題がないかといった、仕上げと関連する項目を確認しておくことも重要である。これには、設備機器類の取り付け場所や家具類の設置位置との兼ね合いがあるので、位置や個数などの最終確認を行い、施工状態をしっかりと把握しておく必要がある。また、この時期あたりでは、使用する機器や器具、想定していた家具などに変更が生じるケースも多い。こうした状況にもしっかりと対応するために、建て主や施工者との打ち合わせには十分に時間をとりたい。

　パテ処理については、きちんと平滑に施工されているかを確認する。また、継目と釘の処理か総パテかは工事金額に影響するものなので、事前にしっかりと打ち合わせをしておく。クロスが薄くて平滑であったり、左官色が薄かったり、塗り厚が薄い場合には、総パテにしておきたいところである。

■ ボードのジョイント処理方法の一例

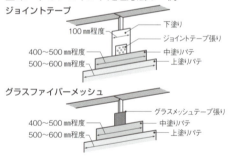

継ぎ目や釘穴をパテ処理。造作家具や枠などの養生も行う

左官下塗り

　和室の左官（京壁）の下塗りが終わった状態である。乾燥させるため、下塗りの状態で14日以上放置できる工程になっていることを確認する。左官などの場合には、この十分に乾燥させる期間が重要となるので、余裕のある工程を組みたい。また、気温の管理や換気にも十分注意する。

浴室のタイル下地が完了した状態である。浴室などのタイル工事の場合、タイルの割付けに合わせて空間の内法寸法が決まる。それから、下地の塗り厚や開口の位置、配線・配管の位置が決まってくる。よって、割付けはかなり早い時期に指示しておく必要がある。ここでは、設計での指示どおりに施工が行われているかを確認する。

タイル下地の配置位置や金物等の取り付け位置は、タイル割付けに影響するので十分検討する

配線、配管の取り出し位置に問題がないかしっかり確認する

配線・配管類の取り出し用にボードに穴があいている状態である。コンセント・スイッチ類の位置などに問題がないかといった、仕上げと関連する項目を確認しておくことが重要である。これには、設備機器類の取り付け場所や家具類の設置位置との兼ね合いがあるので、位置や個数などの最終確認を行い、施工状態をしっかりと把握しておく。

クロス用接着剤のF☆☆☆☆表示を撮影。内装制限やシックハウスなどにかかわる建材や梱包材は、すべて写真に撮影し記録を残しておく。また、使用した場所なども分かるようにしておく。

F☆☆☆☆の建材の梱包材などはすべて写真で記録を残す

■監理チェックシート

□ 各種金物等の取り付け用下地が適正に施工されているか確認	□ 各種材料の搬入・保管方法の確認
□ コンセント・スイッチ類の位置に問題がないか確認	□ 設備機器・各種器具の搬入時期の確認
□ 仕上げ材料の施工方法（テクスチュア等）の確認	□ 内装制限にかかわる写真を撮る

2 工事監理編 ⑭ 仕上げ工事前チェック

仕上げ工事前チェックシート

これまで述べてきたように、内装の下地工事が行われている間は、施工図チェックや各製品の品番確認、仕上げ材のテクスチュアの検討、設備機器や器具との取合い（配線・配管の位置や数量）の確認などについて、仕上げ工事が本格的に始まる前に最終確認を行える期間である。ここでの確認を怠ってしまうと、仕上げ工事終了後や竣工後に手直しが生じてしまったり、余計な工事費が発生してしまったりと、トラブルの原因になってしまう。そのために、工程の確認はしっかりと行い、各材料や機器・器具類の搬入時期や取り付け、施工の時期について、現場監督と詳細に検討する。大まかな作業順序は、どこの現場でもだいたい同じだが、現場によっては手順の前後は多少なりとも発生することがある。作業をスムーズに進めるためには、監理者とともに、現場監督の采配も重要となるので、工程の内容については、情報を共有して作業を進めることが大切である。

こうしたことを把握したうえで、現場を中断させないよう的確に指示を出すことや、施工状況をしっかりと確認することは、設計監理者としての重要な役割である。設計図書どおりの施工がなされているか確認し、変更が生じた場合などには適切に対応し、竣工後にはスムーズに暮らしが営めるようにしなければならない。そのためには、建て主や現場とのコミュニケーションは常に大切なものとなる。

チェックシートの活用

次頁に「仕上げ工事前チェックシート」を載せているが、これは今まで述べてきた内容をしっかりとチェックできるように、各項目についての、確認や指示事項を一覧にしたものである。これはほんの1例であるが、このように細かな内容について、確認・指示事項を表にしておくとよい。設計監理者として、状況を確認でき、漏れがないかも分かりやすい。

家の履歴を残すこと

工事中の構造や下地の状態を撮影したものは、不具合が生じた場合に見えない部分を確認するときに重要になる。将来的な増改築や売却のときなどにも重要な資料となる。
たとえば、仕上げ工事前では、以下のような項目を撮影しておく。

内下地工事　：石膏ボード、構造用合板の仕様と厚さ、釘の仕様と長さ・間隔・その他施工状況全般
設備関係工事：使用材料の仕様、配管の径と勾配状況、保温状況、支持金物の状況、スイッチ・コンセント類の配線、取り付け位置、その他施工状況全般

自分の家がどのようにつくられたか、どのような材料が使われているかをきちんと把握しておくことはとても重要なことである。増改築などを行う場合に、何が可能で何が不可能かをきちんと判断できる材料にもなるからである。また、そのような状況とともに、住み始めてからの手入れの状況もきちんと記録しておくことで、その家の価値を知る判断材料ともなる。このように家の履歴を残すことは、長く大切に使っていくことにつながり、資産価値を向上させることにも寄与する。

■仕上げ工事前チェックシート

タイミング		確認のポイント	
間柱の設置・下地工事前半までに最終確認を終える		フローリング	□ 品番指定の最終打ち合わせ □ ホルムアルデヒド放散等級の確認（F☆☆☆☆） □ 決定サンプルの確認 □ 変更（有・無）
石膏ボード張り付け前に指示と最終確認を終える	壁・天井の仕上げに先行するもの	各部塗装	□ 塗装個所 □ 塗料の種類の指示 □ 塗装の色の指示 □ 艶の度合いの指示 □ 決定サンプルの確認 □ 変更（有・無）
	木下地と深く関連するもの／納品までに日数がかかる場合もある	照明器具	□ 器具の設置位置（ダウンライトは要注意） □ 配線の対応 □ 下地の対応 □ 変更（有・無）
		スイッチ、コンセント	□ 器具の設置位置 □ 配線の対応 □ 変更（有・無）
		手摺など	□ 手摺の設置位置 □ 下地の対応 □ 変更（有・無）
		設備機器	□ 品番指定の最終打ち合わせ □ 下地の対応 □ 配線・配管の対応 □ 色の指定（便器や洗面器など） □ 変更（有・無）
	工場製作日数がかかるもの	家具・建具	□ 施工図の確認 □ 面材の指定最終打ち合わせ □ 金物の指定最終打ち合わせ □ 下地の対応
石膏ボード張り付け〜パテ処理の間に指示と現場確認を終える		クロス	□ 品番指定の最終打ち合わせ □ クロスのホルムアルデヒド放散等級の確認（F☆☆☆☆） □ 不燃・準不燃の確認 □ 接着剤などのホルムアルデヒド放散等級の確認（F☆☆☆☆） □ 決定サンプルの確認 □ 変更（有・無）
		左官	□ 材料 □ テクスチュアの指定（鏝むら、櫛引きなど） □ 色の最終打ち合わせ □ ホルムアルデヒド放散等級の確認（F☆☆☆☆） □ 品番指定 □ 決定サンプル（の確認） □ 変更（有・無）
		タイル	□ 品番指定の最終打ち合わせ □ 決定サンプルの確認 □ 目地材（色）の指定 □ 割付けの確認 □ 変更（有・無）
		カーペット	□ 品番指定の最終打ち合わせ □ ホルムアルデヒド放散等級の確認（F☆☆☆☆） □ 決定サンプルの確認
		畳	□ 種類・厚みの確認 □ 割付けの確認 □ 縁（へり）の指定 □ 決定サンプルの確認 □ 変更（有・無）
		シート床材	□ 品番指定の最終打ち合わせ □ ホルムアルデヒド放散等級の確認（F☆☆☆☆） □ 決定サンプルの確認 □ 変更（有・無）

Column

竣工検査に必要な監理写真を撮る

　家を建てるということは、建て主にとってとても高価な買い物であり、さまざまな夢もたくさんつまったものである。どのような工事が行われたのかとか、しっかりと監理され施工されたのかとかを知りたいのは当然のことである。設計監理者は、こうした思いにしっかりと応えるように、与えられた業務を行ってゆかねばならない。

　工事監理を適切に行うためには、工事記録写真が非常に重要なものとなる。隠れてしまう構造部分や埋設される部分、複雑な納まりの部分などは、検査に必要なだけでなく、後々トラブルになった場合や、将来的に改修を行う場合などに貴重な資料ともなるからである。

　仕様書や設計図面には、さまざまな材料や仕様が記載されており、それがその建物が法規に準じていることや、各種性能を満たしていることを表している。そうしたものが、そのとおりの材料や指定した仕様で施工されているか、第三者が写真を見ても、すぐに判別できるようにしておかなければならない。そのために、各工程でしっかりと記録を残しておくことは、監理者にとって非常に重要なことになる。仕上げ工事前の段階で、接着剤などがF☆☆☆☆建材の場合は、現場に搬入されたケースも写真を撮っておく。また、下地が内装制限の対象になっている場合は、不燃番号など性能が分かる部分の写真を撮る。施工者に撮っておいてもらうケースもあろうが、後に責任の押し付け合いにならないように、抜けのないように打ち合わせをしておく。誰が準備するかはともかく、竣工検査に必要な書類をそろえる責任は設計監理者にあることを忘れてはならない。

　なお、写真は部屋ごとに、床、壁、天井が分かるように撮影する。竣工検査時には、行政庁や確認検査機関でそれぞれ書式の決まった施工報告書を要求するケースが多い。書式はあらかじめ入手(ほとんどがインターネット通信でダウンロード可能)しておき、必要な写真を事前に把握しておくと後であわてなくてすむ。

　とにかく、設計監理者にとって、工事状況を確認することは重要な業務の1つであり、そうした確認の記録を残しておくこと、すなわち、写真や書類を残しておくことに手を抜いてはならない。

内装工事で下地の状態から仕上げ工事に進むころ。部屋ごと、床・壁・天井の部位ごとに、施工状況や使用材料についての記録を残しておく。

■監理写真として撮っておきたい項目

地盤補強	材料の仕様、使用量。地盤改良の範囲、深さ、杭の本数、位置。施工状況。テストピース採取状況、全景
根切り	地盤からの深さ、根切り範囲。根切り後の状態。施工状況
地業	割栗石の厚み、転圧状態。防湿シートの施工状況。全景
配筋検査	鉄筋の仕様、径、間隔、定着、継手の長さ、補強筋の施工状態。スペーサーの設置状況。検査を受けている状況。全景。検査後に是正があればその是正状況
アンカーボルト	位置、本数、仕様、長さ、太さ、形状、埋め込み長さ、設置状況
コンクリート	施工状況、散水状況、現場試験、バイブレーターの使用、打設状況、ベースコンクリートの厚み、幅、立上りコンクリートの幅、高さ、型枠を解体した状態、補修状況。全景
木造躯体工事	柱、梁などの構造材の仕様、寸法。束、大引、根太の寸法、間隔。垂木の寸法、間隔。床板、屋根下地合板の仕様、厚み、釘の仕様や長さと間隔、釘打ちの状況。接合金物の仕様、接合状態。筋かいの寸法と位置。検査を受けている状況
外装下地	構造用合板の仕様、厚み、釘の仕様や長さと間隔、釘打ちの状況。胴縁の寸法と間隔。防水シートの仕様、重ね代、張り方、施工状況。ラスと釘の仕様と長さ、間隔、施工状況
サッシ	サッシの取り付け状況、サッシ廻りの防水テープの張り方。散水試験
防水	下地の状況、使用材料の仕様。施工状況。散水試験
屋根	屋根下地の状況、防水紙の重ね代、張り方。外壁との取合い部、谷部の納め方。使用材料の仕様、厚み、施工状況
断熱	使用材料の仕様、厚み、施工状況。各部との取合い部分の詳細
内装下地	石膏ボード、構造用合板の仕様、厚み、釘の仕様、長さ、間隔、釘打ちの状況、施工状況
内外装仕上げ	使用材料の仕様、施工状況
設備工事	使用材料の仕様、配管の径、勾配状態、支持金物の状況、保温状況、コンセントボックスの取り付け方、結線の状況、施工状況
外構	施工状況、塀・擁壁・土間の配線状況、コンクリート打設状況、埋設物の状況
各検査	不具合箇所、是正状況、検査状況

2 工事監理編 chapter15
仕上げ工事チェック

102 家具の取り付け

103 仕上がりの不具合をチェック

104 引き渡し前の仕上げチェックシート

検査・その他	地鎮祭　遣り方立会　根切底確認　配筋検査　上棟式	役所検査・竣工検査　引き渡し
地盤改良		
仮設工事	地縄　遣り方	クリーニング
基礎工事	地業工事　配筋　立上り部　立上りコンクリート打ち　耐圧コンクリート打ち	
木工事	上棟　筋かい・間柱・床下地　木枠・間仕切・床　造作工事　プレカットチェック　断熱材　壁・天井下地・ボード張り	
屋根工事 防水工事	屋根下地　ルーフィング・防水工事　屋根工事	
左官工事	外壁下地　外壁仕上げ　内部左官工事	
サッシ工事	サッシ確認　サッシ取付	
木製建具工事		建具工事
塗装工事	外部木部　内部	建具・床・外構
内装工事	クロス張り	畳
給排水設備工事	外部配管　床下配管　内部配管	器具取付
電気・空調設備工事	床下配管　内部配管	器具取付
外構工事		外構工事

step102

家具の取り付け

　木工事が完了に近づくと内部の全体像が見えてくる。

　このときに問題箇所を見付けられれば、その後の仕上げ、家具の取り付け、電気のコンセント位置など図面どおりに進めることができる。

　うまく納まっているとこれまでの苦労が報われて嬉しいもの。この後の仕上げ工事が楽しみになる。だたし、この時期は竣工間近で工期も迫っていることが多く、油断していると最後の最後に図面どおりにいかないことがある。

家具の取り付けのポイント❶

　家具は取り付けが始まらないと問題箇所に気がつかないもの。

　家具職は現場で寸法取りをするのだが、どうしても図面の寸法から製作を進めていく傾向がある。図面では大工職が付ける枠に合わせてカウンターが付くように描いてあっても、枠の位置が数センチずれていたとしても気を利かせて枠に合わせて寸法を広げて調整してくれることは少ない。

　できれば大工職の木工事が終わって家具屋さんの寸法取りには立ち会ったほうが確実である。付けてみたら変な隙間や小壁ができてしまうことを防ぐことができる。

アイランド型の家具の場合は両側を収納として使っている。配線や給水管などは引き出しなどがぶつからないように十分注意する。

家具の取り付けのポイント❷

　冷蔵庫や電子レンジが入るところは、必ず内法寸法を指示するとともに建て主にも機種の変更がないか再度確認をしておくと間違いがない。図面に寸法が入っていても家具職はどの寸法を優先しないといけないか理解していないときがある。

　食洗機など設備が入るところは家具職にメーカーの取り付け詳細図が渡っているか、家具職と設備工事士、電気工事士との連携ができているかは大切な点である。工期が迫っていると思わぬ事態になることがあるので最後まで気を抜けない。

IHコンロは人造大理石に使えない機種がある。食洗機をシンク下に入れる場合は専用の製品を選ばないといけない。取り付け前に再度確認しておきたい。

■ 家具廻り詳細図 [S＝1：30]

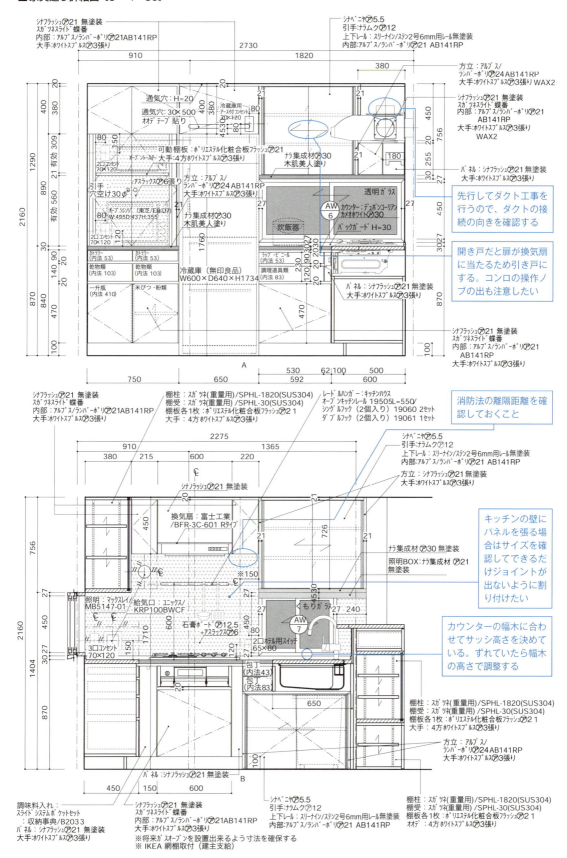

step103

仕上がりの不具合をチェック

　仕上がってからのチェックは施工上のうまい下手を除いて、納まりについては正直手遅れである。家具取り付け前の指示が不十分であったり、コミュニケーション不足は設計者の責任が大きい。図面に描いてあるからといって過信してはいけない。

　仕上がってからの不具合は施工上の問題を除いて、step82、83で書いたように図面での指示ができていなかった場合が多い。家具職や建具職が寸法取りをするときに問題箇所を見付けておく必要がある。

　キッチンのパネルを張る場合はパネルの大きさを考えて、できるだけ継目が出ないように割付けをして指示するか、ジョイント位置とその処理を指示しないと、職人の感覚で取り付けられてしまいやり直しになることがある。

　家具が取り付いたらすぐ確認しておきたいところは、冷蔵庫など建て主の持ち物を納めるスペース。製作前にも指示を出しておくが、万が一の場合もあるので確認したい。

　壁仕上げをする前には手摺の下地が入っているか、仕上がってから取り付けるものと、先に取り付けるものをよく打ち合わせしておくとよい。

　塗装は指定どおり仕上がっているか、家具の裏など塗り忘れがないか確認する。

　家具廻りはシーリングする箇所がたくさんある。水廻りは防かび性能のあるものを選び、その上で色をクリアーにするかホワイトにするかなどを指示したい。

■人造大理石カウンターの造り付けキッチン

- 2分割にして搬入した人造大理石のカウンター。現場で接着した部分に接続跡がないか確認する
- 引き出しが隣の機器に当たっていないか確認する
- 幅木とキッチンのパネルの間にシールするための目地が確保されているか確認する
- 一番下の引き出しは彫り込み引き手が上側に掘られているか確認する

■造り付け洗面カウンター

- 水がしみ込まないように幅木を回している。クリアーシーリングされているか確認する
- ゴミ箱を置くスペース。裏まで塗装されているか確認する
- 台輪部分に足が入るよう下げられているか確認する
- 方立が優先されているが、引き出しの前板を勝たせて被せればよかった箇所

■ 階段幅木廻り

- 幅木のエンド部分。思わぬところで幅木の行き場がなくなることがあるので注意したい
- 仕上材が変わるところにアルミの見切材。上の天井部分にも繋がるのでこの位置でよかったかを検証しておきたい

■ トイレ廻りのチェック

- 機器のレイアウトは展開図でしっかり指示。左右の向きがある製品は向きが合っているか確認する
- 壁のアルミ製見切材。細いカウンターの上端で見切るようにアルミアングルを取り付けた

■ リビング・家具廻りのチェック

- 壁と天井の見切が思ったとおりに回っているか、うまくいかなかったところは次回のためにしっかり確認しておきたい
- 建具職がつくる外部建具はパッキンが隙間なく取り付けられているか、動きはスムーズか確認する

- リモコンとスイッチのレイアウトが図面どおりか、付ける職人が異なる場合は注意が必要
- 家具に付くスイッチやコンセントが指定した高さ、位置に付いているか、カウンター上のコンセントはシャッター付きになっているか確認する
- この機種の電気オーブンには通気口を付けるようマニュアルにあった。設計段階できちんと調べておきたい

2 工事監理編 ⑮ 仕上げ工事チェック

257

step104
引き渡し前の仕上げチェックシート

いよいよ引き渡し前の工務店の検査、設計事務所の検査、建て主の検査で最後の手直しに入る。

目立つ傷などは工務店と建て主が気付き手直しされるが、設計図との細かな違いは設計者しか指摘することができない。ところが、施工中に間違いや納まりのチェックをしていないと、この場で今さら指摘しても実際は手遅れである。前にも書いたが、職人とのコミュニケーション不足は設計者の責任である。

経験から、納まりやデザインに迷ったところはあいまいなままできてしまうもの。職人に任せてうまくいったことは一度としてない。設計者にとっては反省の場でもあるので、仕上がりのうまい下手、傷などのほかに、図面を描いていたにもかかわらず図面どおりになっていないのはなぜなのかを検証することが大切である。設計者がさんざん考えて図面を描いても、職人には理解されていないこともしばしば起こること。大きな手直しにならないように、金物を変更するなど最小限の手直しになるように工夫をすることを考えたい。

引き渡し前の建て主の検査。事前に工務店の社内検査、設計者の検査を行い、手直しが終わってから建て主検査を行いたい。

■設計者としての今後のためのチェックポイント

図面を描いたからといって油断できないのが現場である。職人が図面の意図を理解していない場合、詳細図の寸法を変えられる場合がある。ラッチを付けるために図面で20㎜取っていたのに5㎜しかないために付けられないこともある。寸法を詰めてもいいところと優先して寸法を確保するところは各職人と十分な打ち合わせをして初めて理解してもらえる。気になるところがあったらすぐ連絡を取って確認しなくてはいけない。

- 幅木、廻り縁、見切縁が考えたとおりに取り付いているか、予期しないところで途絶えていないか、余計な枠などが付いていないかをチェックする。
- 家具や収納は建て主が持ってくる機器が納まるか再度チェックすること。買い換えの機種がある場合はスペースの大きさを建て主に説明する。
- スイッチやコンセントが図面と取り付け位置が違う場合、筋かいに当たって付けられなかった可能性がある。次回は向きを変えるなど工夫する。
- タイルやパネルの割付けがきれいにできているか。パネルは大版1枚で張れたのなら、事前にサイズを調べて素材を選びたい。
- 建具は枠の取り付けを確認する。隣の枠と重なる箇所や欄間が入る場合の納まりが詳細図どおりできているか、小さな小壁ができていないかを確認する。
- 引き戸は引き込んだときに指を挟まないように詳細図で指示する。突き止めで適正の位置に引き戸が止まるかを確認する。
- シールは材料の違いや水廻りかどうかなどで使い分ける必要がある。色も指定したとおりか確認する。
- 洗面や水栓の取り付け位置が適正だったか。側面に寄りすぎていないか、掃除がしやすいように後方に余裕があるかなどを確認する。
- 照明器具の照度が十分か、暗くなったころに生活の場面を想定しながらチェックしていく。廊下などで必要なかった箇所も出てくる。
- 最後に、出来上がりが図面と違っている場合は製本図面に赤ペンで写して記録する。枠廻りなど図面どおりに納まっていない場合がある。

■建て主検査前の仕上げチェックポイント

項目		内容	備考
工事進行中	全般	□ 指定した材料が搬入されている	突き板合板のF☆☆☆☆品など、施工後に分かりにくいものは梱包についている品番、等級の写真を撮る
	養生	□ 仕上がった部分の養生が適切に行われている	シンクやフローリングなど、傷のつきやすい部分は入念に養生を
養生撤去後	取合い部分	□ 幅木や枠材、家具などと取り合う部分の隙間のジョイントシールが適切に施工されている	ジョイントシールの色にも注意
	建具・家具	□ 面材・大手が指示どおりである	塗装の仕上がりにも注意
		□ 金物が指示どおりである	―
		□ 建具の開閉がスムーズである	―
		□ 建具の必要個所にアンダーカットなどが適切に設けられている	―
		□ 戸当たりが適切な位置についている	―
		□ 家具の扉がスムーズに開閉する	―
		□ 扉が周囲に当たらないように処置されている	照明器具やガラスと干渉する場合は開き幅の調整が必要
		□ レバーハンドルは周囲に当たらないように処置されている	照明器具やガラスと干渉する場合は設置位置の調整が必要
	塗装	□ もれなく塗装されている	クリアー塗装を希釈して行った箇所などは、無塗装と区別が付きにくいので注意
		□ 色合い、艶の感じが指定したとおりに仕上がっている	―
		□ 表面に傷やムラがなく仕上がっている	―
	フローリング	□ 表面に傷がない	―
		□ 不自然な反りがない	―
		□ 浮きがない	―
	クロス・シート系床材	□ 指示した材料で施工されている	―
		□ 竣工検査に必要な仕上げ材料などの写真撮影を行う	不燃・準不燃、F☆☆☆☆など
		□ シート系床材の継目部分は適切に処理されている	溶接目地材の溶着具合など
		□ クロスの継目が隙間なく処理されている	―
		□ クロスは浮きやはがれがなく正しく施工されている	ランダムな柄の場合は、張り方向にも注意する
	左官	□ 色合い、テクスチュアの感じが指定したとおりに仕上がっている	―
		□ 平滑に施工されている	―
		□ 表面に傷やムラがない	―
	タイル	□ 平滑に施工されている	―
		□ 目地がきれいに通っている	―
		□ 指定された目地材で施工されている	―
		□ 水溜まりができることなく排水される	―
		□ サッシなどとの取合い部分が適切にシールされている	―
	照明、電気設備	□ 指定した位置に正しく取り付けられている	―
		□ 裏ボックス孔、配線孔がきちんと器具に隠れている	―
		□ スイッチと器具が正しく対応している	動作試験、点滅試験を行う
	衛生設備	□ 水圧は適正である	水の出の強さに注意
		□ 給湯器は適正に動作する	―

2 工事監理編 ⑮ 仕上げ工事チェック

259

Column

不具合の程度

　完成前に工務店の社内検査、建て主検査、設計の検査を行うが、いつも反省するところがあり気が進まない。完成した喜びは少なく、うまくいかなかったところに目がいってしまうものだ。仕上がりや納まり具合だけでなく、デザイン力の足りなさを思い知ることになる。

　傷や家具の開け閉めの不具合は社内検査と建て主からの指摘でほとんどカバーできる。塗装の塗り忘れなどはよくあることで指摘すればすぐ直る。では設計者はというと、仕上げ工事に入る時点で気がつかなかったところが問題になることがほとんどだと思う。はっきりいって仕上がりが済んでいるのだから今さらいってもできることと、できないことがあるから困る。

　選んだ材料によって仕上がりがうまくいかないことが多々ある。たとえば壁紙の場合、薄い素材では石膏ボードのジョイントの下地処理がはっきりと出てしまうものがある。また塗装をすることを前提にした壁紙ではカッターで切ったところで線が入ってしまい、建て主から指摘を受ける。左官材ではどんなに腕のよい左官職人をも悩ます材料がある。コテムラを出す表現ならよいが、平滑に仕上げたいときは注意しなくてはいけない。使った経験がないまま、建て主がインターネットで調べた材料を使うと問題になってしまう。コテムラを出す表現ならいいが平滑に仕上げたい場合、乾きが早い材料だったりしてうまく塗れないことがある。はじめての材料を使う場合は、職人に試し塗りをしてもらうなど確認してから選定したい。

　デザイン重視で、材料の特性、下地の納まりを考えないで設計をすると、できたときはきれいでも数年で問題が発生することがある。職人は設計者の指示したとおりにつくるのであるから、迷ったら職人に聞いて教えてもらうことも重要である。設計はそんな経験の繰り返しだ。決して職人のせいにはしたくないものだ。

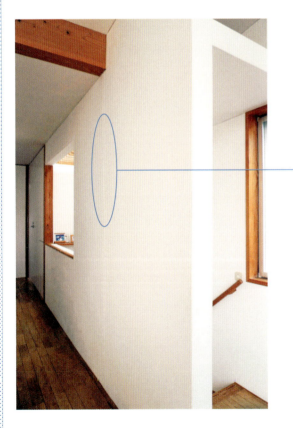

写真は漆喰仕上げの壁で、梁の下から床までクラックが入ってしまったものである。理由ははっきりしていて、違うボードを混在させたことが割れの原因である。壁厚を調整するために下地を、手前は石膏ボード12.5㎜、奥はシナベニヤ5.5㎜とし、ジョイント部分に寒冷紗を張ってパテ処理、下塗り、中塗りをしてから漆喰を塗っている。下地処理をきっちり行ってもクラックが入ってしまう。同じ面は必ず同じボード下地にしなくてはいけないという教訓である。

2 工事監理編 chapter16
引き渡しの準備

105
行政機関完了検査

106
事務所検査、施主検査

107
工事監理報告書の作成

108
アフターメンテナンス

step105

行政機関完了検査

　完了検査から引き渡しまでは、なるべく余裕のあるスケジュールを組みたい。検査において指摘のあった場合には修正し、検査済証の発行を受けてから引き渡す必要があるからで、工事の必要な内容であれば相応の日数を確保しなければならない。

　本来であればすべて完了したうえで検査を受けることが原則であるが、工事の段取りやスケジュール上難しい場合は、検査機関に相談をしてみるとよい。未成工事があっても内容によっては後に完成状態を写真報告することで了承されるケースもある。

　検査項目は多岐にわたるが、重要な項目は工務店とともに事前に確認しておきたい。

　中でも、屋外では建物の配置・高さ・平均地盤高さ、屋内では天井高さ・階段寸法・手摺り高さ、設備では24時間換気・火災報知器、仕様の部分で防火・不燃認定の確認は必ず行っておきたい。

　検査の申し込みにあたってはさまざまな書類を作成しなければならない。検査機関ごとに独自の書式を定めていることが多いので、事前に確認が必要である。

　検査当日に提示しなければならない書類も存在する。コンクリート強度の資料や工事記録写真などは後から作成できるものではないので、工務店とも事前によく打ち合わせておく必要がある。

■完了検査時提示書類

□ 確認申請書副本（軽微変更・計画変更含む）
□ 工事記録写真
□ コンクリート圧縮強度試験またはコンクリート出荷証明書
□ その他鋼材など指定建築材料の品質証明書

　提出はしないが、検査当日に検査官が確認するために用意しておく書類。
　工事記録写真などは後からでは作成することができないので、施工開始の段階から完了検査を見越して不備のないように準備する必要がある。

■完了検査必要書類リスト

□ 完了検査申請書（1面～4面）	
□ 委任状	
□ 関係企業確認書	
□ 内装仕上げの完了状況が分かる程度の写真枚数	
□ 軽微な変更書類	
□ 工事監理・工事状況報告書（意匠・設備）	
□ 工事監理報告書（シックハウス対策関係）	
□ 建築工事施工結果報告書	
□ 工事監理・工事状況報告書	
□ 建築設備工事監理状況報告書（東京都用）	（東京都のみ）
□ 建築設備概要書	（東京都のみ）
□ 建築設備工事監理状況調書	（東京都のみ）

　完了検査の申し込み時に必要とされる書類。
　書式は自治体ごと指定確認検査機関によって独自のものを用意していることが多い。ほとんどの場合ネット上に公開されていてダウンロードできるので、早めに目を通しておきたい。

提示書類

提示書類は、主に完成した状態では目視で確認できない工程の資料や試験データについて求められる。

木造住宅では、基礎にかかわる施工写真、コンクリートの品質にかかわる資料、鉄筋の品質を証明する資料は必ず求められる。その他、防水工事についての資料を求められることもある。

検査申し込み時に当日に用意すべき資料を指示されるので漏れのないように準備する。

監理者ではなく施工者が用意する性格の資料であるが、基礎コンクリートの資料などは工程の極めて初期の段階のものであるから、散逸しないように監理者も気を配る必要がある。

提出資料でなくとも検査当日にこれらの内容に不備が見つかれば、検査に合格とはみなされないことはもちろんである。

提示資料の例

コンクリート配合計画書

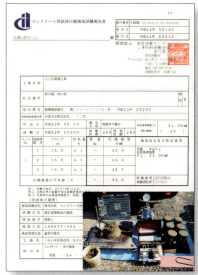
コンクリート強度報告書

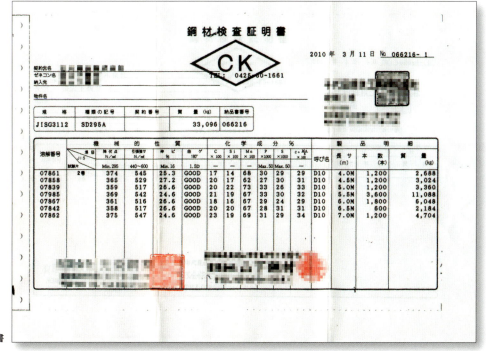
鋼材検査証明書

step106
事務所検査、施主検査

　行政機関の完了検査が済み、工務店側の検査が終わったらまず事務所検査（設計者の検査）である。監理業務の仕上げとなるので丁寧に行いたい。

　施主検査は事務所検査で指摘された内容を修正したうえで行うことが好ましく、余裕のある工程管理が望まれる。

　施主検査の際には、建て主にも検査用のシートを渡して気づいたことをメモしてもらうとよい。各階の平面図にメモ欄を添えて、めくりながら見なくともよいように1枚にまとめておく。

　指摘されたことを工務店の人間が記録することはいうまでもないが、同時に設計者もメモを取って、後で読み合わせて齟齬のないように注意する。

　最後に建て主の指摘に対して、修正の是非について検討することとなるが、細かな傷や素材の性質に起因する反りやむらについては、どこまで許容すべきかは判断の難しい部分である。また、技術的に修正が困難な指摘もあり得る。

　補修するべきものと許容するべきものについて、建て主に説明をし理解を得るのは設計者の役目だと思っておいてほしい。

■施主検査チェックシート

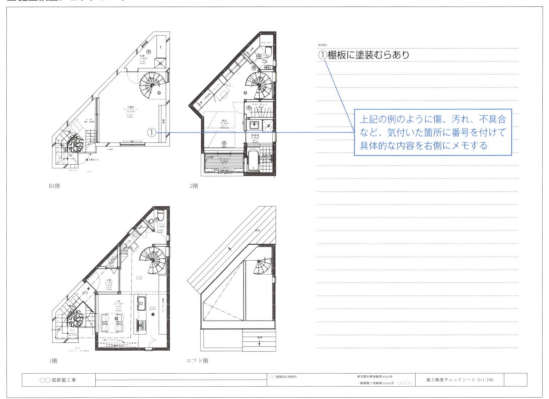

■ 事務所検査チェックシート

スケジュール確認		
引き渡し予定日		
引っ越し予定日		
什器設備機器の取り扱い説明日		
工事使用の電気・水道代の精算確認		
別途工事完了予定日（外構・カーテンなど）		
火災保険切り替え予定日		
工事確認		
敷地・外構	工事材料などの片付け忘れ	
	敷地内の予定外の沈下、隆起等	
	屋外設備の取り付けの緩み	
	屋外設備の作動状況	
基礎	仕上げのひび割れ、傷、(汚れ、)色むら等	(西側手摺下サビ付着)
外壁	仕上げのひび割れ、傷、汚れ、色むら等	
	サッシ廻りなどのコーキング処理忘れ	
屋根・バルコニー	各部位接合部の隙間の有無	
	降雨時の水の溜まり場所の有無、樋からの水漏れ	
	引き込み部分（電気等）の処理	
	屋外取り付け機器（ポスト、金物、照明等）	
屋内	クリーニング後の汚れ、ゴミ	
	床、壁、天井の仕上材、色、デザイン	
	仕上げのひび割れ、傷、汚れ、色むら	
	床、階段のたわみ	
	床、幅木間の隙間	
	収納や建具の色	
	ガラスの種類、雨戸の有無	
	ドア、サッシ、その他建具類の開閉、施錠	
	収納棚のたわみ	
	手摺、タオル掛け、カーテンレール等	
屋内設備	設備機器の確認	
	水栓の作動状況	
	水道水の悪臭の有無	
	排水口からの悪臭の有無	
	排水の具合	
	給排水の際の異音	
	換気設備、空調設備、照明の作動状況	
残工事		

> 施工検査チェックシートとは別の具体的な注意点を書きそろえたチェックリストである。該当する項目に印を付けて右側に具体的に記す

2 工事監理編
⑯ 引き渡しの準備

step107

工事監理報告書の作成

　建物の引き渡し時に、設計者から建て主に提出する書類には、建築士法で定められた「工事監理報告書」がある。これまでの監理業務の経過を一覧にまとめるものだが、概略を記入できるに過ぎず、建て主に対する報告には、それとは別に、設計者それぞれの様式による工事監理報告書をまとめておきたい。これは、万が一瑕疵が発見された場合や、監理責任を問われた場合にも、業務遂行に関しての有効な証拠となるものである。

　施工中の監理の記録を写真と共にファイルしておくと、報告書の作成時に便利である。

　また、建て主とは「工事監理業務完了報告書」も取り交わし、監理業務が完了したことをきちんと確認しておきたい。

　最後に、設備機器類の取り扱い説明は工務店が行うが、仕上げ材料の日常のメンテナンス（掃除方法など）について建物の中での使用部位とともにまとめたものを渡すようにするとよい。

　経験上、引き渡し後の一番多い問い合わせは掃除方法だといっても過言ではないように思うからである。

■工事監理報告書の例

■施主に渡す資料の例（仕上げ材料のお手入れ方法）

仕上げ	使用箇所	お手入れ方法
タイル	玄関／ポーチ／中庭	ほうき等で掃き掃除を行ってください。部分的な汚れは絞った雑巾等で拭くか、モップ等で掃除が可能です。洗剤を使用する場合は、中性洗剤を使用してください。ホースで水を流さないでください。
フローリング塗装（床）	アトリエ／水廻りを除く全室	普段はから拭きし、たまに固く絞った雑巾等で掃除してください。樹脂ワックスの使用は避け蜜蝋ワックスやリボス塗装、オスモ塗装等の天然のものをご使用ください。1年に1度ほどの頻度で塗り直しをお勧めします。
珪藻土クロス（壁）	書斎／お母さんの部屋／主寝室／子供室	固く絞った雑巾や洗剤不要のスポンジ（激落ち君等）、消しゴム等での掃除が可能です。強くこすると表面を傷つけてしまいます。シミのもとになるので、水を多く含んだ雑巾や、洗剤ではこすらないでください。
ビニルクロス（壁、天井）	納戸／トイレ／2階洗面室	中性洗剤を含ませた雑巾で水拭きし、汚れが落ちたら固く絞った雑巾で仕上げ拭きしてください。ちょっとした汚れには洗剤不要のスポンジ（激落ち君等）、消しゴム等での掃除が可能です。強くこすると表面を傷つけるおそれが有りますが、紙クロスよりは強いです。
エコ・クイーン（左官壁）	玄関／リビング／ダイニング／縁側／1階洗面／子供の書斎／	表面に付着しているホコリ：軽くハタキをかけてください。ホコリを落とした後に、固く絞ったきれいな雑巾で拭くことも可能です。 手垢・軽い泥汚れ：消しゴムで落とせます。軽い泥汚れは、乾燥後、消しゴムで落とせます。
ペンキ塗装（白い部分）	建具／建具枠／窓枠／巾木／ガレージ壁天井／アトリエ・子供書斎・子供部屋・主寝室・吹抜け以外の天井	固く絞った雑巾等で拭いてください。汚れがひどい場合は洗剤不要のスポンジ「激落ち君」や消しゴム等を使用することも可能ですが、こすりすぎると塗装が剥がれてしまうおそれがあります。
ピーラー合板	子供書斎・子供部屋・主寝室・吹抜けの天井	やわらかい布でカラ拭きしてください。汚れた場合は固く絞った布で拭き洗剤などは使用しないでください。
ラワンベニヤオイルフィニッシュ	アトリエ	やわらかい布でカラ拭きしてください。汚れた場合は固く絞った布で拭き洗剤などは使用しないでください。
キシラデコール塗装（外廻り）	バルコニー・バスコートのデッキ／目隠し塀板／玄関ドア	1年に1度ほどの頻度で塗り直しをお勧めします。色：「ピニー」を「やすらぎ」で3倍に薄めて塗装しています。経年変化により、色が変わってきますので、ご自分で塗装される際には色を確認してください。
天然リノリウムシート（床）	脱衣洗面室／トイレ	絞った雑巾等で掃除してください。霧吹きで水をかけ雑巾で拭き取ったり、汚れのひどい箇所には中性洗剤を使用してください。天然ワックスで定期的に手入れをすると、汚れにくく日常の手入れも簡単で済みます。強いアルカリ性の洗剤は変色するので使用しないでください。
ヒノキ羽目板	浴室	普段は、入浴後石けんカスなどを水できれいに流し、換気を心がけてください。リボス塗装、オスモ塗装などの天然ワックスで1年に1度ほどの頻度で塗り直しをお勧めします。

■施工中の写真の記録ファイル例　　　　　■工事監理業務完了報告書例

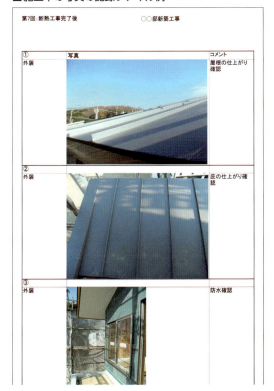

2 工事監理編　⑯引き渡しの準備

267

step108

アフターメンテナンス

　住宅の場合には、住み出してから気付いたり、初期に発生する不具合も多い。あるいは時間が経ってからでも何かのきっかけで発生することもある。

　瑕疵とはいえないような些細なことでも、建て主にとっては、毎日となると受けるストレスは甚大であり、迅速に対処したい。

　具体的なメンテナンスは施工者の役割であるが、設計者の役割は、いたずらに建て主が不安をふくらませることのないように、適切な助言をし、施工者に対する指導を行うことである。そのためには原因と対処方法を簡潔に説明できるように日頃から準備しておきたい。

初期の不具合への対応

　入居したてのころは、まだ仕上げ材や下地材などが安定せず、思いがけず不具合が出ることがよくある。建具の不調などはその代表事例であろう。また特に設備機器は取り扱いに不慣れなことが原因の問い合わせも多い。暮らし始めて気がつく些細な不具合に、その都度対処しなければならないとなると、建て主も施工者、設計者も、お互いに負担が大きくなってしまうので、あらかじめ引っ越し後の生活の落ち着いたころを見計らって点検に行くことを打ち合わせておくとよい。1カ月後くらいが目安になると思われる。

1年点検は必須

　多くの設計者にとって、定期点検は工務店の定期点検に立ち会うかたちを取ることが一般的であろう。工務店によって違いはあるが、一般に半年、1年、3年、あるいはそれ以上長期の点検を行う。そのすべてに立ち会う必要はないと考えるが、少なくとも1年点検への立ち会いは必須としたい。設計監理契約に盛り込んでおけば建て主の安心感にもつながるであろう。多くの建て主にとって不具合を指摘して点検を依頼することは大変に負担なことである。呼びつけることに対する遠慮もあるだろうし、時間の取られること、生活に立ち入られることもストレスである。契約に期日が定められていれば、急を要するようなことでなければそのときにまとめて相談できると考えることで、気持ちに余裕ができるからである。

長期にわたるフォロー

　工事契約に立ち戻った話になってしまうが、たとえ契約に定められた定期点検の期限、あるいは建築基準法に定められた瑕疵保証期間を過ぎても、住み続ける限り建て主が安心して相談できるような、アフターメンテナンスに対する意識の高い工務店を選ぶことは特に大切である。また設計者自身も契約業務を完了することで建て主とのすべての関係が途絶えるのではなく、長期にわたって相談の窓口となれるように、設計段階からの建て主との信頼関係を保ち続けたい。

左：1年点検で指摘された、木製の浴槽の入隅に発生した隙間。材料や製品の性質、建て主の住まい方など、不具合はさまざまな要因が重なって起こるものである。こういったことに対して一つひとつ、的確な対応が必要だ。／右：1カ月点検で指摘された水溜まり。湯をいっぱいに張って入浴し、オーバーフローして発覚した。

■チェックリスト（施工会社の事例）

定期点検チェックリスト

_____ 様邸

				統括責任者	責任者	担当者

点検内容 お引渡し後	6 ヵ月点検	お客様 CODE	▓▓▓▓	点検担当者名	▓▓▓

点検の結果は以下の通りです。ご確認ください。

1．外部

点検内容	無	有	処置の必要性と対応報告	処置	予定日
屋根瓦のズレ、破損、雨漏りはないか	✓				
基礎のひび割れはないか	✓				
雨樋の変形、破損、取付け不良、排水不良がないか	✓				
バルコニーの取付け不良、変形、破損はないか	✓				
外部手すりの取付け不良、破損はないか	✓				
外壁の亀裂、破損、雨漏りはないか	✓				
塗装のはく離や剥れはないか	✓				
玄関ドアの開閉はスムーズか	✓				
勝手口ドアの開閉はスムーズか	✓				
サッシの開閉はスムーズか	✓				
網戸、雨戸、シャッターの開閉はスムーズか	✓				
外部照明器具は正常か、漏電の恐れはないか	✓				
給湯機の取付け不良、破損はないか	✓				

2．内部

点検内容	無	有	処置の必要性と対応報告	処置	予定日
間仕切壁の変形、破損はないか		○	リビングマドドシックイハガレ及び 浴室タイル目地汚れ		今回
天井の変形、破損、剥れはないか	✓				
床・階段の変形、破損、きしみはないか	✓				
壁仕上げ材（クロス・板）の変形、破損、剥れはないか	✓				
床仕上げ材（フローリング）の変形、破損、剥れはないか	✓				
内部塗装のはく離や剥れはないか	✓				
室内ドアの開閉はスムーズか	✓				
窓枠の変形、破損、取付け不良はないか	✓				
敷居、鴨居、柱の変形、キズはないか	✓				
和室の障子、襖、天袋の開閉はスムーズか	✓				
室内照明器具は正常か	✓				

3．設備機器

点検内容	無	有	処置の必要性と対応報告	処置	予定日
分電盤の作動不良はないか	✓				
スイッチ・コンセントの取付け不良、作動不良はないか	✓				
設備照明の作動不良はないか	✓				
インターホンの作動不良はないか	✓				
給水管の水漏れはないか	✓				
配水管・トラップ・通気管の水漏れ、排水不良はないか	✓				
換気扇・換気口・レンジフードの作動不良、取付け不良、破損はないか	✓				
キッチンの給水・排水に水漏れ、排水不良など異常はないか	✓				
浴室、洗面所の給水・排水に水漏れ、排水不良など異常はないか	✓				
トイレの給水・排水に水漏れ、排水不良など異常はないか	✓				
ガス栓の取付け不良、破損はないか	✓				
空調システムに振動、音など異常はないか	✓				
その他設備機器に異常はないか	✓				

4．点検結果・ご連絡MEMO

点検日 平成 22 年 4 月 14 日	お客様名 点検内容を確認致しました。　　　　　　　確認印

[506-01]　(030701)

Column

木造住宅の完了検査

検査員が現場にやってくると大概はまず敷地の確認から始まる。

あらかじめ、境界杭の位置、建物の位置、平均地盤の位置などを確認して、杭に土が被っていれば取り除いたり、平均地盤面の高さに目印を付けておく等、見やすいように準備しておくとよい。配置と斜線制限にかかわるので、軒の位置と高さもチェックしておきたい。

最初の印象が悪いと検査全体が疑いの目で見られることにもなりかねないが、きれいに清掃してあるだけでもずいぶん印象が違うものである。

屋内の検査においても同様で、床に空き箱や残材が転がっていて、避けながら検査するような環境では、検査の雰囲気も自然と険しいものになろう。

戸建て住宅での指摘は手摺の形状、天井の高さ、24時間換気、吸気口、火災警報機、防火設備、不燃材料等にかかわるものが多い。

検査であるから和やかなことばかりではない。時には厳しい指摘をされることも珍しくはないが、法規の解釈については検査機関あるいは担当者によって差があるのが実情である。

工事を伴うような指摘がなされたときには、その場で根拠法規を確認しておくべきであろう。設計、施工の瑕疵でなければ、それは建て主の負担になるからである。

■ 主な完了検査項目

検査項目		内容
共通	間取り・平面形状	—
	配置	□ 延焼のおそれのある部分
	各部の高さ	□ 各斜線制限
		□ 天空率
	防火材料	□ 内装
		□ 外装
	開口部	□ 位置
		□ 大きさ
	建築設備	□ 排水経路
		□ 浄化槽
		□ 電源の種類
	シックハウス	□ 24時間換気 □ 材料
	階段	□ 寸法
	手摺り	□ 位置
		□ 高さ（バルコニーなど）
	住宅用火災報知機	□ 位置 □ 動作確認
	防火設備	□ 位置
	居室	□ 天井高さ
	火気使用室	□ 内装制限
	設計GL	□ 敷地と道路の関係
		□ 隣地との関係
3階建ての場合	非常用進入口	□ 位置
	敷地内通路の確保	□ 位置

■ 完了検査の予約と検査の流れ

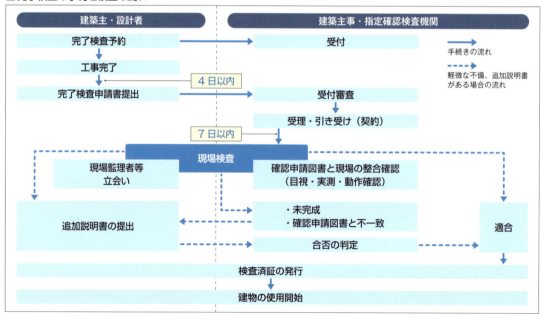